《**教育科学分支学科丛书**》(平装修订版)

策划 / 郭　戈　刘立德　韩华球

教育科学分支学科丛书

中国教育学会教育学分会　组编

顾　问 / 叶立群
主　编 / 瞿葆奎
副主编 / 吕　达
编委（以姓氏笔画为序）　/ 王汉澜　王道俊　吕　达　孙喜亭
　　　　　　　　　　　　　张人杰　胡寅生　瞿葆奎
编委会秘书 / 郑金洲　袁文辉　程　亮

本卷特约审稿人 / 孙绵涛

| 教育科学分支学科丛书 |

教育行政学

JIAOYU XINGZHENGXUE

吴志宏 / 著

人民教育出版社
PEOPLE'S EDUCATION PRESS

·北京·

图书在版编目（CIP）数据

教育行政学 / 吴志宏著. —北京：人民教育出版社，2019.3（2022.3 重印）
（教育科学分支学科丛书）
ISBN 978-7-107-33308-8

Ⅰ.①教… Ⅱ.①吴… Ⅲ.①教育行政—理论 Ⅳ.①G46

中国版本图书馆 CIP 数据核字（2019）第 039245 号

教育科学分支学科丛书　教育行政学

出版发行　人民教育出版社
　　　　　（北京市海淀区中关村南大街 17 号院 1 号楼　邮编：100081）
网　　址　http://www.pep.com.cn
经　　销　全国新华书店
印　　刷　北京新华印刷有限公司
版　　次　2019 年 3 月第 1 版
印　　次　2022 年 3 月第 2 次印刷
开　　本　890 毫米 ×1 240 毫米　1/32
印　　张　13.625
字　　数　332 千字
印　　数　1 501~3 500 册
定　　价　42.90 元

版权所有・未经许可不得采用任何方式擅自复制或使用本产品任何部分・违者必究
如发现内容质量问题、印装质量问题，请与本社联系。电话：400-810-5788

《教育科学分支学科丛书》出版说明

本丛书是新中国第一套尝试以系统结构编写的教育科学分支学科研究丛书，由中国教育学会教育学分会在人民教育出版社（课程教材研究所）支持下组编，瞿葆奎、吕达任正、副主编，各卷作者均为教育学相关分支学科专家。从教育科学分支学科的角度，试图全面反映教育科学发展的历史与现状，勾勒教育科学的概貌，并体现新的学术见解，力求做到历史与逻辑相结合，材料与观点相结合，叙述与评析相结合，是这套丛书的宗旨。

本丛书以其鲜明的学术性、时代性和实践性，受到海内外学者的广泛关注，并多次再版重印，荣获全国教育图书奖一等奖等各种奖项。其中不少分卷被评为全国高等学校优秀教材、普通高等教育国家级规划教材、普通高等教育精品教材。海外一些出版机构已经购买部分分卷版权。

为进一步满足广大读者的需要，我们特组织有关专家对本丛书加以修订完善，集中推出 20 卷本平装修订版。本次修订主要做了以下几项工作：进一步核实和规范了全书的注释、引文等；更新了各卷部分资料和观点；个别分卷的内容几近重写。其目的是反映教育科学界最新研究成果和教育改革发展的最新趋势。欢迎专家、学者和广大师生继续对本丛书编辑出版工作提出宝贵意见和建议，以使本丛书更臻完善。

人民教育出版社
2019 年 3 月

《教育科学分支学科丛书》前言

为了进一步促进我国社会主义教育科学的发展,中国教育学会教育学分会组织编写《教育科学分支学科丛书》(以下简称《丛书》),由人民教育出版社出版发行。

《丛书》从教育科学分类学的观点出发,比较系统地从教育科学分支学科的角度反映教育科学发展的历史与现状,试图勾勒教育科学的概貌。

《丛书》以历史唯物主义和"面向现代化,面向世界,面向未来"的战略思想为指导。同时力求做到"三个结合":历史与逻辑相结合,材料与观点相结合,叙述与评析相结合。

《丛书》属于学术性著作。作者在广泛占有资料的基础上,力图从纵向上论述学科发生、发展与趋势,从横向上比较和分析不同流派的观点。"知人者智,自知者明",通过对国内外有关研究成果的梳理辨析,努力反映学科前沿,亦体现作者自身的见解。

为提高书稿质量,我们分别聘请知名学者为各卷特约审稿人。特约审稿人对书稿的审阅是全方位的,他们与作者相互进行平等的学术切磋。特约审稿人和丛书正副主编以及出版社编审人员,尊重作者言之成理、持之有故的不同的学术观点。

教育科学的分化已经有了一个世纪甚至一个多世纪的历史,现在已形成众多的分支学科。可是,相对而言,有的比较成熟,有的则甚稚嫩。这就使各分支学科的作者并不是站在同一条起跑线上。然而,在新的历史条件下,比较成熟者要求有新的发展;比较稚嫩者则要求迅速成长。随着教育实践与理论的发展,随着相关领域实践和理论的发展，教育科学的分化还在继续。这套丛书所展示的，只是当前教育科学分支学科大致的面貌。至于那些或因分支学科尚在孕育之中难以催生，或因没有物色到合适的作者难以落实等缘故而未能列入本《丛书》的，只好抱憾地暂付阙如。

《丛书》由时任中国教育学会副会长兼教育学分会第四届理事会理事长叶立群任顾问。《丛书》设编委会，编委（以姓氏笔画为序）是：王汉澜（河南大学教授），王道俊（华中师范大学教授），吕达（时任人民教育出版社副总编辑，中国教育学会教育学分会第五届理事会理事长），孙喜亭（北京师范大学教授），张人杰（广州大学教授），胡寅生（中国教育学会教育学分会第四届理事会秘书长、第五届理事会副理事长），瞿葆奎（时任中国教育学会副会长兼教育学分会第四届理事会副理事长）。瞿葆奎为主编，吕达为副主编。《丛书》的编辑出版工作得到了人民教育出版社的高度重视与大力支持。

在《丛书》编写出版过程中和出版后，叶立群先生、王汉澜先生、瞿葆奎先生、王道俊先生和孙喜亭先生先后去世。在此，我们谨对他们表示深切的怀念和敬意。

以系统的结构编写《教育科学分支学科丛书》是一种尝试，其中缺点、错误敬希读者指正。

中国教育学会教育学分会
2019 年 3 月

教育科学分类：问题与框架
——《教育科学分支学科丛书》代序
瞿葆奎　唐　莹

对教育科学进行分类，人们已做了一些尝试。它是从分类学的角度对教育科学本身进行的一种反思。这一方面意味着理智上的本能：从混沌逐渐走向有序；另一方面又反映出教育科学自身发展的逻辑：从幼稚逐渐走向成熟。但是，"我们也并非不知道，关于教育科学的分类至今还不够完善，甚至具有随意性"①。这是个不过分的估计。

一

就论题本身来看，我们要达到的直接目标是提供一个较合理的分类框架。由此自然会想到：构建一个分类框架，需要的是什么？在现实生活中，人们经常进行着分类，因为这是纷纭复杂的世界要求人们作出的选择。比如性别之分，籍贯之别，等等，这仅是分类的最简单的形式而已。同时，分类也是科学研究中的一项重要工作，一些学科本身就是分类学。但无论哪一种分类，当我们用"奥卡姆剃刀"② 刮掉关于分类的种种内容与现象时，可得到分类的内核便在于某种尺度，或者说一定标准，这标准将保证分类的顺利进

---

①［法］加斯东·米亚拉雷、让·维亚尔主编，张人杰等译：《世界教育史（1945年至今）》，上海译文出版社1991年版，第500页。
②奥卡姆（William of Occam），中世纪英国经院哲学家。宣称"若无必要，不应增加实在东西的数目"。此说后被称为"奥卡姆剃刀"。

行，并达到条理化、清晰化的目的。因此，教育科学分类首先要回答的是：依据怎样的标准进行分类？但是，接下来我们又要追问：标准从何而来？它是任意给定的吗？如果对一个事物可以从多种角度给出多种分类标准，这是不是主观随意性的表现？

要对分类及其标准问题透视得清楚一些，解剖分类典型也许是一个权宜之计。科学分类①是人们已长期探索的论题之一。教育科学分类与科学分类是特殊与一般的关系。对科学分类的一定分析，或许能为教育科学分类在思考方向上拨开一些迷雾。

严格地说，科学分类是科学发展、繁荣和分化以后的产物，即近代科学发展的产物。人们已对先辈为科学分类作出的贡献理出了一些清单。在这里，我们仅作一些综合而简约的分析。培根是以人类的理性能力作为分类标准的。②圣西门否定这种主观的标准，提出了以研究对象为依据的分类，这是以客观标准分类的雏形，但同时显示出的是停留在表面现象上的机械对象观。③黑格尔把这种机械观作为靶子，以辩证发展的思想来看待分类，但学科之间的转化被说成是绝对精神自我发展的结果。④恩格斯则站在历史总结的地

---

① 由于"科学"这一概念有其历史的发展过程，人们在对它的理解上和运用上出现了不少分歧，在"科学分类"问题上也是如此。有的仅是对自然科学进行分类，有的则将人文、社会科学包括在内，更有人把哲学也考虑进去，但这并不妨碍我们对这一问题的分析。其实，这都是对学科进行分类。严格来说，用"学科分类"替代"科学分类"也许更恰当一些。

② 培根认为人类具有三种理性能力：记忆、想象和判断；相应地便有三类学科：记忆学科（包括历史学、语言学）、想象学科（包括文学、艺术）和理智学科（包括哲学和自然科学）。

③ 圣西门把科学研究的对象分为天文现象、物理现象、化学现象和生理现象，相应地便有天文学、物理学、化学和生物学这几类学科。

④ 黑格尔的科学分类思想体现在他的"自然哲学"里。他认为绝对精神既是自然发展的原因，又是自然发展的结果。自然的发展分为三个阶段："机械性"阶段、"物理性"阶段和"有机性"阶段。相应于三个阶段的三类学科为：数学、力学；物理学、化学；地质学、植物学、动物学。

平线上，对圣西门和黑格尔的思想进行了分析，提出了科学分类的客观性和发展性原则，按物质的运动形式进行分类。① 与此同时，还有另一种取向，即由于科学方法的突飞猛进，由于价值问题的无法回避，因而有的学者提出以科学研究方法作为科学分类的一种标准。这从德国学者温德尔班（Windelband，W.）开始，② 逐渐普遍开来。这也可以说是对培根分类标准的发展，因为研究方法是人类理性能力的有力表现。总的说来，以研究对象为分类标准一直是科学分类的主流，由此在大体上形成了框架。从最大或基本部类来说，一般而言，英、法传统把科学分为自然科学、人文科学、社会科学；德国传统把科学分为自然科学与精神科学。两者有异曲同工之处。还有一种框架是把科学的涉及面扩大了，如苏联学者凯德洛夫（Кедров，Б. М.）在1954年对科学的分类，坚持了恩格斯的客观性与发展性原则，把科学的基本部类分为哲学、自然科学、社会科学，进而再寻找这三大部类之间的二级、三级联系。③

随着现代科学的迅速发展，人们不得不再次面对科学发展的特点，对科学分类作出新的思考。有几种趋势：从分类标准来说，分类标准多样化（这与分类目的有关）；从交叉学科形成的途径来分

---

① 恩格斯把物质运动形式分为五类：机械运动、物理运动、化学运动、生物运动和社会运动。对应于这五类运动形式有五类学科：力学、物理学、化学、生物学和社会科学。

② 温德尔班认为，由于科学认识目的的不同，存在着两种不同的研究方法，即"规范化"的方法与"表意化"的方法。根据这两种方法的区分，可以将科学分为自然科学与历史科学。其继承人李克特（Rickert，H.）虽然认为科学分类既可遵循"质料的分类原则"（从研究对象的角度），也可遵循"形式的分类原则"（从研究方法角度），但他更倾向于后者。他把研究方法分为"普遍化的方法"与"历史的方法"，从而将科学分为自然科学与文化科学。

③ [苏] 凯德洛夫著，裘辉译，冯申校：《论科学的分类》；[苏] 凯德洛夫著，刘伸摘译：《论现代科学的分类》，载瞿葆奎主编，陆亚松、李一平选编：《教育学文集·课程与教材》上册，人民教育出版社1988年版，第368—408页。

类；并且由于20世纪以来，人们对方法的崇尚，不少学科本身就是一种方法，因而以方法为标准似乎与以对象为标准各执一端，分庭抗礼。从形成的框架来说，科学的基本部类由三个推向多个。而凯德洛夫在科学新发展的挑战面前做出的判断——分类标准正从功能走向基质①，实际上进一步强调了科学分类所需的基本点：反归科学研究的事物本身。

  迄今为止，科学分类是否已很合理暂且不论，但其探索历程中的成功与困惑，却为教育科学的分类提供了思考方向。科学分类的标准把科学所指向的客观事物作为思考的基本点，但如何处理好这一基本点与其他标准，诸如：方法的关系？如何才能做到主观与客观、历史与逻辑、形式逻辑与辩证逻辑的统一？同时，科学分类还告诉我们：作为理性的科学分类框架要能反映学科发展的历史与现状，具备较大的学科涵盖量，体现学科之间的内在联系，具有一定的预测性，从而间接地发挥着指导实践的功能，比如它将对今后学科的发展、研究的重点、课程的设置等提供理论基础。然而，教育科学分类并非科学分类简单的演绎，它具有自身的特性。也就是说，接下来的问题是：我们是在对怎样的事物进行分类？

二

  从人类诞生之日起，教育这一实践活动就承担起了沉重而光荣的历史使命，它使人类世界的进化有了内在的承续性。也正因为如此，关于教育的知识成了人类理智探索的永恒论题。教育科学有自

---

  ① 这里，"基质"指的是科学研究的某一客体。科学分类的基质水平是更为复杂的、高级的水平，它与以研究对象为标准（客观性原则）的区别在于，它反对对象与科学是一一对应的，强调对某一客体（基质）的多方面研究，同一基质可以成为多门学科的对象。

己的骄傲：无论在西方古希腊哲人的，还是在东方古文明圣贤的著述中，它都可以找到自己最初的踪迹。从哲学母胎中出来，且逐渐地有了"学"的名分，标志着它的逐步走向独立；对教育现象进行科学的研究，且不断发展、丰富，标志着它逐步走向成熟。教育科学也有自己的悲哀：茫茫科学大地上，哪儿是它的位置？我们可以从奥利韦拉（Olivera, C. E.）列举的人文和社会科学的一些知名的分类中感受到这一点。比如迪韦尔热（Duverger, 1961）的社会科学门类概览；维耶（Viet, 1965）受结构主义影响的学科目录表；克劳斯纳（Klausner, 1966）的对构成"整体社会"的研讨的考察；皮亚杰（Piaget, J. P., 1970）专为联合国起草的对学科类型的全面分析，这些分类都忽略了教育科学。① 教育科学在性质、范围甚至名称上一直成为人们争议的话题。

考察一下教育科学发展的历史，可以发现：有关教育知识的学科经历了由一门"教育学"到多门教育学科的发展过程。从用词上说，"教育科学"这一概念也经历了由单数到复数的变化。单数"教育科学"（educational science）主要指的是按经验科学的模式而形成的教育学，以区别于赫尔巴特的思辨教育学。这种提法是与自然科学研究方法向教育研究领域的渗透联系在一起的。19世纪末20世纪初，实证主义思潮的兴起，使自然科学的规范和方法成了权威，社会科学领域纷纷效仿，"实验教育学"便是当时这种现象在教育研究领域里的表现。② 它力图使自己像自然科学一样，用种种自然科学方法研究客观的教育事实，它要放弃理想，放弃价值

---

① Olivera, C. E., Comparative Education: Towards a Basic Theory, in *Prospects*, Vol. XVIII, No. 2, 1988, p. 177.

② De Landsheere, G., History of Educational Research, in Husen, T. & Postlethwaite, T. N. (eds.), *The International Encyclopedia of Education*, Vol. 3, 1985, pp. 1589-1596.

与目的,成为经验科学,摆脱教育学的思辨面貌。于是便有了用"教育科学"(单数)一词来指称这种教育学。① 虽然教育学由此在某些方面获得了进展,然而至今这种理想还只是理想。

教育学自身在现实中的发展更具有生命力。复数"教育科学"(educational sciences)的产生也是对这个问题的有力回答。它的产生源于人们对教育学的理论基础的思考。早在赫尔巴特时,他就明确地把伦理学与心理学作为他的教育学的理论基石;在实证思潮的背景下,人们又陆续意识到生物学、生理学、社会学、统计学等对教育学的贡献;二战后,经济学、政治学及技术学等也跨入了教育学研究的行列。教育学似乎与很多的学科结下了不解之缘。在这种现象出现之初,敏锐的学者就以简洁的概念形式作出了概括。1921年,心理学家克拉帕雷德(Claparede, E.)在日内瓦指导一个教育心理学研讨班时,提出关于"教育科学"的新概念,明确地把"科学"一词用成复数形式,当时只涉及心理学、社会学、历史学和哲学。②

正如任何新生事物一样,复数教育科学概念被广泛接受经历了不短的时间,并且在不同语种的国家,作出的反应也不尽相同。有三种明显的倾向。第一种是几乎已完全承认"教育科学"的复数形式这一概念,它逐渐取代了"教育学"(pédagogie)一词,主要表现于法语国家。比如在法国,这一概念已明确确定了

---

① 使用"教育科学"一词的第一位学者很可能是法国的马克-安托万·朱利安(Jullien, M.-A.)。见[法]加斯东·米亚拉雷、让·维亚尔主编,张人杰等译:《世界教育史(1945年至今)》,上海译文出版社1991年版,第496页。有研究者认为,德国的里特(Ritter, K.)于1798年就提出了"教育科学"(erziehungswissenschaft)这一概念了。

② [法]加斯东·米亚拉雷著,雷若平译:《法国的教育科学》,载《国际教育科学杂志》(中文版)1985年第3卷第2期。

"约二十年之久"①。第二种取向是教育科学复数形式与教育学（pedagogy）共存。比如在德语国家，尽管"pädagogik"一词比较"顽固"，但强调复数教育科学的人们对它发起了强烈的攻势。② 在我国，无两军对峙的局面，以"教育学"为名称的大量著作的出版发行，标志着它的存在并未受到威胁。不过，另一方面，人们对大"教育学"背上了沉重的翅膀难以起飞的局面也焦虑不安③，加上现代科学发展的分化、综合趋势，促使人们要面对现实，教育科学的复数形式也得到了正式的权威性的认可④。第三种取向是较少采用教育科学复数形式一词，但有自己的表达方式。比如，在英语国家中，经常使用教育理论及其基础学科（educational theory and its foundation discipline）这一术语，其含义与教育科学复数形式相近。此外，还有一种倾向值得注意：在俄语国家，一般把教育科学与教育学作为同义词，"现代教育学既是一门统一的学科，又是多分支的许多教育学学科的总和"⑤。对教育科学复数形式的态度，尽管有一些差异，但复数教育科学已成为不可否认的事实，并且有着大致相同的含义和范围。它是所有有关教育的知识体系的总称，由若干学科构成，这些学科从不同的研究角度或不同的层面来认识和改进教育活动。也正是因为教育科学以复数形式出现，才使教育科学分类成为必然。

　　教育科学在形式上由单数到复数的变化，并不是一种文字上的嬉戏，这当中蕴含着观念上的差异。单数"教育科学"中蕴含的观

---

　　① ②［法］米歇尔·德博韦著，马肇元译：《关于教育科学性质的国际范围大辩论：一种比较研究的方法》，载《教育展望》（中文版）第 23 期，1990 年 5 月。

　　③ 例如，陈桂生：《教育学的迷惘与迷惘的教育学》，载《华东师范大学学报（教育科学版）》1989 年第 3 期。

　　④《中国大百科全书·教育》，中国大百科全书出版社 1985 年版。

　　⑤［苏］П. Р. 阿图托夫等主编，赵维贤等译：《教育科学发展的方法论问题》，教育科学出版社 1990 年版，第 17 页。

念是：力图把教育学变为经验科学。单数"教育科学"的"科学"含义是从严格意义上说的。复数"教育科学"中蕴含的观念是：教育科学是大量社会学科，还包括某些自然学科应用于教育领域而形成的，它们绝大多数以教育现象为对象；在方法上博采众家，其发展以这些学科的发展为前提。复数"教育科学"的"科学"含义比较宽泛，在形式上成了所有有关教育的学科的总称。

这种观念上的差异，可归结到对教育理论性质在认识上的区别。因此，对教育科学的认识需进一步追问：教育理论是以怎样的理论形态而存在——经验科学理论？抑或实用理论？这个问题已引起了许多论争[1]，我们将在这种论争的基础上，作进一步的思考。

科学理论是对经验世界的解释，其目的在于认识和探索事物本身，其价值在于揭示事物内在的规律，甚至在于为这种规律探索的沉思。因此，（经验）科学理论又常常意味着一种所谓"为知识而知识"的理性精神。它的结构一般可表述为：在大量事实基础上提出假设，按客观事物的实际联系和相互转化关系，把相应的概念、判断、推理组成一个严格而自为的逻辑体系。当然，从绝对意义上说，没有一种科学理论是能与实践相分离的。实用理论则把视线直接投向实践，它探讨有关如何把认识的规律运用于实践的问题，并

---

[1] 尤以英国学者奥康纳（O'Conner, D. J.）与赫斯特（Hirst, P. H.）之间的论争为代表。见 O'Conner, D. J., An Introduction to the Philosophy of Education, 1969; O'Conner, D. J., The Nature of Educational Theory; Hirst, P. H., The Nature of Educational Theory, Reply to D. J. O'Conner, in Peters, R. S. et al. (eds.), *Proceeding of the Philosophy of Education Society of Great Britain*, Vol. 6, 1972. Hirst, P. H., Educational Theory, in Tibble, J. W. (ed.), *The Study of Education*, 1966. Hirst, P. H., Educational Theory, in Hirst, P. H. (ed.), *Educational Theory and Its Foundation Discipline*, 1983. Evers, C. W., Epistemology and the Structure of Educational Theory: Some Reflection on the O'Conner-Hirst Debate, *Journal of Philosophy of Education*, Vol. 21, No. 1, 1987.

且要为解决实践问题提供种种规范与建议,带有极强的价值与目的色彩,因此,具有实用理论形态的学科常被称为规范性学科。实用理论的结构可以大致这样来概括:提出某种希望达到的目的,对各种指向目的的备择手段予以论证,得出在既定的环境中某种合适的手段,然后建议如何用这一合适手段去兑现目的。①

从上述两种理论的特征来看,分析一下教育理论的对象(实践性活动)、目标(提出有效的建议),几乎可以肯定地说,教育理论不可能成为纯粹意义上的经验科学理论。它是一种实用理论。但教育理论中存在着"解释"部分,比如,它有对"人"的解释,这一事实成为人们把教育理论看成是既有(经验)科学理论又有实用理论成分的论据。这种观点值得推敲。首先,它似乎存在着把完整的理论肢解开来的危险;其次,我们要问:教育理论中的"解释"与(经验)科学理论中的"解释",其性质是否一样?此外,它还隐含了对实用理论的偏见。的确,如果我们把实用理论仅仅与实际操作性原理联系在一起,仅仅把它与即时地解决问题联系在一起的话,那么,教育理论并不完全如此。实用理论是关于"实践"的理论,但它有关实践问题的论述,并不等于直接规范人们今天干什么,明天怎样干。作为一种理论,它有抽象性,有自己表达假设、进行论证的形式;它不同于直接的处方,而是处方的主要依据;它在思考如何运用规律时已蕴含了对规律本身的思考。因此,实用理论并不排斥"解释",只是它解释的方式具有自己的特性。

就教育理论来说,由于它涉及对人的活动的解释,从而需要运用许多有关"人"的学科的概念与解释。而离开了这些学科的解释,教育理论只能对现象作事实的描述,却达不到解释的层面。但

---

① [英]丹尼斯·劳顿等著,张渭城等译,郑仪等校:《课程研究的理论与实践》,人民教育出版社 1985 年版,第 9 页。

其他学科与教育理论两者间的关系又不是直接的演绎关系，教育理论中的命题可以追溯到哲学命题、心理学命题、社会学命题等，但它已不是这些命题本身，并且这些命题的正确性并不能保证教育理论命题的正确性。教育理论中解释方式的特性在于：它是"运用解释的解释"。比如说，它是在对心理学、社会学、人类学等学科有关人的解释的运用中来解释培养人这一活动的。这样，可以说，教育理论里具有科学探究的成分，也正由此而区分出其内部相对的基础部分。

此外，从研究角度来说，教育理论的形成，实际上在运用这些学科的解释的同时，也运用这些学科的方法，而对统计学等这样的学科，则主要是运用了它的方法。尤其是随着人类知识的不断增长，不少新兴方法性学科、工具性学科的涌现，如计算机科学进入教育领域，为教育理论的科学化以及新的教育学科的形成作出了贡献。

教育理论的这种特性，使它大可不必为自己不能成为纯粹意义上的（经验）科学理论而感到沮丧，恰恰应以此而自豪：它要站在"众人"的肩膀上——把许多学科集于一身，去综合成自身的体系。从某种意义上说，它比这些学科更复杂，也更富于挑战性。然而，我们也不得不正视现实，教育理论的现状，也许落在不少学科之后。不过，当我们正视现实，"眼中形势胸中策"，既把自己列在为难的境地，又不失信心地厉兵秣马，情况就会一天天更好起来。

这种对教育理论的性质的认识，不仅为复数教育科学的产生作了恰当的脚注，而且还反映了教育科学分支学科形成的总特征，即它们是在运用其他学科的理论和方法的过程中形成的。比如，当我们追溯教育社会学的形成轨迹时，必然会回到社会学家涂尔干（Durkheim, É.）那儿，他正是运用社会学的理论和方法来研究教育的。

事实上，从教育科学分支学科的形成史中，可以归纳为这样几个大致的规律性特征。第一，分支学科的形成与其他学科的发展和成熟度密切相关，它对其他学科发展的意识由迟钝到逐渐敏感起来，从而加速自身的形成和发展。当然在这种欣欣向荣的背后也有着"假冒伪劣"，这指的是：有些所谓的新教育学科，用了不少其他学科的新名词，但实际上并没有新的内容，或者说没有表现出具有从新的角度去解决教育科学其他分支学科未能解决的问题的能力。第二，对其他学科的运用由注意理论运用开始，逐渐也重视对方法、技术的运用，这样在重"解释"的教育科学分支学科不断形成的同时，偏"操作"的技术性的分支学科也得到了发展。第三，教育科学分支学科的形成由"分析"（即从某一其他学科出发来研究教育）开始，逐渐出现"综合"（即以多学科同时研究教育）。

教育科学发展至今，已形成了不少学科。教育科学分类最终要面对的就是已形成了的那些学科，对它们进行归纳性分析。因此，在回答"是在对怎样的事物进行分类"这一问题时，除了上述对教育科学概念及教育理论性质的理解之外，还须明确教育科学内部有哪些学科可成为我们考察的对象。这便涉及对"学科"的理解，怎样才算是一门学科？学科的要旨是什么？

对这个问题，一些学科的研究者已进行了比较深入的研究。例如，有的研究者以经验分析方法分析经验学科，得出确认学科本质特征的七项标准：(1) 学科的材料域，即一组研究对象；(2) 学科的"题材"，即从某一角度来考察材料域所得的范围；(3) 学科的"理论"一体化水平；(4) 学科的独特方法；(5) 学科的"分析工具"；(6) 学科在实验领域中的应用；(7) 学科的"历史偶然性"。[①]也有的研究者以结构分析法透视学科的本质，得出了三个标准：

---

① 刘仲林主编：《跨学科导论》，浙江教育出版社1990年版，第34—38页。

（1）可观察或已形式化的客体，受方法、程序的制约；（2）现象与客体相互作用的具体化；（3）按照一组原理表达或阐述的定律。①我国也有研究者通过对社会科学学科的分析，提出了一门独立的学科所具有的特征：（1）内容的专门性；（2）对象的成熟性；（3）研究方法的科学性；（4）从理论形态上把握认识。②借助这些研究者的研究，可以发现：不管人们是在对哪一门类的学科进行认识，也不管人们从各自角度提出了多少标准，只要是一门学科，其最根本的特征主要体现在两个方面：对象与方法。如果说有第三个方面，则是在此基础上形成的理论体系。学科的命名也概略地出现这样的分布：或以对象命名，或以方法命名。

关于学科，还有三点似乎值得注意。第一，根据学科的基本特征，可以说，在应用中形成的学科并不妨碍其成为真正的学科，它有对象、有方法，也可自成体系。第二，方法有"专利"，但并非专用。没有独特的方法也并不妨碍一门学科成为真正的学科。第三，评判一门学科的实践指标也很重要。舒尔茨（Shultz, D.）在谈到心理学成为一门独立学科的标志时，认为几乎都与实践有关，如第一个心理实验室、第一个心理学教授职称、第一个心理学学术组织、第一份心理学期刊等。③

归纳起来，评判一门教育科学的分支学科是否成熟，其指标可从两方面看：一是属于"理论"方面的——对象、方法（及理论体系）；一是属于"实践"方面的——是否有代表人物、著作、学术组织、学术刊物等。这就是说，成熟意味着：是否满足了所有这些

---

① 刘仲林主编：《跨学科导论》，浙江教育出版社1990年版，第42页。
② 陈波等著：《社会科学方法论》，中国人民大学出版社1989年版，第36—37页。
③ [美] 杜·舒尔茨著，沈德灿等译：《现代心理学史》，人民教育出版社1981年版，第2页。

方面？满足的程度又如何？

三

教育科学的分类是对其内部的学科进行分类，因而学科的特征量——对象与方法——便成了我们注意的焦点。是以对象为标准，还是以方法为标准？从科学分类中可以看到这一对矛盾，教育科学分类也同样碰到了这个问题。

以对象为标准，往往成了坚持客观性原则的标志。这个原则是恩格斯确立的。他把学科所要分析的对象，都归结到事物存在的运动形式上，因而"科学分类就是这些运动形式本身依其内在序列所进行的分类、排列"[①]。因此，以对象为标准，首先便要弄清所有学科所要分析的那些事物是什么，这些事物之间的内在区别与联系是怎样的。在教育科学的分类中，也有这种分类取向：如有的研究者认为，教育科学各个分支所表现出来的多层次性、多序列性与多量度性，正是由教育本身的、现实的系统特征所决定的。由此提出了教育系统的五个特征，相应列了五类教育科学分支学科。[②] 也有些研究者以教育现象（情境）的分析为基础，根据影响教育情境的因素的分类来对教育科学进行分类。[③] 还有研究者按教育活动开展的阶段划分而区分了几类学科。[④] 从这些探讨中，我们看到，对象

[①] 恩格斯：《自然辩证法》，载《马克思恩格斯全集》第 26 卷，人民出版社 2014 年版，第 579 页。

[②] 毛祖桓著：《教育学的系统观与教育系统工程》，四川教育出版社 1988 年版，第 102—105 页。

[③] Mialaret, G., *Introduction to the Educational Sciences*, 1985. 见马骥雄著：《外国教育史略》，人民教育出版社 1991 年版，第 398 页。

[④] ［德］赫尔马·格·弗兰克著，安文铸译：《未来教育科学入门》，中国世界语出版社 1986 年版。

是科学分类中一个不可忽略的重要方面。

但是,我们也要看到:对教育科学分类有着明显的认识论特征,认识论要通过追问"我们是怎样认识事物的"来达到对事物是什么的认识。"对象"本身就是一个认识论层次上的概念,它与客观存在并不完全一致。对象总是映射了一个主题,主体所面对的是整个客观存在,但最终所研究的则是主体从某一角度所看到的客体。而主体对对象的认识在很大程度上归功于认识的方法。仅以对象为标准,实际上预先为自己设立了一个前提,即对象与学科、对象与方法总是一一对应的。现代科学的发展已使这种严格的分界变得模糊起来。因为很多学科、方法有可能同时指向同一个对象。因此,仅以对象为依据,在很多情况下已难以分类。在教育科学的分类中,以对象为依据顶多只能区分这样两大类:一是以教育活动为研究对象的学科,二是以教育理论为研究对象的学科。从历史发展的眼光看,第二类学科是在第一类学科发展的基础上产生的,是第一类学科发展"自我意识"产生的标志。仅以方法为标准,也同样存在难以克服的局限,常常使一门学科分解开来。例如,日本学者根据研究问题的四种方法,把教育研究分为理论研究、实证研究、实验研究和历史研究,相应地把教育科学分为四类①;以及有些学者从研究方法的角度,把教育科学分为分析、规范、经验三类学科②,都存在着这样的问题。因此,分类标准的制定需同时考虑到对象与方法。在这里要注意的一点是:据前文所述,教育科

---

① [日]大河内一男等著,曲程等译:《教育学的理论问题》,教育科学出版社1984年版,第193—196页。

② Christensen, J. E. & Fisher, J. E., Educology as an Organizational Concept for School of Teacher Education, Colleges of Education, and Faculties of Education, in Christensen, J. E. (ed.), *Perspectives on Education as Educology*, 1981, pp. 275-287.

学内部的各门学科是在对其他学科的运用中产生的，教育科学所运用的方法也正是来自于这些学科，这样，考虑对象与方法的关系问题就转变成了考虑对象与学科的关系问题。

有一点是十分明确的：除了以教育理论为研究对象的学科以外，所有分支学科都要以教育现象为汇集点，围绕教育本身来组织有关教育的知识。关键的问题是还需回答：在具体的层次上，这些学科各自与所研究的教育现象的结合点在哪里？也就是说，这些学科是怎样以不同的方式来透视教育的？

考察现已存在的教育科学的各门分支学科，大致有这样几种方式。

第一种方式是：像教育哲学①、教育经济学、教育心理学这些学科的形成，主要是把所运用的学科——哲学或经济学或心理学——作为一种理论分析框架，它们所研究的对象就是通过这些框架所观察到的那部分教育现象；其论述方式是各自运用这些学科的解释，研究达到目的的种种条件，从某一角度在教育领域中创造性地提供一种好的方法或好的活动结构，把这些学科所作出的一般承诺转化为对教育活动作出的特殊承诺。

在这类教育科学分支学科中，由于通过框架所观察到的那部分教育现象在性质上的异同，它们又可分为一些子群：(1) 运用框架所分析的是教育领域中的形而上问题，是对教育活动的形而上思考；(2) 运用框架偏重探讨教育中的社会现象；(3) 运用框架偏重

---

① 作为一门学科被命名为教育哲学，是在 19 世纪末。德国学者罗森克兰茨（Rosenkranz, K.）发表了《作为系统的教育学》（*Die Pädagogik als System*）(1848) 一书，后来由美国学者布雷克特（Brackett, A. C.）把它译成英文，名为《教育哲学》（*The Philosophy of Education*）(1894)。把教育学作为一种系统是教育哲学的第一种含义；教育哲学的第二种含义是用哲学观点探讨教育问题，如杜威的《民主主义与教育》；还有一种含义是指教育理论、原理，如法国学者埃德诺·拉埃里的《教育哲学——一般教育原理》。见金哲等主编：《世界新学科总览》，重庆出版社 1986 年版，第 245—246 页。

探讨教育领域中的个体——"人"的问题。

第二种结合方式是:所运用的学科是以一种具体的方法为特征,例如比较教育学①;或具有工具性,例如教育统计学。这些学科与教育的结合点在于:教育领域在哪些方面可以运用这些方法进行研究?如何运用?由此而形成的教育学科,其对象是这种方法所能达到的地方。根据这类教育学科在对象上的不同特点,又可将其分为两小群。(1)运用学科的方法,直接分析教育活动。分析的角度因方法而异。(2)另一小群学科主要针对的是如何将方法运用到教育领域中来。也就是说它直接以方法的运用为对象,探讨在教育研究中运用这些方法的种种原则与规范。

教育学科形成的第三种方式是:综合运用多门学科的解释(或成果)来解决教育的某一相对具体的实际问题。这类学科带有较强的可操作性。在这类教育学科中,又有两种不同的情况:一种情况是学科所研究的对象是属于教育领域内部的活动,是教育活动独有的问题,这群学科有课程论、教学论等;另一种情况是学科所研究的对象并非教育领域独有的问题,如管理、技术、规划等问题,这些问题是行政学、技术学、规划学的研究对象。但这三门学科在研究这些问题时本身就综合运用了多门学科的研究成果。因此教育行

---

① 人们对"比较教育学"有不同的理解。第一种是把它等同于国际教育,用比较方法来研究不同国家、地方的教育(例如张渭城:《比较教育》,载张渭城编:《国外教育学科发展概述》,教育科学出版社 1982 年版,第 60 页)。第二种是把它看成有关教育过程中两个或两个以上实体比较的知识 [如 Christensen, J. E. (ed.), *Perspectives on Education as Educology*, 1981, pp.149, 279]。第三种则认为,如果比较作为方法是普遍的,一门"比较"学科只有当它把比较推到一个更高的抽象作用水平,比如说"诸如比较之比较"时,才堪称这一名称,比较教育学实际上表示更高的认识论水平(如 Olivera, C. E., Comparative Education: Towards a Basic Theory, in *Prospects*, Vol. XVIII, No.2, 1988)。从比较教育学这门学科的历史来看,第一种理解更为符合学科现实的特点。见朱勃著:《比较教育史略》,广东高等教育出版社 1988 年版。

政（管理）学、教育技术学、教育规划学，看上去是一门学科（行政学或技术学或规划学）运用于教育领域的结果，而实际上是综合运用了许多学科而形成的。如教育技术学，它以教育技术为对象，但它不试图解释技术，对于一台教学机器，教育技术学对它的物理学原理兴趣不大，它感兴趣的是这台机器（在考虑到种种影响因素的情况下）如何提高教学效率乃至整个教育效果。当技术转化为教育技术时，这本身就隐含了对教育活动规律的思考，而对这些教育活动规律的解释又都是建立在许多学科理论的基础上的。在这里，所谓的"教育技术"是指人类在教育活动中所采用的一切技术手段的总和，其目的是达到优化的教育效果。为了不让人对"技术"产生误解，即仅理解为教学机器之类的"硬件"，克里斯坦森曾提出了以"教育实践学"（praxiology）一词来取代"教育技术学"一词。①

上述由三种形式而形成的教育科学分支学科，都是以教育活动这一实践形态为对象的，最终以理论形态表现出来。随着这些学科在理论上的不断发展和逐步成熟，教育科学也同许多其他学科一样，产生了自我反思的需要，也就是要对教育理论本身进行研究和分析，由此一些新的学科正在形成，并跻身于教育科学的行列，如元教育学②、教育学史。元教育学重在研究教育理论的结构与功

---

① Christensen, J. E., *Educology and Some Related Concepts*: *A Dialogue*, in Christensen, J. E. (ed.), op. cit., p.138. 克里斯坦森以"教育实践学"来代替"教育技术学"，界定了其为有关教育过程中有效实践的知识。但由此看来，前者比后者含义更为宽泛。

② "元"，英文为"meta"，本义为"在……之后"、"超越"，后引申为一种更高的逻辑形式。把"meta"放在某学科（discipline）前面所构成的名词，意味着一门新的但与原学科有关的学科，它将对原学科的性质、结构等进行分析。见 Gove, P. B. (ed.), *Webster's Third New International Dictionary*, 1981, p.1418. 我国台湾一些学者译"meta"为"后设"。"元教育学"的名称也是可以商榷的。

能、教育理论研究的方法论问题、教育理论与实践的关系等；教育学史重在研究教育学形成和发展的历史、教育学的逻辑演进序列、教育学的发展机制等。元教育学、教育学史的形成是建立在上述分析的各门教育学科理论发展的基础上的，它在研究对象上与上述各门学科区分开来，从而构成了教育科学分类体系中的一类。

到这里，教育科学的分类已成雏形。我们试图做的是：沿着教育科学各门学科形成和发展的历史足迹，分析学科形成的内在机制及学科的构成，较有根据地提出分类标准，并尝试提出一个分类标准的体系。

第一，以研究对象为标准，区分出教育科学的两大类：以教育活动为对象的学科与以教育理论为对象的学科。这是第一个层次。

第二，对以教育活动为对象的学科进一步分类。这是在第一层次分类标准的基础上，以学科的形成机制为标准。由于教育理论的性质决定了这一大类教育学科形成的总特征：在运用其他学科的过程中形成的，所以形成机制又反映在这种运用的不同方式上。由此区分出三类教育学科。这是第二个层次。

第三，对上述三类教育学科又进一步分类（小群）。这是在第二个层次分类标准的基础上，同时以研究对象的性质为标准，由此区分出类中的群。这是第三个层次。

这样，教育科学分类的框架已略见端倪。

四

根据上述分析提出的分类标准，可以为教育科学体系初步绘制一个类型学的框架表。

教育科学分类框架表

以教育活动为研究对象；以不同方式运用其他学科	把被运用学科作为理论分析框架	分析教育中的形而上问题	教育哲学	教育逻辑学
			教育伦理学	教育美学
		分析教育中的社会现象	教育社会学	教育经济学
			教育政治学	教育法学
			教育人类学	教育人口学
			教育生态学	教育文化学
		分析教育中的个体的"人"	教育生物学	教育生理学
			教育心理学	
	采用被运用学科的方法	运用方法直接分析教育活动	教育史学	比较教育学
			教育未来学	
		研究如何运用方法来分析教育活动	教育统计学	教育测量学
			教育评价学	教育实验学
			教育信息学	
	综合运用各门学科，解决教育的实际行动问题	分析与其他领域共有的实际问题	教育卫生学	教育行政（管理）学
			教育规划学	教育技术学
		分析教育领域独有的实际问题	课程论	教学论
以教育理论为研究对象			元教育学	教育学史

框架力图大致描绘目前教育科学的概貌。从上至下，学科由偏重认识问题，走向偏重解决问题；从侧重一个角度分析教育到综合地分析教育。上表反映出教育科学的研究在对象认识上具有了一定的深度（实践层面—理论层面）和一定的广度（从众多的角度看教育），这也同时反映出教育科学在研究方法上的多样性，反映出各门学科的形成方式及在教育科学总表中的位置。透过这张表，也可看到教育活动的丰富性，它的涉及面如此之广，几乎有点目不暇接了。

关于这个分类框架，还有几个问题需作进一步的说明。

分类使教育科学的各门分支学科明确地分离开来，那么这些学科的内在联系表现在哪里？这是我们要说明的第一个问题，即教育科学的统一性问题。

复数教育科学的脱颖而出，使教育科学的发展生机勃勃，但会不会各门分支学科"壁垒森严"，因而人们在欣喜的同时也有忧虑：如果各门学科间缺乏交流，缺乏相互合作，教育科学也就缺乏凝聚力。实际上，学科的统一性问题不只存在于教育科学之中。现代科学的发展，使人们越来越意识到学科之间的界限已不是泾渭分明了。于是便有了以"结构"观点、发生学观点来透视学科的方法，因为，当用"结构"观点透视学科时，就可以忽略不同学科研究对象的差异和定理表达方式的不同，找到学科结构的共同点和转换机制；发生学的意义则在于：它不承认有任何绝对起点，这意味着许多学科之间存在着内在联系。① 于是也有了以"基质"取代"功能"的提法，这表明考虑到了对象的综合性，希望把所有的学科都统一在世界物质的统一性这一前提之下。因此，教育科学统一性问题的提出，也正反映了这种大趋势。关键也许是在于把握住两个方面。一方面，教育科学在这种分化的表象背后有着深厚的统一基础，即除了以教育理论为研究对象的学科以外，所有学科都聚焦于"教育"（这在框架中也反映了出来），而一门分支学科只能触及教育活动的一个方面。教育活动的丰富性使这种单支的探索缺乏力度，

---

① 皮亚杰把这两种方法作为他探讨学科问题的指导思想。见刘仲林主编：《跨学科导论》，浙江教育出版社 1990 年版，第 98 页。皮亚杰在其《跨学科认识论》(*L'épistémologie des Relations Interdieiplinaires*) 中说，跨学科研究应该是达到这一阶段的研究："一门科学与邻近学科或邻近领域之间的合作，导致彼此有一些真正的相互作用，即在交流中导致某种互利，诸如互相使对方在总体上有所丰富。"这种跨学科研究还应该继续得到发展，以达到一个"高级阶段……即综合研究阶段，而是要使各有关学科融为一个总的体系，在其内部建立有这种系统"。见［法］加斯东·米亚拉雷、让·维亚尔主编，张人杰等译：《世界教育史（1945 年至今）》，上海译文出版社 1991 年版，第 502 页。

它要综合所有的学科，创造性地利用这些分支学科。教育科学的统一性，既统一在一系列协调一致的实践原则中，又统一在分支学科的广泛的理论结合中。另一方面，分化是教育科学发展的必经阶段，新的统一是建立在成熟的分化之上的。学科分化中表现出的"危机"给人们提出了新的课题：跨学科的研究。它是走向统一的希望所在!

在思考教育科学的统一性问题时，我们不由得会想到教育科学的原本统一形式，即教育学。在现今的教育科学体系中，教育学的位置在哪里？本框架中似乎把它"遗忘"了。是一种疏忽吗？这是我们要说明的又一个问题。现今人们对教育学的理解似乎走向了"两极"。其一，认为教育学是教育科学中的哲学。正如现代科学体系中的哲学一样，当一门门学科逐渐分离出去时，它也变得"轻松"起来，内涵更为明确，更具指导作用。教育学是这样吗？随着一门门分支学科的形成，出现了复数教育科学，它以怎样的方式在复数教育科学体系中成为各门分支学科的"哲学"？它讨论的议题是什么？其二，认为教育学主要涉及教学论。因为那些被运用的学科各自与教育的结合，主要体现在对教育进行所谓"解释"的基础研究层面，因此当这些学科涉足教育领域，形成分支学科，纷纷从教育学分离出去时，剩下的就是教学论一类的应用研究了。这种理解，表明对教育学的理解又回到了最初用"pedagogy"一词所表达的那种意义上了。这个词来自希腊语"paidagōgia"，按其词源来说，意为引导儿童学习的学问。① 因此在现代的一些英语词典上，这个词的主要意思是"教学法（教学论）"。后来，英语的"pedagogy"一

---

① 希腊语"paidagōgia"由"pais"和"agein"两部分构成。"pais"意为孩子；"agein"意为引导。见 Gove, P. B. (ed.), *Webster's Third New International Dictionary*, 1981, pp. 1663, 1619.

词在"教育学"意义上往往为"education"一词所代替。①

可以换个视角来看"教育学"。首先,"教育学"的历史和师范院校的历史关系密切。师范院校为培养教师而开设教育学课程。当"教育学"作为一门师资培训的必修教学科目时,具有"概论"的性质,就像"普通物理学""普通心理学"② 那样。它更多地以教材体系表现其内容,是一门教学科目(subject),很难说是科学体系中的一门学科(discipline)。其次,我们常常笼统地说教育学研究,实际上它已分得很细。当说某人在进行教育学研究时,往往指的是研究一门、两门专业分支。但我们仍需要一个一般的术语,来指称有关教育包罗的学问,有人便提出了"educology"一词。③它相对于"教育"(education)这一研究对象,就如"社会学"(sociology)之于"社会"(society)。这样看来,"教育学"即为现代意义上的"教育科学"。如果将教育学放在框架上的话,那么,它也许是涵盖以教育活动为研究对象的全部分支学科了。正因为对

---

① 有关"education"取代"pedagogy"的过程,见 Monroe, P. (ed.), *A Cyclopedia of Education*, 1913, pp. 621-622;[美]亨德森著,沈剑平、崔允漷译:《教育学》,瞿葆奎主编,瞿葆奎、沈剑平选编:《教育学文集·教育与教育学》,人民教育出版社1993年版,第295—298页。

② 在习惯上称的"普通物理学"、"普通心理学"等,严格说来,是"一般物理学"、"一般心理学"等。

③ 此词由哈丁(Harding, L.)、斯坦纳(Steiner, E.)、比格斯(Biggs, J.)和埃尔德(Elder, R.)等人所创。1964年,在一次教育哲学家的国际性会议上,斯坦纳提出了"educatology"一词。当时在与会学者格伦(Gruen, W.)的建议下,简化为"educology"。见 Christensen, J. E. (ed.), *Perspectives on Education as Educology*, 1981, pp. v-viii, 107-108。马骥雄教授为了答复瞿葆奎的请教,于1987年写了一张便条:"'educology'一词,本当译作'教育学'。唯在我国'教育学'已经是'pedagogics'的译语,如仍译为'教育学'会造成术语的雷同和混乱,踟蹰良久,想不出一个恰当的译名。转思我国的学科名称有伦理学、物理学、心理学、生理学、病理学、法理学,等等。因此,姑暂译作'教理学',供商榷,以便定出恰当的译名。"云云。

"教育学"的理解还有着分歧，姑暂"悬置"，有待共析。

还有一个要说明的问题是：本框架的形成，是根据对现有可称为学科的教育科学分支学科进行考察归纳的。这些学科有的已较成熟，有的正在发展中，甚至正在形成中，那么，框架的预测性表现在哪里？有些研究者为科学分类能像门捷列夫化学元素周期表那样作出准确预言曾不甘雌伏。如果说凯德洛夫的科学分类框架，以在各学科门类及学科之间可进行二级、三级，乃至四级交叉来预测学科还有粗浅之嫌的话，那么有的研究者提出的学科自身结构的"自生殖"力量与实践需要之间平衡的观点①，也还没有把预测兑现在科学分类的框架上。因为科学分类中的学科与元素周期表中的元素不一样，前者是要在实践中所产生的，而后者是为人们在实践中所发现的。因此，教育科学分类框架的预测，只能就一些趋势作可能性判断。由于教育科学的特性，对其分类框架的预测似可作如下判断：在从某一角度分析教育的某一方面或某一组成部分的层面上，有多少涉及"人"的学科；在教育研究的层面上，有多少可用于研究"人"的问题的方法，便有可能产生多少分支学科；在把教育作为一个整体，从多种角度同时进行综合研究的层面上，教育领域内有多少种具有现实作用和影响的实际问题，就有可能产生多少分支学科。而这些学科要成为现实，必然与教育的实践需要，以及学科研究所具备的各种条件有关。如此说来，本框架为未来的教育科学分支学科留下了位置，等待着人们去填写。

最后要说明的一点：任何分类总免不了带有人为的色彩，但主观的随意性却是为所有追求真理之研究所抛弃的。教育科学分类本是学科本身的特点与人们认识的结晶。本框架在认识有关教育科学的问题的基础上进行分类，力求主客观的统一。另一方面，本框架

---

① 赵红洲著：《大科学观》，人民出版社1988年版，第156—157页。

试图把通过分析教育理论性质而演绎出来的逻辑结构，与通过分析教育学科的发展与现状而归纳出来的逻辑结构结合起来，这也许在一定程度上反映了历史与逻辑相统一的方法论思想。此外，对分类标准的思考，也企图超越单纯形式逻辑的思维方式。当然，由于教育科学内部学科的多样性与复杂性，使分类半青半黄，相对出现了多种分类标准和框架；并且，历史发展的无限性与人们认识的有限性之间的矛盾，也决定了分类的暂时性与相对性。但这也正是人类思维进步的内在动力。以"有涯"追"无涯"，不亦悦乎？人的理智与情感的需要，教育科学自身发展的需要，将引导人们为此而继续深思。嘤其鸣兮，求其友声，亦寻其异音耳。

目　录

第一章　导论 / 1
第一节　教育行政的含义、功能和特点 / 3
一、什么是行政 / 3
二、什么是教育行政 / 6
三、教育行政的功能 / 9
四、教育行政的特点 / 11
第二节　教育行政研究 / 15
一、教育行政研究的特性 / 15
二、教育行政研究的主要内容 / 16
三、教育行政研究的类型 / 18
四、教育行政研究的方法 / 19
第三节　教育行政学概述 / 22
一、教育行政学的研究对象和学科性质 / 22
二、教育行政学的产生年代 / 23
三、教育行政学的学科体系 / 27
四、我国教育行政学的研究历史 / 29

第二章　管理思想的演变和教育行政管理 / 35
第一节　早期的管理思想与学校教育 / 37
一、我国古代的管理记载 / 37
二、古代希腊和罗马时期的管理 / 38

三、天主教会 / 39
　　　四、理财家学派 / 39
　第二节　管理思想的演变 / 40
　　　一、古典管理理论 / 41
　　　二、人际关系运动 / 48
　　　三、行为科学 / 51
　第三节　管理理论对教育管理实践及研究的影响 / 55
　　　一、教育管理中的效率崇拜 / 55
　　　二、学校中的民主管理 / 57
　　　三、教育行政研究的新视野 / 59

第三章　教育行政体制和教育行政机构 / 63
　第一节　两种基本的教育行政体制 / 65
　　　一、含义和类型 / 65
　　　二、中央集权制 / 66
　　　三、地方分权制 / 69
　　　四、集权与分权的周期性变革 / 73
　第二节　我国教育行政体制及其改革 / 75
　　　一、我国现行教育行政体制的性质 / 75
　　　二、改革的必要性 / 77
　　　三、中央与地方教育事权的认定 / 78
　　　四、条条领导为主还是块块领导为主 / 79
　　　五、教育行政管理体制改革与教育财政 / 80
　　　六、变革并不能解决所有教育问题 / 82
　第三节　教育行政机构的设置 / 83
　　　一、中央教育部 / 83

二、地方教育行政机构 / 86
　　三、我国的教育行政机构设置 / 88
　　四、教育行政机构大型化趋势 / 90
第四节　教育行政机构的改革 / 92
　　一、为什么要进行机构改革 / 93
　　二、什么时候进行改革 / 94
　　三、改革的主要内容 / 95
　　四、改革的理论模式和策略 / 99

第四章　教育组织及其管理过程和原则 / 105

第一节　组织和学校组织 / 107
　　一、关于组织的认识 / 107
　　二、组织分类 / 108
　　三、学校组织的基本性质 / 111
　　四、学校组织的意义 / 113

第二节　科层制和学校组织 / 114
　　一、古典管理理论在学校中的应用 / 114
　　二、学校是否为科层制组织 / 116
　　三、松散结合系统 / 118
　　四、理性组织的局限性 / 120

第三节　从社会—开放系统的角度看学校 / 122
　　一、学校是一个社会系统 / 122
　　二、学校是一个开放的系统 / 127

第四节　学校管理过程 / 131
　　一、管理过程的要素 / 131
　　二、学校管理过程的环节 / 132

三、完美的设计和实际的距离 / 134

　　　四、管理过程的垃圾箱模式 / 135

　第五节　学校管理原则 / 137

　　　一、有关学校管理原则的论述 / 137

　　　二、不要迷信原则 / 138

　　　三、有选择地谨慎地借鉴和利用原则 / 140

第五章　教育行政领导 / 145

　第一节　领导与领导科学 / 147

　　　一、什么是领导 / 147

　　　二、领导科学 / 148

　第二节　领导问题的理论研究 / 150

　　　一、领导特质理论 / 150

　　　二、领导风格类型理论 / 152

　　　三、领导行为理论 / 154

　第三节　权变理论 / 159

　　　一、菲德勒的领导权变理论 / 160

　　　二、通路—目标理论 / 163

　　　三、领导生命周期理论 / 163

　第四节　教育领导者 / 165

　　　一、领导哲学 / 166

　　　二、教育领导者的权威 / 169

　　　三、教育领导行为 / 172

　　　四、教育领导者的领导风格 / 175

　　　五、校长学 / 177

　　　六、校长负责制 / 179

七、校长的领导艺术 / 183

　　八、规章制度和学校领导 / 186

第五节　领导者的教育 / 189

　　一、教育行政人员专业化 / 189

　　二、教育领导者的知识结构 / 191

　　三、教育领导者的在职培训 / 193

第六章　组织行为研究和教育行政 / 197

第一节　决策 / 199

　　一、关于决策过程的理论模式 / 199

　　二、参与决策 / 203

　　三、认可区模式及其在学校中的应用 / 205

　　四、参与决策过程中领导者的责任 / 208

第二节　沟通 / 208

　　一、沟通在教育行政工作中的意义 / 208

　　二、有关沟通的一些理论研究 / 210

　　三、有效沟通的原则 / 212

　　四、克服沟通障碍，提高教育行政效率 / 213

第三节　激励 / 216

　　一、激励的作用 / 216

　　二、激励过程和需要层次 / 217

　　三、赫茨伯格的双因素理论 / 220

　　四、激励理论在教育管理中的应用 / 224

第七章　教育政策 / 227

第一节　教育政策概述 / 229

一、政策和教育政策 / 229

　　二、教育政策的特性 / 231

　　三、教育政策领域最为关注的问题 / 233

第二节　教育政策的制定 / 235

　　一、影响教育政策制定的因素 / 236

　　二、教育政策的种类和制定机关 / 238

　　三、教育政策制定的模式 / 239

　　四、教育政策制定的程序 / 243

第三节　教育政策的实施 / 245

　　一、影响教育政策实施的因素 / 246

　　二、关于政策实施过程的理论分析 / 248

　　三、教育政策实施中经常遇到的问题 / 251

第四节　我国现阶段部分教育政策分析 / 253

　　一、教育方针 / 253

　　二、确保教育事业优先发展 / 254

　　三、增加教育投入 / 255

　　四、普及义务教育，实现义务教育均衡发展 / 256

　　五、改革教育体制 / 257

　　六、多种形式办学 / 257

　　七、发展高等教育 / 258

　　八、发展职业技术教育和成人教育 / 259

　　九、提高教师社会地位和待遇 / 259

　　十、发展少数民族教育和残疾人教育 / 259

第八章　教育法制 / 261

第一节　教育立法 / 263

一、一些基本概念的界定 / 263
　　二、教育立法为什么能兴起 / 264
　　三、教育立法的意义及局限 / 266
　　四、教育立法的历史演变 / 268
　　五、我国现行教育立法体制 / 272
　　六、教育法的种类和立法原则 / 273
第二节　教育执法 / 275
　　一、教育执法的含义、性质、内容和作用 / 275
　　二、教育执法的效力原则 / 277
　　三、教育执法过程中权利和义务关系的认定 / 278
　　四、对违反教育法律行为的处理 / 279
　　五、影响教育执法效果的因素 / 283
第三节　完善我国教育法制工作的思考 / 286
　　一、进一步健全我国的教育法体系 / 287
　　二、重视对教育立法技术的研究 / 287
　　三、进一步提倡司法介入 / 288
　　四、开展国外教育司法判例的研究 / 289

第九章　教育人事行政 / 291

第一节　人事行政的含义 / 293
第二节　教师的工作性质和专业地位 / 295
　　一、教师的工作性质 / 295
　　二、教师的专业地位 / 298
　　三、教育专业人员与教育行政管理人员之间的关系 / 300
第三节　教师人事行政业务 / 303
　　一、资格审定 / 304

二、录用 / 305

三、聘任 / 306

四、考核 / 307

五、奖惩 / 308

六、工资 / 309

七、辞退 / 311

八、劳保福利 / 312

九、退休 / 314

第四节　教师的培训 / 314

一、教师的职前训练 / 315

二、教师在职培训制度的兴起 / 316

三、教师在职培训的一般模式及其局限性 / 317

四、教师在职培训的改进 / 318

五、提高教师在职培训的效果 / 319

第十章　教学行政 / 323

第一节　教学内容行政 / 325

一、教学内容的含义 / 325

二、教学内容的管理体制 / 326

三、课程体制的改革 / 328

第二节　教学组织行政 / 330

一、教学管理组织系统的构建 / 331

二、教学手段的设计 / 332

三、教务行政 / 336

第三节　教学视导 / 340

一、教学视导的含义 / 340

二、教学视导的模式 / 341
第四节　教学评价 / 345
　　一、教学评价的特性和意义 / 345
　　二、教学评价的指标体系 / 346
　　三、评价计划的制订 / 352
　　四、定量评价和定性评价 / 353
　　五、形成性评价和终结性评价 / 355
　　六、提高教学评价的质量 / 356

第十一章　教育财务行政 / 359

第一节　教育经费的筹措 / 361
　　一、现代教育财政的起源 / 361
　　二、政府为什么要为教育筹措经费 / 362
　　三、教育经费筹措的来源 / 365
　　四、教育经费筹措的方式 / 368
　　五、教育经费筹措中的负担结构 / 368
　　六、提高教育经费的筹措能力 / 371
第二节　教育经费的分配 / 372
　　一、为什么要研究教育经费分配问题 / 372
　　二、教育经费的分配原则 / 374
　　三、教育经费的分配方式 / 375
　　四、教育经费合理分配的研究 / 377
第三节　教育经费的使用和管理 / 380
　　一、教育经费使用和管理的基本原则 / 380
　　二、教育经费管理体制及其演变 / 382
　　三、教育财务管理的过程 / 384

四、教育经费预算单列 / 387

五、重视对教育成本的分析和研究 / 389

主要参考文献 / 391

第一章
导论

什么是教育行政？它的性质、功能和特点是什么？怎样对它进行研究？教育行政学作为一门学科是如何发展的？了解这些问题，对于认识教育行政现象和教育行政管理活动至关重要。本章作为全书的入门，将围绕上述问题作简要论述。

第一节　教育行政的含义、功能和特点

一、什么是行政

要了解什么是教育行政，有必要先了解什么是行政。不过，要真正弄清楚什么是行政并不容易，因为迄今为止，学者们对"行政"一词的含义并无一致的认识。

"行政"一词，从字面上理解，"政"是"政务""众人之事"，"行"是"推行"或"管理"，连起来就是推行、管理政务或众人之事。我国古代就有"行其政事""行其政令"之说。在英语中，行政为administration，该词源于拉丁文administrare，是指治理、管理事务的意思，故有些国际辞典把行政解释为"国家事务的管理"①。可见，关于行政的最一般的解释，是指政府事务的管理和指导。

然而，笼统地谈国家事务的管理，似乎还不足以反映行政的根本特性，因为管理国家事务，既涉及制定政策、法律，又涉及执行政策和法律，行政到底是指其中哪一部分呢？鉴于此，有的研究者主张将行政与政治区分开来，如美国行政学家古德诺（F. J. Goodnow）很早就说过这样的话：政府具有两种性质截然不同的功能，一种是"政治"功能，另一种是"行政"功能。"政治与政策或国家意志的表达相关，行政则与这些政策的执行相关。"②黑格尔也表达过类似的观点："执行和实施国王的决定，一般说来就是贯彻和维护已经决定了的东西，即现行的法律、制度和公益设

---

① 孙荣等编著：《行政管理学概论》，同济大学出版社1988年版，第2页。
② ［美］F. J. 古德诺著，王元译：《政治与行政》，华夏出版社1987年版，第10页。

施等等，这和做决定这件事本身是不同的。这种使特殊从属于普遍的事务由行政权来执行。"① 这种将行政限定在执行政策、法律范围之内的观点，虽然代表了一家之说，但遭到一些学者的质疑：难道行政活动中就只有执行，没有决策？事实上，任何一个行政机关行使管理权力时都存在着决策活动，只是决策的层次、范围、效力等级不同罢了。因而这些学者主张，行政既是国家意志的执行，同时也是国家意志的表达。在行政活动中，行政机关同时履行着执行职能、准立法职能、准司法职能等多种职能，故将行政与政治简单地分离开来并不妥当。②

不管是把行政理解成国家事务的管理也好，或把行政理解成国家意志、政策的执行也好，两种解释都把行政看得层次非常高，唯有国家机关才能去做。这样看待行政，其实是想把行政与通常所说的管理工作区别开来，并暗示行政在层次上要高于管理。正如有的研究者如霍奇金森（C. Hodgkinson）等坚持认为的，行政应与管理区分开来，它们之间的差别是政策制定与政策实施、判断与行动之间的差别。他断言：行政更多地涉及全部行政管理中思考的、定性的、人文的和战略的方面，而管理则更多涉及行动的、定量的以及物质和技术的方面。③ 另一些人则声称：行政的范围比管理窄，它只是众多管理活动中的一种，是国家权力行使过程的具体化，是具有政治性的管理；而管理主要是一般事务的料理和管辖，它存在于人类社会各行各业之中，它所涉及的既有政治性的一面，也有非

---

① ［德］黑格尔著，范扬、张企泰译：《法哲学原理》，商务印书馆1961年版，第308页。

② 参见罗豪才主编：《行政法学》，中国政法大学出版社1996年版，第1页。

③ C. Hodgkinson, *The Philosophy of Leadership*, New York: St. Martin's Press, 1983, pp.1-2.

政治性的一面。①

　　以上所涉，都从代表国家行使权力的角度诠释行政，就像马克思所精辟概括的那样："行政是国家的组织活动。"② 然而除此以外，也还有另外一种观点，并且这种观点非常流行，流行到在日常生活中到处可见，这就是把行政看作管理的同义语。如有的研究者写道："严格地说，'行政'与'管理'在一定意义上是同等概念。'管理'这个词广泛应用于工商企业活动中，指企业的组织、领导活动等。后来，随着工商企业的管理经验在国家行政领域的推广，'管理'这个词也被列入国家行政领域。近年来，我国很多人将'行政'与'管理'这两个词结合起来使用。在此情况下，过分强调行政与管理在层次高低、自由裁量权有无方面的区别已无重要意义。"③ 持这种观点的人，一般都不满足于把行政仅仅看成政府事务的管理，认为这是缩小了行政活动的范围，充其量只能算一种狭义的行政概念。他们主张，结合我国的实际，应该从更广阔的意义上来理解行政，即不仅国家行政部门行使权力的管理活动是行政，就是国家机关以外的所有企事业单位管理事务的活动也可称为行政。他们的理由是，现代国家的职能与以前相比已大不相同，远远超过了政治或司法方面的工作，"难道我们能光从业务着眼，只把外交、国防、司法等部门的工作叫作行政，而把纺织、机械、化工等部门的工作排斥在外吗？"④ 1989 年出版的《汉语大辞典》也对"行政"一词作出两种解释，一是"执掌国家政权，管理国家事

---

　　① 李进才主编：《中国当代教育行政管理》，湖北教育出版社 1992 年版，第 3—4 页。
　　② 马克思：《评"普鲁士人"的普鲁士国王和社会改革》，《马克思恩格斯全集》第 1 卷，人民出版社 1956 年版，第 479 页。
　　③ 罗豪才主编：《行政法学》，中国政法大学出版社 1996 年版，第 1 页。
　　④ 孙荣等编著：《行政管理学概论》，同济大学出版社 1988 年版，第 3 页。

务",二是"机关、企业、团体等内部的管理工作"。① 这后一种关于行政的理解,显然已实际等同于管理。在实际生活中也是如此。正如一些人所指出的,无论国内国外,除了过于咬文嚼字的学者之外,一般人并不注意精确区分行政与管理的差别,交换使用这两个术语的情况比比皆是。② 也有很多作者干脆将两个词连起来用,称为"行政管理",这些人所说的"行政管理",绝非强调由政府在办事,而是要将它与旧时代的"经验管理"加以区分。他们认为,与经验管理相比,行政管理有几个明显特点:一是具有明确的层级权力线,二是有严格的指令性和强制性,三是有一整套行政手段和方法。由于有这几个特点,行政管理比经验管理更为优越。③ 显然,这样理解行政,与原来的管理国家事务的意思已相去甚远,更多地接近于管理的含义。

有关行政概念的界定,笔者认为不必强求一致,不同学派可以按自己的理解进行诠释。就本书的倾向而言,作者是赞同从较为广义的角度看待行政的,即行政既可指国家事务的管理,也可指一般企业、机构、学校的管理活动,这样的理解或许更接近我们的现实生活。从这个意义上说,把本书所说的教育行政称为教育管理也未尝不可。

二、什么是教育行政

对行政的看法不同,导致对教育行政的解释也极不统一。赞同行政权必属于国家的人,往往把教育行政看作国家的一种职能,是

---

① 《汉语大辞典》第 3 卷,汉语大辞典出版社 1989 年版,第 900 页。
② P. Ribbins et al. (eds.), *Developing Educational Leaders*, Longman, 1991, p. 4.
③ 黄云龙著:《现代教育管理学》,复旦大学出版社 1993 年版,第 9 页。

国家对教育事业的领导和管理。如我国一些研究人员对教育行政所下的定义是："教育行政是国家行政的重要组成部分,是国家通过政府的教育行政部门对教育事业进行领导和管理。"① 在教育管理体制方面倾向于集中管理的国家,这一看法较为通用。然而与这种观点相比,另一种观点常常更易被人所接受,即不拘泥于强调国家在教育事业中的领导和管理作用,而是主张一切教育机构,包括政府的教育行政部门在内,凡是对教育事业的管理活动,都可称为教育行政。按照这一解释,学校是最根本和最基层的教育机构,其内部的管理工作无疑也属教育行政的一部分,而且可以说是最重要的教育行政。持这种观点的人,实际上是把教育行政与教育管理同等看待,或者说是从更广阔的角度界定了教育行政。在我国,在欧美的许多国家和地区,大量研究人员支持这一主张。他们以教育管理的特性或过程为主线,从各自的立场出发,对教育行政的含义作出了下面的种种界定。

一种解释是把教育行政看作教育领域中的计划、组织、领导、控制等活动。这是受到了企业管理思想的启发。管理学家法约尔(H. Fayol)和古利克(L. Gulick)等认为,管理过程主要由计划、组织、指挥、协调、人事、报告、预算等活动所组成,将这一思想运用于教育行政,人们发现,教育管理与企业管理之间有很多相似的地方,因此就把包括学校行政在内的教育行政定义为:在特定的环境和条件下,"通过计划、组织、领导及控制等活动以完成教育目的的连续历程"②。

考虑到教育行政活动的一些特殊方面,如受教育资源的极大制约,特别要依赖于广大教育人员的支持和配合,因此一些教育团体

---

① 萧宗六、贺乐凡主编:《中国教育行政学》,人民教育出版社1996年版,第3页。

② 程介明等著:《教育行政》,香港公开进修学院出版社1997年版,第4页。

如美国学校行政协会（AASA）的研究人员提出，教育行政系由制定计划、筹配资源、激励动机、协调配合和评价得失等五个方面所构成。① 美国著名的教育行政学家坎贝尔（R. F. Campbell）等人也持类似的主张，认为教育行政即指包括决策、规划、激励、协调、评价等在内的管理活动。②

另有些研究者虽然也从管理角度分析教育行政，但他们更看重的是管理活动的社会性一面，由此他们提出了社会系统的理论。他们认为，教育行政不是一种单纯、机械的管理活动，而是在整个社会系统中的一种复杂运作。持这种理论的代表人物有盖泽尔（J. W. Getzels）、卡巴（E. G. Cuba）等。他们认为，社会系统中各种关系相互影响，交互作用，教育行政工作也不免受到这种影响；要认识教育行政的本质，就必须考虑一定的社会关系对教育行政活动的影响。首先，教育行政是一种在社会阶层组织中的活动；其次，这种活动有明确的目标、确定的权力等级关系和社会规范；最后，从事活动的人必须彼此配合，每个人都处在一定的角色地位。③ 将这些要点综合起来，教育行政可定义为：在一定的社会关系中，通过人的角色扮演、协调和相互作用，而产生的达到某种教育目标的管理运作活动。

同样也强调管理，但有些研究人员受行为科学理论的影响，将教育行政看作教育行政主管所表现的行为。这一派的学者认为，管理过程要受重视，社会因素也要受重视，但实现教育宗旨，归根结

---

① American Association of School Administration, *Staff Relations in School Administration in 33rd Yearbook*, Washington, D. C., The Association, 1955, pp. 17-22.

② R. F. Campbell et al., *Introduction to Educational Administration*, Allyn and Bacon, 1971, p. 189.

③ J. W. Getzels, J. M. Lipham & R. F. Campbell, *Educational Administration as a Social Process*, New York: Harper & Row, 1968, pp. 52-53.

底还须依靠教育组织内管理人员的种种管理行为,这些行为包括组织行为、计划行为、领导行为、沟通行为、评价行为等。行为得当与否,才是达成任务的关键。所以,"教育行政是完成教育任务的行为"①。

由于学校的管理工作是最常见的教育行政活动,有的学者干脆立足于学校解释教育行政:"教育行政是将学校组织中全部学生所需良好教学的一切力量,协调成统一的计划,能有效地完成预期的目标。"②

上述各种观点都有其道理,不必硬性辨别谁是谁非。本书是赞同从广义的角度来理解教育行政的,因此这里把教育行政定义为:有关人员在一定的社会背景之下,为完成特定教育目标而实施的各项教育管理活动的总称。

三、教育行政的功能

教育行政本身只是一种手段,不是目的,其目的归根结底是保障全体公民受教育的权利,并为实现国家的教育理念、促进社会教育事业发展创造条件。为了实现这一崇高的使命,教育行政至少应当发挥以下四方面的功能:

第一是领导功能。教育行政人员往往要代表国家行使权力,对教育事业实行领导。在教育管理实行中央集权制的国家里,中央、地方和学校之间建有垂直型的教育管理机构,因此这种领导功能就更显突出。在分权管理的国家,教育的领导功能更多的是通过地方政府或地方教育机构来体现的。

---

① 瞿立鹤著:《教育行政》,茂昌图书有限公司1992年版,第79页。
② R. E. Wilson, *Educational Administration*, Charles E. Merrill Books Inc., 1966, p. 9.

第二是调节功能。教育的发展依赖于许多客观条件，如经济条件、文化条件、地理条件等等。一个国家越大，各地的差异性就越大，教育的客观条件也就越不一致，这样就需要通过教育行政的调节功能来协调各地教育的发展。即使在同一地区，学校与学校之间仍存在差异，因此同样有一个调节的问题。在教育行政管理过程中常用的调节手段有：经费补助、人员调配、师资培训、技术帮助等。

第三是服务功能。教育行政不仅有领导教育的一面，还有服务教育的一面。就像有的学者所指出的那样："行政本质上是一种服务活动、一种工具和一种媒介，通过它可以更充分有效地实现教育过程的基本目标。从这一观点出发，教师便是最重要的因素，行政的作用就是满足教师的需要，提高教学过程的效率。"[1]"学校行政不是为存在而存在，它不过是一种手段，而不是目的……因此，学校行政只是为学生而存在，它的功效，必须通过它对教学作出多少贡献来衡量；它必须永远是教学的仆人。"[2] 有人甚至认为在各种功能中，服务功能才是最基本的。"教育行政是服务于教与学的，是支援教与学的，是导引教与学的。没有教师的教学与学生的学习，教育行政就没有存在的必要。"[3] 在我国，过去比较看重教育行政的领导功能，而忽视其服务功能，近年来这一状况已有所改变。

第四是监督功能。指教育行政主管对下级教育组织和学校，以及对教育人员的考核监督，其目的是为了使下属能积极有效地履行职责。过去教育行政监督主要凭借权威、纪律、限期改正等方式，

---

[1] Arthur B. Moehlman, *School Administration*, 1940, p. v.
[2] Ward G. Reeder, *The Fundamentals of Public School Administration*, 1941, pp. 6-7.
[3] 黄昆辉著：《教育行政学》，东华书局1996年版，第21页。

行为科学兴起以后,开始引入指导、激励、信息咨询等方式,这样使得教育行政监督职能的效果大大提高。

除了以上一些功能,还有人提出教育行政的其他一些功能,如计划功能、决策功能、评价功能、促进教育行政改革功能等。所有这些功能都从不同侧面证明,教育行政在现代教育事业甚至现代社会中具有不可替代的价值。

四、教育行政的特点

进入现代社会以后,学校的规模日趋扩大,教育行政机构也日益庞杂,由此造成社会上一大批人从事教育行政管理工作。据统计,在20世纪80年代中期,全美国大约有50万人在各级教育机构担任行政管理工作。这一数字相当于同期全美国开业医生的数字。在这50万人中,大约有10万人担任中小学校长和教育厅局长工作,1万多人担任高校校长工作,他们身边又有一大批助手在协助工作。此外,约有2 500名大学教授在从事教育行政管理方面的教学和研究,通过他们又源源不断地输送着未来的教育管理人员。[①] 在我国,各级各类学校有100多万所,起码也有三四百万人在从事各种类型的教育行政管理活动。如此众多的人在这一领域工作,自然必须对这一活动的特性有所了解。与其他行政活动如一般公共行政、企业行政、医院行政等相比,教育行政有哪些相似的地方,又有哪些不同呢?相似的地方主要有以下几点:

第一,教育行政活动与其他行政活动一样,在履行职责时一般都重视体现国家的理念、意志和愿望,注意贯彻国家的政策和法

[①] R. F. Campbell, T. Fleming, L. J. Newell & J. W. Bennion, *A History of Thought and Practice in Educational Administration*, New York: Teachers College, Columbia University, 1987, pp. 1-3.

规，并在国家法律所许可的范围内行使管理教育的权限。

第二，教育事业用的是公众的钱，属社会公共事业的一部分，因此管理教育也必须像管理其他公共事业一样，以维护和推进公共利益为基本目的，而不是以营利为基本目的。这一点与企业经营有明显不同。

第三，教育行政作为一种管理活动，具备了一般管理的基本特征，如有组织目标，有机构内部的权限分配关系，有分工，有计划，有决策，有交流，有协调，有冲突，也是通过综合运用各种管理手段来最终实现组织目标的。正因为如此，管理的一般原理，对于教育行政管理工作也具有非常重要的指导意义。

第四，与其他行政人员一样，教育行政人员的素质、能力、领导风格等对行政工作的成效具有举足轻重的影响。因此，现代社会历来都重视行政人员能力、素质的培养。

第五，行政工作科学化是当前的一种趋势，教育行政也不例外。许多原本在其他领域运用的科学手段，如今在教育行政领域也得到了普遍的运用，如统计手段、预测技术、成本核算制度、信息资料处理等。

教育行政异于其他行政的地方，需要联系教育组织本身的特性来考察。根据瑟吉万尼（T. J. Sergiovanni）等人的分析，教育组织具有以下一些特性。

——对于目标的达成与进展情形的测量十分困难。例如，良好公民、学术气氛浓厚、学习动机、独立思考能力、有效的教学方式等与学校目标有关的概念，测量起来极为不易。这相对于容易理解、可以量化的企业组织目标，有着极大的不同。

——学校所依据的公共会计是基于控制目前预算设计而成的，这与企业会计着眼于支持未来的计划、研究与发展，有着相当程度的差别。

——学校在资金、组织及人事方面的权力,常常要受到其他部门的制约和限制。

——并没有明显的市场机制存在以决定学校的效能。例如,某项昂贵的教育方案,因为政治与法律的理由,可能受到支持与维护。这些方案如果是根据市场经济作为其设立的条件时,一般消费者将不会支持这类方案。相反地,工厂的生产线极易受到市场经济的影响。

——教育资源的分配根据统一标准与公平法则,更甚于根据教育的成绩(merit)来决定。例如,分配较多的资源给予高成效(high producing)的学校,可能会被视为是不适当的。

——在教育系统中,教学有日趋专业化的显著迹象,因此教育行政主管是与一群并非十分需要依赖于管理控制的专业人员在一起工作。

——相对于公司行政管理而言,学校资源的分配弹性较小。

——与大部分组织依赖于机器与技术不同,教育是人力密集的事业,教育资源有很高的比例用于人事尤其是教师的费用。

——教育的成本与效益不易直接测量,而且测量的结果亦无法达到精确。教育的成效是一种长期性效果,短期内不易显现;教育的投入成本也不易估算,因为除公共经费的投入之外,私人的捐助以及受教者付出的机会成本等均不易精确推算。

——教育涉及每个家庭、每个人,因此广受社会大众的注目,社会对学校的活动也最为敏感和关切。①

基于上述教育组织的特点分析,可以推断出教育行政区别于其

---

① T. J. Sergiovanni et al., *Educational Governance and Administration*, London: Longman, 1992, pp. 166-167; R. F. Campbell et al., *Introduction to Educational Administration*, Boston: Allyn and Bacon, 1971, pp. 126-130; 王如哲著:《教育行政学》,五南图书出版公司1998年版,第3—5页。

他行政的某些方面：

第一，教育行政活动在很多方面要受制于教育本身的规律。如教育是人力密集的事业，教育的周期长，教师工作是一种专业性工作等，违背这些规律而实施行政管理是行不通的。例如，你不能运用行政手段，强令教师采用某种教学方式，因为这与教育规律不符；相反，在企业行政中，你却可以通过机器与技术，直接控制员工的工作程序。

第二，教育行政工作的许多方面难以实行量化管理。这是因为，教育行政管理最终要落实在学校工作中，而学校培养人要受多种因素的影响。例如，我们就很难对一所学校的德育管理情况实行精确的统计。

第三，教育是价值高度涉入的事业，因此教育行政常常会涉及其他行政不常碰见的伦理、道德及价值观方面的问题。正如国外有的学者所说，学校是社会上各种冲突的价值观念的中心。[1] 从这一角度出发，教育行政工作不可能像有些学者所提倡的那样"保持中立"。

第四，对教育行政工作的成效的评价，要比对其他行政工作的评价复杂得多。例如，我们难以根据某所中学当年的高考成绩，来对这所学校的行政管理工作成功与否作出评价，因为其中的影响因素太多了，而且很多因素主观上是无法控制的。这种评价上的困难，为圆满地履行教育行政职能带来一定难度。

第五，教育行政活动易成为社会关注的焦点。一项教育政策的出台，因其牵涉面之广，常常引起社会的巨大反响，舆论界也会展开热烈讨论。这一特点有时会使教育行政工作趋于保守，在制定新

---

[1] R. F. Campbell & R. T. Gregg (eds.), *Administrative Behavior in Education*, Harper & Brothers, 1957, p. 125.

政策的时候采取非常谨慎的态度。

以上这些特征虽不足以反映教育行政特性的全貌，但至少可以说明，教育行政在不少方面还是不同于其他行政的。认识到这一点，对有效开展教育行政活动将是非常有帮助的。

第二节　教育行政研究

一、教育行政研究的特性

什么是研究？研究从根本上说是一种活动，它是为获得知识或解决问题所进行的创造性的探究过程。研究往往导致某一方面的知识的扩充和更新，并为这一领域的学科建设提供理论依据和实证素材；另一方面，研究也会使得某些疑难问题得以澄清或解决。从这一理解出发，有研究者提出，研究必须具备四种特征：第一，必须具有开创性；第二，能够引出新的知识；第三，必须是学术性活动；第四，并非例行性的工作或活动。①

然而，各种研究除了它的一般特点外，还必然有其独特的地方，教育行政研究也是如此。那么教育行政研究的特性是什么？第一，它是一种以典型的经验主义方法为特征的研究。也就是说，有关教育行政的认识都是从感觉经验中获得的，不存在任何脱离实践的先验式的理性判断。当然，从感觉经验中获得的认识可以通过语言描述或分析，上升为系统的理论，然后再用这些理论来指导实

---

① 参见王如哲著：《教育行政学》，五南图书出版公司1998年版，第73页。

践。第二，它以实证研究作为主流，力求从事实出发，运用科学的方法去证实判断，但与此同时，它也不完全排斥从价值、伦理方面对教育行政现象作出分析。第三，它是一种定量和定性技术相结合的研究，也就是说，它既用数字和量度，也用语言文字来描述教育行政现象。第四，它是一种跨学科的研究，很多其他学科的相关知识都能为它的研究提供帮助。

二、教育行政研究的主要内容

在教育行政领域，有哪些值得研究的问题？从国内外有关教育行政研究的资料来看，研究人员感兴趣的内容主要包括以下几个方面：

（1）教育行政的基本理论问题。包括：教育行政的特性、功能和范围，它与其他管理活动的异同，研究教育行政的方法和手段等。

（2）教育行政制度和机构设置问题。包括：不同国家教育行政制度如何确立，它们的类型和特点是什么；在具体的教育行政运作上，中央与地方的权限关系如何；怎样完善和改革教育行政制度；教育行政机构如何设置，有哪些设置原则，部门之间的权利义务关系怎样确定；等等。这方面的研究常常采用比较的方法。

（3）教育组织的问题。这里所称的教育组织，主要指各类学校组织。有关学校组织的研究，一直是教育行政研究的核心内容之一。这方面的研究包括探讨学校组织的特性、学校组织的变迁、学校组织与其他组织的异同、学校组织与其外部社会的关系、影响学校组织发展的因素等。教育组织的研究，最早引进的是社会学的观点，例如社会学家韦伯（M. Weber）的"科层组织理论"等，以后又先后受到生态学、政治学、管理学等的影响，出现了社会系统理论、开放系统理论、组织文化理论等。透过这些理论，人们对教育组织的特性有了进一步的认识。

（4）教育行政的领导问题。对教育行政领导问题的探讨，可以说在教育行政的研究中历史最长。早在 20 世纪初，就有人探讨有关学校校长的素质、工作特点、领导职责等问题。20 世纪 50 年代行为科学兴起以后，这方面的研究更是风行。研究人员热衷于将行为科学的理论用到学校中来，分析校长的领导环境、领导风格、领导行为倾向，希望从中找到有效领导的规律。直到现在，这方面的研究依然兴盛。

（5）教育行政行为问题。随着组织理论的日益完善和行为科学影响的增大，教育行政行为成了研究的热门。在各种教育行政行为中，研究最多的除了领导行为外，还有决策行为、激励行为、沟通行为等。很多教育行政著作中都有专章论述这些行为。通过研究，人们对教育组织的决策过程、教师的激励方式、学校中的人际沟通等问题有了更清楚的认识。

（6）教育政策问题。很多教育政策都对教育行政工作产生重大影响，因而教育政策的形成、影响教育政策制定的因素、教育政策的实施和评价等，都成为教育行政所探讨的内容。教育政策较多涉及意识形态、利益冲突、协商与妥协等政治性问题，所以这方面的研究也与教育政治学的研究关系密切。

（7）教育法律问题。由于教育行政活动必须遵循一定的法律法规，因此这方面的研究构成了教育行政的一个独特内容。现在这一研究已逐渐发展成一个专门的学科领域，即教育法学。

（8）教育人事行政问题。这方面的研究包括教育人员的工作性质和专业地位，教育专业人员与行政管理人员的关系，教育人员的资格录用、福利、考核、升迁、培训等问题。

（9）教学行政问题。研究教育行政，归根结底是为学校教育教学服务，所以有关教学行政的研究近年来也十分引人注目。这方面的研究包括：教学内容行政、教学组长行政、教学视导、教学评价等。通过研究，旨在改进教学过程，提高教师的教学能力，促进教师的专业发展。

（10）教育财政问题。教育财政是教育行政运作的物质基础。对教育财政的研究，主要集中在教育资源的筹措、分配、利用等方面。很多经济学的概念，如人力资本、成本效益等也被引入这一领域。教育财务管理也是这方面的重要研究内容。

本书各章将围绕上述问题展开论述。当然，除了上述研究内容外，像教育计划、教育督导和评价、校园文化、学校与社区的关系等，也都是教育行政领域的热点话题。

三、教育行政研究的类型

同其他教育研究一样，教育行政研究也可以划分出各种类型。最常见的划分方法是从研究目的分，把教育行政研究分成基础研究和应用研究两种。前者的目的是扩展知识，后者的目的是解决问题。假设一项研究是探讨中小学校长的领导风格以及形成这种风格的原因，那显然它并非为了立即解决某个实践问题（当然也不排斥解决问题的可能性，但即使这种情况发生了，也是附带的，并非它的初衷），不过它却可以发展有关校长领导的知识，这便属于基础研究。再假定，一项研究要探讨某所学校一年的教育经费该如何处置，从而对实现学校目标更有利，研究者可以设计种种方案，分析其利弊，最后选定其中一项，显然这种研究属于应用研究。

除了从研究目的角度区分外，还可以有其他分类方式。例如，为了符合教育研究的特殊的社会政治功能，有学者提出了结论导向型（conclusion-oriented）研究和政策导向型（policy-oriented）研究的分类方法。也有人提出可分为三种类型的研究，即基础性研究、策略性研究和应用性研究。其中的策略性研究是指那些正在进行，但尚未发展到最后应用阶段的研究课题。所有这些分类方法，都有助于我们对教育行政研究的性质的了解。不过，也有人对把教育研究如此严格分类的做法表示怀疑，认为这种分类不一定适当，而且在分类时也会面临困难。基础性研究常常会涉及应用性的问题，同样地，应用性的研究有时也会涉及基础性的问题。有些研究经验也表明，过于严格的划分并无太大意义，如校长领导行为的研究也可涉及应用的领域，而本来明确属于应用研究的内容，也有可能结束于基础性的结论之中。[①]

四、教育行政研究的方法

同研究的类型一样，教育行政研究的方法也多种多样，有时甚至很难从一个层面来谈研究方法，它们之间往往具有交叉重复的关系，不能把它们看作僵硬的、不变的和刻板的程序设定。在具体使用时，这些方法也往往是交织在一起的。下面是教育行政的几种常见的研究方法：

（1）文件分析。这主要是指对现有的文件资料，包括公文、报告、会议记录、图书杂志、档案、信件等书面材料进行分析和整理，以描述某种现象或得出某个结论。以文件分析为唯一方法进行研究，一般需要具备几个条件：必须依靠专业图书馆或文件典藏库；搜寻资料需要较长时间；研究者需有耐心和韧劲；研究者必须具备良好的分析、解释和写作技能，以便把资料整理成有质量的报

[①] W. Mitter, Current Trends in Educational Research in Europe, *European Journal of Teacher Education*, 1992, 15.

告等。与其他研究方法相比，文件分析法成本较低。当接近研究对象有困难时，这种方法便特别有用。不过，在材料引用时要特别注意其真实性和可靠性，否则会得出完全错误的结论。

（2）调查研究。这是一种在研究教育行政时被普遍采用的方法，这种方法重在搜集事实，考察现状，并在此基础上提出有关建议和意见。调查研究中的变量应是自然的，而不是人为的，这一点与实验研究不同。有些调查研究只限于分析现状，如研究当前我国中学校长的决策类型。另一些调查则可能研究变量之间的关系和影响，这称为回溯研究，如研究学校组织沟通与教师工作满意度之间的关系。在调查研究方法中，用得最多的是问卷调查，其次是访谈调查，有时也可把这两种调查结合起来。

（3）实验研究。这种方法与调查研究相比，最大的区别在于它的变量是人为改变和控制的，目的是为了确定变量的改变所造成的影响。例如，为了研究不同的学校领导风格对学校员工工作士气的影响，研究者可以设计出三种不同的领导风格，然后在一所学校或几所学校进行实验，并观察教师的反应。这里实验的变量是不同的领导风格。有时，实验变量不止一个，如研究不同的领导风格对规模不同的学校的教师士气的影响。在教育行政领域，实验研究的方法用得并不很多。

（4）历史研究。历史研究实际上也是一种文件分析方法，不过后者更多的是以当前的问题为研究焦点，而历史研究顾名思义是对过去事件的研究。历史研究通过历史文献和资料的分析，对过去的某一问题、现象或事件作出描述。在教育行政领域，历史研究方法应用得比较多，如在教育财政的研究或教育规划的研究中，人们常常会从历史的回顾中引出教训，为现在的决策和规划提供借鉴。

（5）比较研究。运用比较的方法研究教育行政问题也很常见，国外不少大学都设有"比较教育行政"课程。像教育行政制度、教育政策、教育法律等，都是教育行政领域比较研究的重点。比较研究的范围可大可小，大到跨国家、跨文化的比较，小到跨地区、跨学校的比较。通过比较可以加深对教育行政现象的了解，同时感受其他国家或地区的教育行政发展趋势。

（6）人种学研究。人种学的研究主要借鉴了人类学家对特定的人类文化社群进行研究时所采用的那种方法，这种方法并不看重研究前的设计和构思，而是主张研究在自然情景中进行，通过大量的实际观察、描述和定性判断，来从整体上认识和解释人类文化现象。20世纪70年代后期以来，人种学的研究方法在教育行政领域运用得越来越多。例如，如果要研究某一所学校是如何实行有效管理的，研究人员便在这所学校里进行较长时间的观察，与校长、教师和学生进行多次面谈，记下大量的笔记。在此基础上，对这所学校的管理情况作出全面而准确的描述、解释及定性判断，以求改善学校管理的效果。

以上的分类只是诸多分类中的一种。事实上，很多教育行政研究人员还提到了其他不少研究方法。例如，有的将研究方法分为四种：分析研究、叙述研究、实验研究以及行动研究。还有的分成文件分析、问卷调查、访谈调查、比较研究、行动研究等。[①] 各种分类，不必求同。由于有多样性的研究方法，才使得今天的教育行政研究内容比以往任何时候都丰富，形式更活泼。

[①] 参见黄昆辉著：《教育行政学》，东华书局1996年版，第51—57页；王如哲著：《教育行政学》，五南图书公司1998年版，第79—96页。

第三节 教育行政学概述

一、教育行政学的研究对象和学科性质

作为一门学科，教育行政学以各级教育行政机构和学校对教育教学工作的领导、组织和管理作为自己的研究对象，重点探讨一个国家的教育行政机关怎样管理教育事业，怎样通过各级学校落实教育方针和政策，学校依据什么样的管理原理来组织教育教学工作，教育部门和学校如何从经费、人员培训、规划、信息咨询等方面为实施良好的教育提供有力保障等问题。

我国部分学者有一种观点，即将教育行政学与学校管理学截然分开，认为前者研究国家各级教育行政部门对教育事业的领导和管理，后者研究学校内部的管理工作。如此分法值得商榷。一个国家的教育事业是一个有机的整体，教育行政机关的工作和学校的工作显然是密不可分的。教育行政机关制定的方针政策，归根结底要通过学校教育过程来体现并得到检验，而学校的行政管理过程也不能游离于国家之外，成为一种孤立的管理。在教育管理过程中，不管政府教育部门还是学校，虽然层次有高低，权限有大小，就教育领域的管理活动而言，没有本质的区别。很多教育管理的基本原理，无论对教育行政部门或对学校都是同样适用的。国外的教育行政学著作，几乎都把学校问题包括进去。我国港台地区的教育行政学著作，也都将学校内外的管理问题融合为一体进行研究，以体现教育行政是一个内外结合的系统工程。我国内地以前也一直将学校内外工作结合起来进行研究，只是到了 20 世纪 80 年代，部分学者才开始将两者一分为二。实际上，教育行政与学校行政是一种包含关系，而不是并列关系，即教育行政包含了学校行政的问题。换句话

说，学校行政是教育行政的一个方面，当然也是最主要的方面。所以，实在没有必要在教育行政学与学校管理学之间人为地划出一条分界线。

关于教育行政学的学科性质，一般都认为是一门应用性的学科。所谓应用性，是说在方法上，它以事实和经验为研究的出发点，很多的实证研究手段被用于研究之中；在研究目的上，它虽然也要发展本学科的理论知识，但更主要的是要为实际的教育管理工作提供指导，解决教育管理的实际问题，改进管理工作。教育行政学的这一学科性质，决定了这门学科无论在其产生、演变或是未来的发展阶段，都与教育管理实践息息相关。

二、教育行政学的产生年代

人类的教育活动是伴随着人类社会的产生而产生的，因此，可以说教育活动和人类社会一样古老。即使学校这一为延续和发展人类文化而专门设立的教育场所，迄今也有几千年的历史。同样，管理作为一种社会行为，其历史也是非常久远的。当古代印加人修筑道路和寺庙时，当古埃及法老修筑金字塔时，当我国古人建造长城和皇帝陵墓时，他们所面临的管理问题，本质上和我们现代企业、公司所面临的管理问题没有多大的区别。然而，把教育和行政管理这两者结合起来，并把它作为一个专门领域进行研究，甚至将它发展成一门学科，则是 20 世纪的事情。这要归功于两个方面：一方面，国民教育体系的建立，学校规模的扩大，政府基于对教育重要性的认识而介入或干预教育，这些为教育行政学的产生提供了实践的条件，即实践需要有这方面的专门研究；另一方面，工业管理理论的兴起，以及这些理论在各行各业的广泛传播，为这门学科的产生提供了理论的条件，即可以借鉴工业管理的理论，分析教育管理中的实际问题（本书第二章将对此作详细论述）。可以说，脚跨两地，一边是教育组织本身的发展，另一边是工业管理理论的兴起及影响，教育行政学由此应运而生。

教育行政学具体产生于何时？目前国内学术界介绍了下面三种起源说。

第一种观点认为教育行政学产生于19世纪后半期，德国学者施泰因（L. V. Stein）是这门学科的首创者。其依据是施泰因当时在有关的行政学著作中论述了国家干预教育的问题，因此，"西方学者普遍认为施泰因是教育行政学的创始人"①。不过，除了从一本翻译著作看到这一说法外，似乎找不到其他旁证材料，因此这一说法还有待进一步考证。② 不过，一门学科的建立，仅仅以一两本书为标志，似乎还不足以令人信服，起码这一时期围绕教育行政问题要有一批研究著作问世。否则，两千多年前我国就有论述教育制度和学校管理的专著《学记》问世，能否说教育行政学最早产生于两千年前我国的古代？

第二种观点认为教育行政学产生于20世纪初，其标志是美国的达顿（S. T. Dutton）和斯内登（D. Snedden）1908年出版《美国公共教育行政》（*The Administration of Public Education in the United States*）一书。除了这两位学者的书是否为世界上第一本教

---

① 李进才主编：《中国当代教育行政管理》，湖北教育出版社1992年版，第13页。

② 仅根据日本学者久下荣志郎所著《现代教育行政学》（中译本，教育科学出版社1981年版）中的有关论述，就断言施氏是这门学科的创始人，这不一定合适。实际上，施泰因对现代教育行政学创立所起的作用，可能远不及人们所想象得那么重要。在笔者所见的国外英文版教育行政学著作中，从未见过施泰因其人其事的报道。在美国、加拿大近三年的学习期间，也从未听到教育管理学教授提到过施氏其人。瑞典学者胡森（T. Husén）和德国学者波斯特尔斯威特（T. N. Postlethwaite）主编的权威性的《国际教育百科全书·教育管理卷》中，也查不到有关施泰因的介绍。这不能不使人对"施泰因创立说"产生怀疑。

育行政学著作这一点有待确认外，这一说法倒是较为可信。原因是，从 20 世纪初起，一些经济发展较快的国家，如美国、日本，陆续出版了一批以教育行政管理活动为研究对象的著作。以美国为例，这一时期出版的著作有：《学校管理》(School Management，1903)、《城市学校支出》(City School Expenditures，1905)、《课堂管理》(Classroom Management，1907)、《教育行政学》(Educational Administration，1912)、《城市学校的管理》(The Supervision of City Schools，1913)、《学校成本和学校账目核算》(School Costs and School Accounting，1914)、《我们的学校：它们的行政管理和监督》(Our Schools: Their Administration and Supervision，1915)、《公立学校行政》(Public School Administration，1916)、《地方学校视察的方法和标准》(Methods and Standards for Local School Surveys，1918)、《教育行政学问题》(Problems in Educational Administration，1925)、《学校系统事务行政》(The Business Administration of School System，1929)、《州立学校行政》(State School Administration，1929)等等。从层次看，这些著作都谈到了课堂管理、学校管理、城市公共教育系统管理等；从内容看，教育经费、教育视导、教育评价、教育调查和统计、教学管理、教育领导等问题也都包含在内。在日本，这一时期也有不少类似的著作，如山田邦彦的《日本普通教育行政论》、木场贞长的《教育行政》等。在不长的时间内，有如此大批著作问世，也许可以说明这门学科已被创立，至少可以说是这门学科的初创期，尽管它还很不成熟。

第三种观点认为这门学科建立于 20 世纪 50 年代。我国一位学者在引用国外材料时指出："直到 1951 年，教育管理学才被公认为一门独立学科。"① 持这一观点的人认为，20世纪50年代行为科学兴起以后，教育行政学的研究才从常识性的判断走向以实证方法为基础的科学研究路程，从而使教育行政学真正有了独立学科的地位。就像有的人说的那样："教育行政学是一门新兴的学科，它被视为一门学科而进行有系统的研究为时不长，严格说来，它是20世纪的产物。若以科学的角度而言，它的历史更短。教育行政的科学研究可以说是近五十年来的事。"② 应该说，这样一种观点是有一定道理的，尤其从研究方法角度来说更是如此。20世纪50年代以前，教育行政学的研究一直采取的是一种事实与价值不分的方法，满足于提供规范性的标准，即告诉从事教育行政工作的人"应该怎样"。直到行为科学兴起，这种方法才开始发生根本转变，注意"实际怎样"的问题。研究人员力图通过实证的方法，对事件本身予以描述。通过对事件的实际观察、分析、描述，揭示其原有面貌，并在此基础上构筑自身的理论体系。就像著名的教育行政学研究者哈尔平（A. W. Halpin）论述的那样："没有人会否认，我们需要对行政人员应如何表现提供规范性的标准，但是这些指示并不构成理论，而且，我们无法凭借我们为建立科学理论模式所采用的方法，来确定这些标准。在建立科学模式时，我们必须将注意力放在行政人员如何表现其行为上。简言之，事件的描述与评价应该予以明确区分。换个角度说，研究的即刻目标，不在于提出人的行动如何为好的规范，而在于使我们能够对事件作出更为精确的预见。"③ 从实际情况看，自20世纪50年代教育行政学走上实证研

---

① 刘付忱：《美国的教育管理学》，载《教育行政与学校管理》，人民教育出版社1982年版，第180页。

② 王如哲著：《教育行政学》，五南图书公司1998年版，第29页。

③ A. W. Halpin（ed.），*Administrative Theory in Education*，London：Macmillan，1969，p.6.

究道路之后,这一学科的确取得了长足的进步。很多研究教育行政的大学教授不再仅仅待在书斋中,凭着想象和现有书本知识,告诉校长们该怎样,不该怎样,而是深入学校,从管理实践中发现问题,探索解决途径,并写出有质量的分析报告。翻开国外教育行政管理杂志,几乎都是这一类的实证研究文章,这些研究不但令教育实际工作者颇受启发,而且为教育行政学编写提供了素材,丰富了这门学科的内容,并从整体上提高了这门学科在社会科学中的学术地位。当然,20世纪70年代后期,西方教育行政学界兴起了以格林菲尔德(T. Greenfield)等为代表的主观主义思潮,他们强调教育行政研究中的主观价值成分,反对用纯科学的逻辑实证法研究教育行政问题。但就整体来看,一直到现在,教育行政的实证研究仍然在西方教育行政学界占据着举足轻重的地位。

综上所述,我们可以断言,这门学科初创于20世纪初,自50年代起趋于成熟,真正具备了独立学科的地位。

三、教育行政学的学科体系

很难说教育行政学有一个固定的模式化的学科体系,但大致的学科范围还是有的。这里选几部有一定影响的教育行政学著作,通过其结构,可以看出这门学科的大致框架体系。[1]

霍伊(W. K. Hoy)和米斯凯尔(C. G. Miskel)编写的《教育行政学:理论、研究和实践》(第四版)是这一领域目前较流行的

---

[1] W. K. Hoy & C. G. Miskel, *Educational Administration: Theory, Research and Practice* (4th ed.), McGraw-Hill, 1991; R. G. Owens, *Organizational Behavior in Education*, New Jersey: Prentice Hall, 1991; 萧宗六、贺乐凡主编:《中国教育行政学》,人民教育出版社1996年版;黄昆辉著:《教育行政学》,东华书局1996年版;程介明等著:《教育行政》,香港公开进修学院出版社1997年版。

大学教科书。全书共有13章：(1)理论和历史基础；(2)学校即社会系统；(3)学校的外部环境；(4)权力和权威；(5)学校组织结构；(6)学校组织中的专业人员；(7)学校中的工作动机；(8)工作团体的特性；(9)领导；(10)决策；(11)沟通；(12)学校组织的效能；(13)综述。

欧文斯（R. G. Owens）的《教育组织行为学》也是一本受欢迎的著作，以下是该书第四版的结构：(1)组织思想的主流；(2)组织理论；(3)系统论和组织行为；(4)组织行为中的妇女问题；(5)动机；(6)领导；(7)组织文化和组织气氛；(8)组织变革；(9)组织冲突；(10)决策；(11)整体认识和定性研究。

萧宗六和贺乐凡主编的《中国教育行政学》共16章：(1)绪论；(2)教育行政体制；(3)教育行政机构；(4)教育行政机关的国家公务员；(5)学校教育制度；(6)教育人员管理；(7)教育财政；(8)教育设施；(9)教育方针、教育政策和教育法规；(10)教育行政执法；(11)教育规划；(12)教育督导；(13)教育评价；(14)教育信息统计与发布；(15)教育科学研究；(16)教育行政的国际比较。

黄昆辉编的《教育行政学》共12章：(1)教育行政的本质与研究方法；(2)教育行政理论的演进；(3)组织结构理论；(4)组织历程理论；(5)组织气氛理论；(6)领导理论；(7)决定理论；(8)计划理论；(9)沟通理论；(10)我国教育行政制度；(11)外国教育行政制度；(12)我国主要教育政策。

程介明等著的《教育行政》共10章：(1)什么是行政；(2)学校与组织理论；(3)决策理论；(4)领导理论；(5)小学教育工作者的专业发展；(6)高效能学校研究的兴起和发展；(7)领导、学校改革和高效能学校；(8)教育的法律基础；(9)学校的环境与责任；(10)小学教育的政策。

从以上这些著作的结构来看，教育行政学的学科体系一般都由以下几部分组成：一是绪论部分，介绍学科性质、研究方法等问题；二是组织和管理理论部分，主要介绍组织管理的基本理论，说明教育行政管理活动在很大程度上受到一般管理理论的影响；三是从组织论角度对教育机构和学校的特性、职能等进行分析，并提出有关的教育组织性质的理论；四是有关教育行政管理行为的研究，如领导、决策、动机、沟通等；五是教育政策和法律的分析；六是各种教育实务的研究，如教育人事、教学管理、教育财务、教育评价等。本书基本也是按照这一思路编排论述，但限于篇幅，有些内容不得不割舍了。

四、我国教育行政学的研究历史

我国教育行政学的研究历史，大致可以分成四个阶段，即引进、创立、停滞和发展。在漫长的封建社会，我国并没有教育管理方面的系统研究。从 20 世纪初起，作为整个"新学"知识体系的一部分，我国开始陆续引进国外教育行政管理方面的学术著作。根据有的学者的研究，我国最早翻译的教育管理方面的著作包括：《学校管理法》（1901）、《各国学校制度》（1901）、《教育行政》（1902）、《学校管理法问答》（1902）、《视学提要》（1903）、《小学校教授法、管理法纲要》（1903）、《实验学校管理法》（1903）等。[①] 这些著作大多从日本引进，因为当时我国有大批学人去日本考察教育，他们回来后便热衷于向国民介绍日本的教育制度和教育管理方法。早期翻译的著作，对我国后来教育行政管理的研究产生了不小

---

① 参见张复荃：《学校管理学在我国的早期传播初探》，载《山西教育科研通讯》1983 年第 2 期。

的影响。不过，这一时期主要还是重在引进，对我国自己的教育行政管理则少有研究，更谈不上有影响的教育行政学著作问世。

大约从20世纪20年代起，我国进入教育行政学的初创期。在这一时期，各类教育行政著作、论文大量涌现。有人统计，1919—1949年的30年里，共有200多种教育行政管理方面的著作问世，近2000篇有关的论文发表。① 在众多的教育行政学著作中，较有影响的有张季信的《中国教育行政大纲》（1931）、杜佐周的《教育与学校行政原理》（1931）、夏承枫的《现代教育行政》（1932）、罗廷光的《教育行政》（1942）等。从这一时期发表的著作和论文的内容来看，不少研究者开始转向介绍英美的教育管理思想和管理制度，也有试图将日本和英美的理论结合起来介绍的，自然也有人尝试总结我国自己的教育行政学体系。不过从总体上看，这一阶段的研究还是"以移植国外论著的观点为主，未能在教育行政理论方面有突破性进展。……许多论著中的相当部分内容限于对国民党政府的法规和各种规定的记述和解释，而无自身的特色"②。

再从师范院校开设教育行政课的情况看，早在1913年，当时的教育部就规定了高等师范学校课程标准，其中就指定要开设心理学、教育学、教育史、教授法、学校卫生、教育法令等科目。学校卫生和教育法令都是后来教育行政学中的内容。1922年，根据政府规定，北京高等师范学校改为北京师范大学，当时的北京师范大学教育系为各系拟定的公共必修教育科目有教育概论、教育心理、教学法、教育行政等。可见，师范院校开设教育行政课在我国已有较长的历史。现代教育史上一些著名的教育家直接参与了这一课程

---

① 参见张复荃：《教育行政学在我国的历史回顾》，载《教育丛刊》（辽宁师院）1983年第3期。

② 张济正等主编：《教育行政学通论》，华东师范大学出版社1992年版，第23页。

的讲授工作。如教育界前辈之一李建勋曾回忆说："在中国首先讲授教育行政者有两人，一在南京高等师范，为陶行知先生，一在北京师范大学者，为余。"① 显然，教育行政课程在当时还是较受重视的。

新中国成立以后，由于种种原因，特别是受苏联教育学的影响，我国的教育行政学研究陷入停滞状态，这表现在：各师范院校基本不开设教育行政类的课程，只在讲教育学的时候顺带论及学校管理问题，教育行政学的著作几乎没有，专门的研究队伍也未能形成。这一时期不能不说是我国教育行政学发展史上的极大遗憾。

20世纪80年代初，随着改革开放国策的确立，教育行政学的教学和研究终于又一次登上历史舞台。时至今日，据不完全统计，全国已有一百多种教育行政管理方面的专著问世，相关的论文更是不计其数，还翻译出版了十多种国外教育管理类的著作，教育管理类的杂志也有十多种。全国已形成一支专门的研究队伍，相关的学术团体也大量涌现。此外，全国各师范院校从80年代起也都陆续开设了教育行政学课程。可以说从80年代至今是我国教育行政学长足发展的时期，我们终于有了新中国成立后自己的教育行政学学科体系和学科队伍。

然而，在看到成绩的同时，我们也不得不指出，从总体看，与国外一些国家相比，我们的教育行政学研究水平还有一定距离。这可从几方面表现出来：第一，我们的很多研究，实际上只是一些政策、文件的说明，并没有相应的理论创新或独到的见解；第二，我们的研究方法与国际还不接轨，很多的文章只是从想当然出发，满足于空泛的议论，用抽象的价值判断代替具体的事实判断，造成理

---

① 许椿生、陈侠、蔡春编：《李建勋教育论著选》，人民教育出版社1993年版，"本卷前言"第6页。

论与实际的严重脱离；第三，我们的学术著作，内容单调机械，充斥了所谓管理要"科学性""计划性""合理性""方向性"这类标签式的用语，什么都用它们套，使人难以相信这就是理论。之所以出现上述现象，最根本的原因在于我们满足于关门著书，总想告诉基层的行政人员"应该怎样"，似乎我们就是这一领域的权威，而不愿眼睛向下去描述"实际怎样"。可以说缺乏脚踏实地的实证研究精神，是阻碍我国教育行政学学科发展的最根本的症结。除此以外，对于国外的教育行政管理理论和思想，我们介绍得也远远不够，这只要和经济管理理论的介绍引进对比一下就知道了。20世纪80年代初以来，我国翻译引进了国外大量的经济管理类著作，西方有影响的管理学著作都有了中译本，这对提高我国经济管理的水平起了很大作用。相比之下，我们翻译介绍国外教育管理类的著作就非常少。许多在国外有影响的教育行政著作，如《公立学校行政》《教育和效率崇拜》《教育行政行为》《教育行政理论》《美国学校的组织和控制》《教育行政学导论》《教育行政学：理论、研究和实践》① 等，都没有介绍进来。由于对国外的教育管理理论缺乏系统的了解，因此在一定程度上限制了我们的视野，使我们不能很好地学习与借鉴国外教育行政管理理论和经验。总而言之，我国的教育行政学研究，从 20 世纪 80 年代以来有了巨大发展，但还远未达

---

① 《公立学校行政》(*Public School Administration*，E. P. Cubberley，1922)、《教育和效率崇拜》(*Education and the Cult of Efficiency*，R. E. Callahan，1962)、《教育行政行为》(*Administrative Behavior in Education*，R. F. Campbell & R. T. Gregg，1957)、《教育行政理论》(*Administrative Theory in Education*，A. W. Halpin，1958)、《美国学校的组织和控制》(*The Organization and Control of American Schools*，R. F. Campbell et al.，1985)、《教育行政学导论》(*Introduction to Educational Administration*，R. F. Campbell et al.，1983)、《教育行政学：理论、研究和实践》[*Educational Administration: Theory, Research and Practice* (4th ed.)，W. K. Hoy & C. G. Miskel，1991]。

到完善、成熟的地步。不过我们相信,在过去研究的基础上,只要我们适当改进研究方法,真正从我国教育管理的现实问题出发,并适当吸收国外的教育行政管理理论,我们就一定能创建出具有我国特色的高水平的教育行政学来。

第二章
管理思想的演变和教育行政管理

如前章所述，现代教育行政学的发展，在很大程度上得益于以工业管理理论为核心的现代管理思想。没有这些管理思想的影响及指导，教育行政管理的研究可能至今仍停留在经验阶段，难以上升到应有的理论高度。从这个意义上我们可以说，20世纪以来管理思想的发展，为现代教育行政管理的研究奠定了必要的理论基础。本章首先简要回顾管理理论的演变，然后分析这些理论对当时教育行政管理的实践及研究所产生的影响。

第一节　早期的管理思想与学校教育

一、我国古代的管理记载

在我国古代，很早就有关于管理实例的记载。例如，战国时代成书的我国古代典籍《周礼》中，专门有关于行政管理制度和责任制度的具体叙述。在《孟子》和《孙子兵法》中，也含有计划、组织、指挥、用人等方面的精辟的管理思想。尤其是孙武的《孙子兵法》，更被国外学术界公认为古代东方的管理学杰作。书中所谈到的有关谋略，直到今天仍有参考价值。此外，在《论语》《韩非子》《史记》《资治通鉴》等古典名著中，也都可以找到与管理有关的论述或思想。我国的官僚机构，也早在公元前一千年就发展成为层次分明、等级森严的管理体制。另据国外有些学者研究，我国古人早在公元元年左右就已通晓劳动分工和组织部门化的原理。一段刻在古代瓷碗上的文字表明，当时生产瓷碗的工场已有会计、安全与生产三个职能部门之分。①

然而，虽然我国古代有不少关于管理的记载和思想，但它们对当时我国的学校管理却很少有影响。如我国古代最有名的教育学著作《学记》中，虽有关于学校管理的论述，但也仅仅是就学校而谈学校，并没有涉及一般的组织原理和管理原则问题。古代的学校教育，如两汉的太学，魏晋的四门学、国子学，唐代的弘文馆，宋代的书院，元明清的书院、国子学等，虽都有一定的管理制度，但这些制度大都属于"院规""教规"之类，与一般的管理思想尚有距

---

① 参见［美］D. A. 雷恩著，孙耀君等译：《管理思想的演变》，中国社会科学出版社 1986 年版，第 16 页。

离。可见，我国古代有关管理的记载和思想，并没有对当时的教育管理活动产生直接影响。

二、古代希腊和罗马时期的管理

在古希腊的记载中，并没有留下多少管理方面的见解，不过，当时雅典城邦的设立，议会、人民法庭、执政官等制度的存在，本身就表明古希腊人已对管理的重要性有深刻的认识。古希腊贤人苏格拉底曾提出，管理是一种不同于技术知识和经验的技能。这种见解与现代对管理职能的理解已十分接近。特别值得一提的是古希腊伟大的哲学家柏拉图。在他著名的代表作《理想国》中，柏拉图从其农业贵族的立场出发，提出了一幅"乌托邦国家"的理想蓝图，并且论证了培养这个国家公民的一套完整的教育体系。《理想国》中有分工制的论述，也有针对不同对象实行不同教育的主张。不过，这些论述和主张，与其说是从管理学的角度提出，还不如说是从其社会观和哲学观的角度阐述。难怪马克思在谈到柏拉图的《理想国》时，把柏拉图的"理想国"说成"不过是雅典人对埃及阶级制度的理想化"[①] 罢了。

古代罗马有一套十分严密和复杂的行政管理系统。罗马政府依靠独裁方式，通过严格的制度和权力等级体系，有效地管理着庞大的帝国。可以说强大的组织能力和高效率的管理手段，是罗马帝国成功的秘密所在。然而，尽管罗马人有着极强的管理能力，留给后世的管理文献却很有限。古罗马时期有关学校教育管理的资料也很少，因此，人们自然也无法深入探究当时学校管理的情形了。

[①] 转引自［苏］米定斯基著，叶文雄译：《世界教育史》，三联书店 1950 年版，第 33 页。

三、天主教会

国外有些管理学者认为,在西方文明史中,最有效的正式组织要属罗马天主教会了。天主教会之所以能长期存在并持续发生影响,除了其宗教感召力外,还可归因于它的出色的组织手段和管理方式,如按区域分等级的组织结构,根据职能系统确定分工原则,注意发挥参谋人员的作用等。但是,若干世纪以来,罗马天主教会成功的管理方法,对其他组织却没有发生什么实际影响。① 譬如,由教会创办的教会学校历史源远流长,但中世纪教会学校最流行的教学组织形式却是个别教学,同在一屋的学生,每个人的学习内容和进度都不同;学校也没有确定的学期,学期的长短依学生的能力而定。可见,在教会学校的管理与天主教会的组织体系和方法之间,并没有必然的联系。

四、理财家学派

16 世纪至 18 世纪,在普鲁士和奥地利出现了理财家学派(cameralist school)。这一学派由一群政府行政官员和学者组成,其目的是研究如何更有效地实施和管理政府部门或公共事业的日常事务,以促进普鲁士的巩固和繁荣。② 理财家学派研究的范围包括:慈善事业的管理,医疗卫生事业的组织,殖民地的管理,早期工业的设置,下级行政官员的选拔,公务员条例和规章的制定,货

---

① 参见〔美〕哈罗德·孔茨等著,黄砥石等译:《管理学》,中国社会科学出版社 1987 年版,第 48 页。
② R. F. Campbell & R. T. Gregg (eds.), *Administrative Behavior in Education*, Harper & Brothers, 1957, pp. 85-87.

币的改革，审计办公室的设立，礼节仪式的简化，等等。他们的研究构成了经济学和管理学史上的"理财家运动"（Cameralist Movement），同时也对20世纪开始的公共行政管理的研究产生了直接的影响。不过，虽然理财家学派研究的范围很广，他们的触角却没有进入教育这一领域。因此，当时的普鲁士学校系统的管理还是十分落后、保守的，这只要从19世纪初德国著名的教育家赫尔巴特有关学校管理的论述中就可以看出来了。

综上所述，无论是我国还是国外，虽然管理理论和思想早已有之，但与现代管理科学相比，这些理论还只是局部的、有限的，它们对教育行政管理活动并没有产生什么直接影响。如果说古代有一些教育管理方面的记载和经验，那也只是从教育自身实践中总结而来的，谈不上受学校外部管理思想的影响。从这个意义上说，古代的学校管理与其他领域的管理研究基本处于互不相连状态，这一点与20世纪以来管理理论对教育行政管理实践的巨大影响形成鲜明的对比。

第二节 管理思想的演变

在古代和中世纪，管理并没有形成一门科学。管理成为一门科学只有一百多年的历史。只有在现代工业革命的影响下和现代工厂制度建立以后，管理成为一门科学才有了条件。系统的管理思想最早始于19世纪末和20世纪初，其演变历史及代表人物，根据国外一些学者的分类，大致可分成三个阶段：（1）古典理论阶段，时间从20世纪初到30年代，代表人物有美国的泰勒、法国的法约尔、德国的韦伯等；（2）人际关系运动阶段，时间从20世纪30年代到50年代，代表人物有澳裔美国人梅奥、罗特利斯柏格等；（3）行为科学阶段，时间从20世纪50年代起至今，代表人物有美国的巴纳德、西蒙等。①

一、古典管理理论

古典管理理论形成于20世纪初，到二三十年代达到鼎盛。古典管理理论对于政府机关、工厂企业、公共事业部门等的管理活动都曾产生过巨大的影响。

（一）泰勒的科学管理理论

古典管理理论代表人物之一的泰勒（F. W. Taylor）出身于美国费城的一个中产阶级家庭。他所处的时代，正是美国现代工业迅速崛起的时代。为了提高生产效率，改善劳资关系，泰勒结合自己的长期管理实践，提出了一套被称为"科学管理"的理论。美国学者卡拉汉（R. E. Callahan）曾对这套理论作了十分形象的描绘：

> 当泰勒将其制度引入某个车间时，他首先对要做的工作作一番细致、周到和彻底的研究。例如，在机器车间，他先观察一番，并用一只秒表记下车间里最熟练的一群工人完成各项动作所需要的时间。在研究了所记录的数据后，他就挑选一个他

---

① 有关西方管理思想的阶段划分，一直有不同的分法，如有在行为科学后再加一个阶段，即现代管理科学阶段的。本书采用的是英美教育管理学界流行较广的两本教材的分法：R. G. Owens, *Organizational Behavior in Education*, New Jersey: Prentice Hall, 1991, pp. 7-13; W. K. Hoy & C. G. Miskel, *Educational Administration: Theory, Research and Practice* (3rd ed.), Random House, 1987, p. 8.

自认为是潜在的第一流的工人。他给这个工人奖金，让其干得快些，接着开始实验。泰勒把他所看到的他认为是完成作业程序的最佳和最迅速的动作合并起来，同时摈弃所有不必要的动作。然后泰勒告诉那位充当实验对象的第一流工人所有适当的动作，并让其反复练习，直到泰勒感到满意，并认为工作是在用最佳和最迅速的方式进行为止。这样一个过程于是就作为标准程序，其他工人则被要求一个个学习和采用这一方法。泰勒相信，做任何工作都存在最好的方法，这一方法只有通过专家对该工作作出科学研究，并采用恰当手段，即一只秒表和记录卡才能确定。①

从这段描绘中，我们不难概括出泰勒科学管理理论的要点：（1）时间和动作的研究，泰勒把这看作科学管理的前提；（2）有一批专门的人员来研究效率问题，并通过他们使工人掌握最具效率的作业方法；（3）为了方便操作，必须使作业的手段、工具、材料等都达到标准化；（4）在生产过程中实行计件工资制度和奖金制度；（5）改变以往由工人决定生产的情形，工人只负责操作，计划和管理职能留给专门的人员去实施。泰勒声称，实施他的这套方法，工人可以得到更多的经济报酬，同时又不必付出更多的体力和精力；而对企业来说，既可以提高劳动效率，又能降低生产成本，劳资关系也能得到改善。泰勒认为，从这个意义上说，科学管理不仅是一种方法，而且是一场伟大的心理革命。②

泰勒的科学管理理论，起初被美国的工厂普遍采纳，以后又被推广到工业以外的其他领域，如学校、教会、军队、机关等。第一

---

① R. E. Callahan, *Education and the Cult of Efficiency*, The University of Chicago Press, 1962, p. 28.

② 参见［美］D. A. 雷恩著，孙耀君等译：《管理思想的演变》，中国社会科学出版社 1986 年版，第 154 页。

次世界大战期间，科学管理的浪潮又进一步席卷欧洲，在英、法、德、瑞典等国引起强烈反响，甚至列宁也在1918年号召俄国的工人尝试这一方法。直到20世纪30年代人际关系学说兴起以后，泰勒理论的影响才逐渐减弱。

（二）法约尔的行政管理思想

在管理学上，法国工程师、管理学家法约尔被誉为"第一个创立了行政管理理论"①的人。他通过对行政管理过程的分析，提出了比泰勒科学管理理论更明确、更具有普遍意义的管理主张。在著名的《工业管理和一般管理》一书中，法约尔提出，现代工业中的各种活动主要分为六种活动，即技术活动、商业活动、财务活动、安全活动、会计活动以及行政管理活动。无论企业的规模大小，这些活动都是普遍存在的。由于人们一般对前五类活动比较熟悉，而对最后一类活动理解不深，故法约尔在其著作中着重论述了第六类活动。他声称，所谓管理，就是计划、组织、指挥、协调、控制。除了提出管理的这五种基本要素外，法约尔还提出了14条管理原则，即分工、权力、纪律、统一指挥、统一领导、个人利益服从整体利益、报酬、集权、等级链、秩序、平等、人员保持稳定、主动性、团结精神。法约尔的这些理论，在20世纪三四十年代进一步被古利克和厄威克（L. Urwick）等人所继承和发展，他们将法约尔的管理过程理论进一步扩展，提出了著名的管理七职能说，即计划（planning）、组织（organizing）、人事（staffing）、指挥（directing）、协调（co-ordinating）、报告（reporting）、预算（budgeting），简称"POSDCORB理论"。直到现在，人们还普遍认为，法约尔及其追随者所揭示的这七种管理职能，基本涵盖了现代管理活动的主

---

① 参见［美］D. A. 雷恩著，孙耀君等译：《管理思想的演变》，中国社会科学出版社1986年版，第229页。

要内容。

(三) 韦伯的科层制组织理论

古典管理学派的另一代表人物是德国的社会学家马克斯·韦伯。从生活年代来讲,韦伯和泰勒、法约尔是同时代人,不过他的理论直到20世纪40年代被译成英语后才引起西方世界的普遍关注。与泰勒、法约尔等人不同的是,韦伯在自己的学术生涯中更关注社会政治结构问题。在他看来,我们正处在一个"有组织的社会"的年代,作为"前工业时代"产物的较为简单的社会政治结构,显然已不能适应都市化工业社会发展的需要;随着现代大工业的发展,政府部门和企业组织的规模正急剧膨胀,组织结构比以往任何时候都更复杂。正是基于这一认识,被誉为"组织理论之父"的韦伯,提出了20世纪管理方面最有价值的科层制(又译官僚制)组织理论。

韦伯认为,现代社会有着各种各样的组织形态,其中最为理想的就是科层制组织。什么是科层制组织,韦伯并没有对此下明确的定义,但他描述了科层制组织的最根本特征。

1. 分工和专业化（division of labour and specialization）

用韦伯的话讲,分工就是"把实现组织目标所需要的一般活动,以固定的方式,作为正式的职责,分配下来"[1]。因为组织中的任务太复杂了,靠个人难以完成,所以需要分工。分工的好处在于创造专业化。专业化能使一个人成为自己领域的专家、内行,从而提高生产效率,组织也能以专业能力来衡量个人的工作成就。

2. 非人格化倾向（impersonal orientation）

组织中的工作气氛,应该被一种不受个人情感色彩影响的、正

---

[1] H. H. Gerth & C. Wright Mills (eds.), *From Max Weber: Essays in Sociology*, Oxford University Press, 1958, p. 196.

规的精神所支配。每个人办起事来都公事公办，不带个人感情成分，对任何人都一视同仁，不受其社会地位和私人关系的影响。

3. 权力等级体系（hierarchy of authority）

各项职务和工作按权力等级组织起来，形成一个自上而下的系统。每一个职务低的人受职位高的人的控制。各人有各人的领导，各人有各人的职权，借此来保证上级指示被下级部门严格地贯彻执行。

4. 规章制度（rules and regulations）

每个科层制组织，都应该有意识地建立一套规章制度，管理就是保证这些规章制度的贯彻执行。这套制度的内容应包括各项职务的权利和义务。规章制度的好处是能使工作保持连续性、统一性，不因人员变动而变动。

5. 职业导向（career orientation）

组织应以技术能力来任用人员，录用时要经过一定的考试，并要给予训练以使其能胜任工作。为了使个人保持对组织的忠诚，应该在组织中建立一套人员晋升制度，而晋升的唯一条件不是别的，只是专业能力和职业成就。

以上是科层制组织的最根本特征。韦伯认为，具备了这些特征，组织就是最具效率的。为什么呢？因为，分工和专业化能产生专家；而不受个人情感色彩影响的专家能作出最准确、最合理的决定；一旦作出了合理决定，又可以通过严格的权力等级体系贯彻下去；在贯彻时，又有严密的规章制度作保证；而以专业成就提拔和任用人，则能提供一种刺激动因，保证了个人对组织的忠诚。所以，正如韦伯自己所断言："从纯技术观点来看，纯粹的科层制形式的行政组织能够实现最高效率……它是对人实行强制控制的最合理的已知手段，它在准确性、稳定性、严格的纪律以及可靠性方面都优于其他任何形式。……它在提高效率和活动范围两方面都占有优势,并且能正式应用于各种行政任务。"①

韦伯的科层制组织理论,不仅对政府行政机关的管理活动有着巨大的指导意义,而且也对教育行政管理的研究产生深刻影响。在20世纪的七八十年代,国外很多教育行政研究人员运用韦伯的理论分析学校组织的特点,从而使人们对学校的组织性质有了更深刻的认识。有关这一部分的内容,我们将在第四章作进一步阐述。

(四) 古典管理理论的基本特征

虽然泰勒、法约尔和韦伯在分析管理理论时侧重点有所不同,泰勒强调管理的技术和手段,法约尔注重管理过程,韦伯重在考察行政组织的一般特点,但从思想渊源来说,他们同属于古典管理学派,因此国外很多教育行政学著作都将他们的理论放在一起考察和评述。从泰勒、法约尔和韦伯的理论中,我们大致可以总结出古典管理理论的以下主要特征:

第一,古典管理理论的倡导人都把高效率地完成组织任务,视为管理工作的最高目标,并毫无例外地认为"效率原则是衡量任何组织的基础"②。

第二,提倡分工和专业化,把分工和专业化作为管理活动的一个经典信条。

第三,强调要有明确的指挥系统,即组织中要有一条自上而下的明确的权力等级体系,组织中的每个成员都要服从来自上级的指挥。

第四,提倡权利和义务的一致性。正如古典管理理论的代表人物之一厄威克所说:"要求某个团体或个人对某项活动负责,却不委任它或他们担负那项责任所必需的权力,这显然是不恰当和不公

---

① D. S. Pugh, *Organization Theory*, Penguin Books, 1987, p. 24.
② [美] 哈罗德·孔茨等著,黄砥石等译:《管理学》,中国社会科学出版社1987年版,第379页。

正的。各级层次上的权力和责任应是连在一起的、对等的，这对工作顺利尤为重要。"①

第五，注重规章制度，把严密的规章制度看作实现组织目标的必要保证。

第六，注重经济上的奖惩制度，认为这是提高劳动生产效率的有效手段。

第七，主张以专业能力和职业成就来选拔和任用人员，反对在工作中掺杂个人的感情色彩。

对于古典管理学派的主张，尽管人们有着种种不同的评价，但古典管理理论在管理思想上的重要地位以及它对管理实践的巨大影响则是谁都不会否认的。例如，科层制组织结构在我们的社会中就十分盛行；古典管理学派所倡导的很多原则，直到今天还在被广泛应用；古典管理思想仍被人们看作"管理实践的最好的思想基础"②。当然，由于历史条件所限，古典管理学家也有其不足，就像有的学者评价的那样："他们试图仅仅以理性术语来说明管理的任务。他们视个人和组织为无关联的单位，并强调正式组织结构而不承认非正式组织结构的存在。通常他们并不收集客观和充分的证据来支持他们的假设，而是根据经验来发展他们的观点。他们的理论并不精致，他们的观点也常常是武断的。然而，他们的见解是有价值的，因为它们奠定了后来学者们发展的基础。"③

---

① F. Luthans, *Organizational Behavior*, McGraw-Hill Book Company, 1977, p. 56.

② R. G. Owens, *Organizational Behavior in Education*, New Jersey: Prentice Hall, 1991, p. 10.

③ F. Griffith, *Administrative Theory in Education: Text and Readings*, Pendell Publishing Company, 1979, p. 4.

二、人际关系运动

随着古典管理理论在工业企业的广泛应用,其不足的一面也被人们渐渐察觉。例如,古典管理理论过于强调规章制度和严格管理的必要性,忽视组织中人的作用;把人当成只注重眼前利益的经济动物,忽视人在生产活动中的心理需要和社会需要等。正因为如此,到20世纪30年代,作为其对立面的人际关系运动开始抬头。

(一)梅奥及其霍桑实验

人际关系运动的杰出代表有美国的政治家福莱特(M. P. Follett)、管理学家梅奥(G. E. Mayo)和罗特利斯伯格(F. J. Roethlisberger)等。这些人中,最著名的并对人际关系运动作出开创性贡献的要属梅奥。

梅奥出生于澳大利亚,后移居美国,先后在宾夕法尼亚大学和哈佛大学任教。1924—1932年,他以特邀顾问的身份,参加了美国西方电器公司所属的霍桑工厂的实验,即管理学史上有名的"霍桑实验"。该实验是美国全国科学研究委员会的研究项目,其目的是确定工厂照明与工人工作效率之间的关系。实验历经八年。通过实验,梅奥和其助手罗特利斯伯格提出了如下一系列的假设,这些假设构成了人际关系理论的基本要点。

(1)经济刺激并非唯一重要的刺激动因,实际上,非经济的社会因素限制了经济动因的效力;

(2)工人是以非正式团体成员的身份,而不是以单个个人的身份对待管理的;

(3)与人的生理能力相比,非正式组织的社会准则对产量的影响更大;

(4)专业化并不一定导致最有效的生产组织;

(5) 工人们往往利用非正式组织来捍卫自己，以免受专断的管理之害；

(6) 非正式的社会组织与管理是相互作用、相互影响的；

(7) 狭窄的控制幅度不是有效管理的先决条件；

(8) 非正式的领导常常跟正式的管理人员同等重要；

(9) 人不是机器中的被动齿轮，而是能动的生物体。①

显然，梅奥等人提出的这些观点，正好与古典管理理论背道而驰。与注重组织结构的古典管理理论相比，人际关系理论更看重的是组织中的非正式团体的作用，以及工人的生产动机、对工作的满意程度等。这些思想的提出，在一定程度上弥补了古典管理理论的不足，同时也为20世纪50年代兴起的行为科学奠定了基础。

(二) 人际关系理论的发展

自梅奥等人提出人际关系理论以后，有关组织中的人的因素的研究，便在西方企业界和管理学界如火如荼地开展起来。

人际关系理论首先吸引了莫雷诺（J. L. Moreno）、卢因（Kurt Lewin）等一部分社会心理学家，他们从团体行为的角度探讨了社会团体中的人的问题。如莫雷诺着重分析了团体中人与人之间的基本态度，并把这些态度分成吸引、排斥、不关心三种。在此基础上，他创立了一套心理测试法，以此来使能够和睦相处的人集中到一起，结成一个能以最大工作效率和最小破坏倾向进行工作的社会团体。卢因则带领他的助手进行一项重要的实验，观察不同的领导方式对团体行为的影响，并由此提出了"团体力学"的理论，强调团体行为对于改变人们行为的重要意义。

受人际关系理论启发而出现的另一项成果是民主管理、参与决

---

① W. K. Hoy & C. G. Miskel, *Educational Administration*: *Theory*, *Research and Practice* (3rd ed.), Random House, 1987, p. 14.

策的思想。1938年,麦考密克(C. McCormick)在其《多层管理》一书中提出,企业可以组织一部分有培养前途的青年人成立一个初级委员会,参与企业的决策,并定期向公司的高级董事会提出建议和意见。麦考密克的这一主张后被世界上四百多家公司所采纳。1949年,小威廉·吉文(William Given, Jr.)也在《自上而下的管理》一书中提出了"自上而下的管理"的口号,其内容包括责任与权力的广泛授予,各级人员之间的自由交换意见,在决策中有相当程度的管理自由等。吉文认为依靠这套"参与哲学",就能"解放思想,鼓励人们自上而下地发挥主动性"①。

在众多的人际关系研究中,罗伯特·倍尔斯(R. F. Bales)关于小组成员相互作用的研究也很引人注目。倍尔斯仔细观察了团体成员讨论工作的情况,如谁先发起讨论,哪些讨论是在两个人中进行的,哪些讨论是面对整个小组进行的,等等,从中得出结论,认为成功的团体往往需要两部分人,他们分别起两种作用,即一部分人专门负责使团体一心一意去完成任务,另一部分人专门保证团体内部的亲密的人际关系。这两种人和两种作用对于保持团体的动力都是必不可少的。②

总的来看,受人际关系理论的启发,在整个20世纪三四十年代,研究人员重点探讨了与实际工作关系密切的团体动力问题、民主管理问题、士气问题等等。他们的研究极大地丰富了人际关系的理论,不少研究到今天还有着重要的参考价值。

---

① [美] D. A. 雷恩著,孙耀君等译:《管理思想的演变》,中国社会科学出版社1986年版,362页。

② R. F. Bales, *Interaction-Process Analysis: A Method for the Study of Small Groups*, Reading, MA: Addison-Wesley. 1950.

三、行为科学

行为科学是研究人的行为的一门综合性科学，它研究人的行为产生的原因和影响行为的因素，目的在于激发人的积极性、创造性，以顺利实现组织目标。"行为科学"这一名称是在20世纪40年代末50年代初提出来的。当时一些哲学家、社会学家、心理学家、精神病学家在美国芝加哥大学讨论、研究有关人类行为的理论，并把这一理论正式定名为行为科学。1956年，在美国出版了第一期行为科学杂志。到了60年代，又演变为组织行为学，专门研究组织中人的行为的发展规律。直到今天，行为科学仍在现代管理科学中占有很大市场。

（一）巴纳德及其社会系统理论

在欧美，巴纳德（C. I. Barnard）被很多人认为是行为科学的创始人，他的代表作《经理的职能》也被认为是管理领域最有影响的经典著作。虽然论学历，巴纳德连学士学位都没拿到，但由于他在组织理论研究方面的成就而获得了七个荣誉博士学位。巴纳德从20年代起就担任美国新泽西州贝尔电话公司总经理，一直干到退休，所以他不是纯学院派，而是一个有着丰富经验和深厚理论根底的管理学家。巴纳德在管理理论上的贡献，主要体现在他应用一种社会系统的理论和方法，研究组织的性质和行政管理人员的职能。

传统的组织论不研究组织的性质，只着重探讨职务分工和由此产生的部门化管理原则，而在巴纳德看来，研究组织首先要研究组织的性质。什么是组织，巴纳德认为："所谓组织，是有意识调整了的两个人或更多人的行为或各种力量的系统。""组织不是集团，而是相互协作的关系,是人相互作用的系统。"① 根据这一定义,首先,组织是由人的行为构成的,组织的实体是人的行为,而不是组织的形式部分。其次,组织是一个系统,是一个经过调整的人的行为的客观系统。组织既然是系统,那么系统的特性当然也是组织的特性。系统是由各个部分按照一定方式联系起来的整体,同样,组织也是由物质、技术、人等因素按一定目的组合而成的整体。巴纳德的这些思想是对传统管理理论的一大突破。除了关于组织性质的论述外,巴纳德还特别提出组织三要素的理论。他认为,任何组织,不论其规模大小,都包含了三个基本的要素,即共同的目标、协作的意愿和信息联系。共同的目标是组织的基本要素,协作的意愿是组织目标得以实现的保证,信息联系则使组织能够正常运转。任何组织的产生和存续,只有通过这三种要素结合才能实现。

如何看待行政管理人员的工作职能?巴纳德也从其组织理论出发,认为管理人员的职能就是要通过其工作使整个组织成为一个整体,并做到在这个充满矛盾因素和事物的整体中取得最好的平衡。具体来说,管理人员的职能主要是:(1)通过组织体系,以及忠诚、负责、有才干的职工和一个和谐的、可加以操纵的"非正式组织",来维护整个组织的信息沟通;(2)保证组织中的每个人都能作出重要的贡献;(3)详细地阐明和确定目标任务(即工作计划)。②

巴纳德的理论深邃而广博,不仅对行为科学的发展,而且对整个当代管理科学的发展都起到了不可估量的影响,难怪国外不少管

---

① [日]占部都美著,蒋道鼎译:《现代管理论》,新华出版社1984年版,第148、135页。
② [美]哈罗德·孔茨等著,黄砥石等译:《管理学》,中国社会科学出版社1987年版,第69页。

理学者把他称为"现代管理论之父"①。

(二) 西蒙及其组织决策理论

西蒙 (H. A. Simon) 是巴纳德的直接继承人,他是当代行政学的代表人物,管理科学中决策理论的倡导者。由于在组织决策研究方面的杰出贡献,他荣获了1978年诺贝尔经济学奖。由于西蒙学说的广泛影响,很多管理学研究人员干脆把现代管理理论称为"巴纳德-西蒙理论"。②西蒙对组织性质的看法,主要是受巴纳德组织理论的影响,他对组织下的定义,与巴纳德十分相似,不过巴纳德关注的是组织中的协作、平衡问题,而西蒙更看重组织中决策的合理性问题。

根据西蒙的观点,管理就是决策,组织就是一个决策系统,组织的管理活动主要就是决策活动。西蒙指出,人的行为包含两个过程,即决策过程和行动过程,两个过程中,前一个更为重要,因为前一个过程是后一个过程的前提。传统的管理理论只考虑行动过程,却没有考虑本质上更为重要的决策过程,这是一大缺陷。实际上,组织决策的合理性问题才是管理的核心问题。所谓决策的合理性,就是指为实现目标而选择有效的手段。管理的任务,实际上就是设计一种情境,以便使个人在进行决策时尽可能地接近合理性。

除了决策的重要意义外,西蒙还分析了决策的过程和类型。他认为决策的过程可分为三个阶段:首先是情报收集和分析阶段,以分辨在什么情况下需作出决策;其次是设计不同方案,寻求解决办法的阶段,这一阶段可以利用人工智能科学的研究,用计算机来模拟解决问题的各个过程;最后是选择最佳方案阶段。一个合理决策的作出,常常是决策过程这三个阶段不断循环往复的结果。关于决

---

① ②[日]占部都美著,蒋道鼎译:《现代管理论》,新华出版社1984年版,第148、135—136页。

策的类型，西蒙提出有程序化决策和非程序化决策两种类型，前者是针对组织中经常重复出现的例行活动而作出的决策，后者是针对组织中的非例行活动而作出的决策。对于前一种决策，主要通过建立一定的程序来解决，而对于后一种决策，由于没有明确的解决程序，因此就需要依靠管理人员本身的经验、判断力和创造力了。为了提高非程序化决策的能力，通常可采取两种办法，一是实施选择和培训，二是设立专门的机构或部门。西蒙对决策理论的最突出贡献就是他关于非程序化决策的分析，瑞典皇家科学院也正是基于这一贡献而授予他诺贝尔经济学奖的。

（三）行为科学的其他研究

行为科学自 20 世纪 50 年代首先在美国兴起以后，很快在西方管理学界流传开来，并在理论上和实践上得到了迅速的发展。20 世纪 50 年代至 70 年代，行为科学研究蓬勃兴起，各种各样的实验和假设被提了出来。例如，围绕人在组织中的动机—激励问题，出现了马斯洛的需要层次理论，赫茨伯格的激励—保健理论，麦格雷戈的 X 理论、Y 理论，阿吉里斯的不成熟—成熟理论，弗鲁姆的期望理论等。围绕组织中的领导行为问题，出现了坦南鲍姆和施莱特的领导行为连续带理论、利克特的管理系统模式、俄亥俄学派和密歇根学派的领导行为倾向的研究、布莱克和莫顿的管理方格论、菲德勒的权变理论等。围绕企业行为问题，有马奇等人的研究，等等。由于这些理论有的将在本书其他章节结合教育行政活动一同介绍，因此这里不再详细论述。所有这些研究，极大丰富了行为科学的内容，扩大了其在管理领域的影响，同时也使得行为科学的学说能长期在管理学界占据主导地位。

第三节　管理理论对教育管理实践及研究的影响

有关现代管理理论对教育行政管理的影响，我们将在以后的几章中陆续展开分析，这里只提纲挈领地就这些理论对当时欧美的教育管理的影响作些论述。

一、教育管理中的效率崇拜

从时间上说，20世纪管理思想影响教育行政管理领域的，首先当属泰勒的科学管理思潮，这些影响主要表现在以下几个方面。

（一）把本属工商管理中常用的效率观念引入教育管理活动中

降低成本，提高效率，是工商管理工作的最终目标，也是泰勒理论的基本宗旨。在泰勒理论影响教育管理以前，教育行政人员对"效率"观念印象并不深刻，一般只从传授知识的角度看待学校组织的意义。随着泰勒理论的引入，在20世纪二三十年代，欧美国家的不少校长对教育效率问题有了较深刻的理解。他们认识到，工厂的效率通过以最低成本获取最大利润得到体现，学校的效率也应以通过最少的教育投入获得最大的教育效果而得到体现。为了提高教育效率，很多学校采取了各种各样的管理措施，如扩大班级人数、延长学习时间、削减教育成本、增加教师课时等。虽然这些措施现在看来并不一定合理，但在当时确实大大节约了学校的日常开支。

（二）大力提倡教育标准化运动

标准化管理是泰勒科学管理思想的核心之一。受这一思想影响，以美国为代表的一些国家一度也在教育行政工作中大力推广标准化管理方式，如要求学校考虑用一种标准的衡量尺度来评价教师的工作，学校的管理尤其是总务后勤的管理要采用标准的操作程序，教育行政部门要设计统一的教师任职条件，课堂上提倡实施标准的教学技术等。在一些学校，教师甚至人手一册《效率指南》或《教育标准化手册》。①

(三) 积极开展教育测量、评估工作

20世纪兴起的教育测量、评估工作，如对学生的升学率、注册率的统计，对教师教学效果的测量评估等，也在一定程度上受了科学管理理论的影响。如在泰勒理论最流行的时候，形形色色的"教师效率评估表"在欧美的中小学也是风靡一时，四处可见。

(四) 双部制学校的兴起和推广

受泰勒理论的启发，为了最大限度地利用学校设备，提高教育效率，当时美国的一部分学校推行了一种双部式轮换教学制度，即教育史上有名的"葛雷制"（Gray Plan）。这一制度集教学、活动、实验室工作和社会活动为一体，把学生分成几组，让他们同时在学校的不同场地进行活动，一段时间后互相交换场地继续其他活动。采用这一制度以后，学校可容纳的学生大大增加，学校设备不足的矛盾有所缓解，这一制度由此受到社会一致好评，人们把它看作泰勒理论在学校中的最完美的体现。②在短短十多年间，这一制度不仅在美国得到广泛推广，而且也流传到许多欧洲和亚洲国家。

虽然泰勒的理论对美国以及其他一些国家的教育管理产生了较大影响，但据有的学者分析，这种影响从其教育后果来看，也有很多消极的方面，这反映在：(1) 助长了学校中的商业习气，引导人们从单纯的经济效益的角度看待教育，忽视了教育的陶冶价值；(2) 将学校与工商企业进行不适当的类比，把一些不适合的方法引

---

① ② R. E. Callahan, *Education and the Cult of Efficency*, The University of Chicago Press, 1962, pp. 79-94, 128-147.

入教育管理中，忽略了教育行政本身的特点；（3）校长的工作性质发生改变，不再充当"教育领导者"的角色，而成了一名"斤斤计较、精打细算"的商业经理；（4）一种只重表面"效率"、不重内在知识价值的反智力倾向开始在教育界蔓延开来，并一直影响到今天的教育管理工作。① 当然，也有人不同意这样的评价，他们认为，泰勒的理论对于提高教育管理效率、促进教育行政工作规范化，还是起到了一定的积极作用。尽管看法不一，但人们都承认科学管理理论对于教育管理工作的价值，就像考察教育行政史的一些专家指出的那样："虽然科学管理在 20 世纪 30 年代后被其他管理理论所取代，但泰勒的思想对教育思想的影响并没有终止。……完全是在科学管理时代形成的团体管理模式，至今仍然是学校系统普遍采用的管理模式。那时候引入的统计技术、等级测定、成本分析方法等，一定程度上仍在使用。学校系统仍在力争提高效率，只不过现在用的是管理科学一词，而不是科学管理。形形色色的管理专家在教育界仍随处可见，学校领导继续在寻求有效的管理方式。"②

二、学校中的民主管理

同以科学管理理论为核心的古典管理理论一样，人际关系理论的出现，也对教育行政管理活动产生了较大的影响，这种影响集中反映在提倡对学校的民主管理方面。

在人际关系理论影响教育管理领域前，欧美一些学校中的民主

---

① R. E. Callahan, *Education and the Cult of Efficency*, The University of Chicago Press, 1962, pp. 246-248.
② R. F. Campbell et al., *A History of Thought and Practice in Educational Administration*, New York: Teachers College, Columbia University, 1987, p. 41.

管理思想实际上已经有一定市场,这主要是跟当时流行的教育革新运动和一些教育家的思想影响有关。如美国教育家杜威(John Dewey)就提倡学校应当是一个微型的民主社会,学生则应生活在一种民主的学习气氛之中。教育家们的这些思想,为日后人际关系理论进入学校管理领域创造了极为有利的条件。

人际关系理论最早在20世纪30年代末出现在美国的一些教育管理文献里。当时很多研究教育管理学的大学教授纷纷撰文,探讨学校中的人际关系,并呼吁校长们和教育行政人员认真学习梅奥等人的人际关系说,用这一学说指导教育管理工作。到了四五十年代,以人际关系说为理论基础的民主管理方式在欧美的学校中已相当流行。从当时教育行政管理的实践看,民主管理的方式主要反映在以下几个方面:(1)重视学校中非正式组织的作用,把非正式组织看作学校组织中不可缺少的一部分;(2)从改善人际关系入手,提高教师的工作士气,特别注重满足教师的社会需要和心理需要;(3)实施参与决策,把校长看作集体决策中的一员和学校工作的协调者、帮助者,反对校长个人的专断权威;(4)提倡教学过程中的民主教学和民主监督,前者指在教学中发扬民主,给学生更多的活动机会,让学生成为教学过程的主体,后者指学校领导充分相信教师,不过多干预教师的教学活动。从总体上看,人际关系理论以及相随而来的民主管理思想,对教育行政管理产生了积极、有益的影响。正如一位专家后来评论的那样,在人际关系学说的影响下,"独断专行的学校管理者不见了,师生享有了比以往任何时候都多得多的自由,学校也成为学习和工作的快乐的场所"[①]。

---

① F. Griffith, *Administrative Theory in Education: Text and Readings*, Pendell Publishing Company, 1979, p. 26.

三、教育行政研究的新视野

从 20 世纪 50 年代中期起，教育行政研究人员开始将行为科学理论应用于教育行政学的研究。1957 年，美国出版了第一本以行为科学理论为指导探讨教育行政管理活动的论文集《教育中的管理行为》。该书由全美教育管理学教授联合会（NCPEA）的核心成员撰写，书中的 14 篇论文，集中反映了当时美国大学从事教育行政研究的教授们对行为科学理论以及它有可能对教育管理活动所产生的影响的认识。从这以后，类似的著作和研究报告在欧美不断问世，到七八十年代达到高潮。

行为科学理论对教育行政管理的影响，大致可从以下几个方面体现出来。

（一）开拓研究思路，更新研究方法

行为科学的特点，就是综合运用多种学科知识，如人类学、社会学、心理学、政治学、经济学等探讨人的行为问题。这一研究思路极大地启发了教育管理研究人员，他们纷纷对传统的教育管理研究提出质疑，认为过去的研究就教育谈教育，就学校谈学校，研究思路和范围都过于狭小，导致研究水平不高，理论贫乏；而要改变这一状态，就必须充分吸收其他学科的研究成果，站在更宽广的视野看待教育管理的诸多问题，促使教育管理的研究真正摆脱经验主义的束缚。[①]

（二）转变立场，从实际入手剖析教育管理现象

过去研究教育行政管理，由于受古典管理理论影响较深，人们

[①] R. B. Kimbrough et al., *Educational Administration*, Macmillan Publishing Co. Inc., 1983, p. 285.

往往是从"应该怎样"的角度看问题,指手画脚地说校长应该这样做,不应该那样做,而行为科学的研究起点是"实际怎样",分析人怎么会有这种行为而不是另一行为。这样一种研究立场,给了教育管理的研究颇多启迪。从 20 世纪六七十年代起,欧美就陆续出现了一系列以"实际怎样"为起点的研究报告和论文,这些报告和论文涉及教育管理的各个方面,如分析现实中的教育领导者的个性、教师的动机、校长的领导类型、学校中的信息传递方式等,这些研究使教育管理的理论更切中实际,减少了以往研究中空发议论的现象。

(三)进一步认清了学校与外部环境的相互依赖关系

行为科学把组织看成一个开放的社会系统,注重研究组织与外部环境的相互适应和作用问题。受此影响,很多教育行政学者也开始将学校与外部环境联系起来看问题,如他们有的探讨社区环境对学校管理的影响,有的分析与学校管理有关的公共政策问题、社会经济阶层问题等,通过研究,加深了人们对学校和所处社会的密不可分的关系的理解。[①]

(四)促进了教育管理人员的培训工作

从 20 世纪 50 年代后期起,受行为科学理论的影响,欧美大学里的教育管理培训课程有了较大的改变,增加了人类学、心理学、社会学、社会科学研究方法、组织行为学等课程。在教学方法上也广泛采用了个案分析法、指导讨论法、实地情境法等行为科学研究常用的方法,从而使得教育管理的培训课程更有系统、更为科学,形式上也更活泼生动。

以上就 20 世纪以来管理思想的发展以及对教育行政管理的影

[①] R. B. Kimbrough et al. , *Educational Administration*,Macmillan Publishing Co. Inc. ,1983,p. 288.

响作了简要介绍，通过这些介绍我们可以看到，20世纪以来管理思想每发展一步，几乎都会对教育行政管理的实践及研究起到巨大指导作用。正因为如此，如何在教育行政活动中有目的地借鉴、吸收现代管理理论，无疑就成为今日教育行政学研究的一个重要方面。

第三章
教育行政体制和教育行政机构

在一个国家的教育发展过程中，往往要碰到一些敏感而又事关全局的问题。例如，采用哪一种教育领导方式对国家的教育发展最有利？教育方针、政策应该由谁来制定，是中央政府制定还是地方政府制定？各级教育领导机构怎样设立？教育的领导权力由谁掌握，中央掌握还是地方掌握？谁来控制并分配教育的资源？等等。诸如此类的问题，实际上都跟一个国家教育行政体制的类型和教育行政机构的设置有关。所以，本章将要讨论的问题，也是教育行政学研究领域的核心问题。

第一节　两种基本的教育行政体制

一、含义和类型

什么是教育行政体制？如果要下一个最简单的定义，那么它是一个国家领导教育的最基本方式。社会学家帕森斯（T. Parsons）把组织分成三个主要的等级层次，即机构层、管理层和技术层。把这一理论用于教育组织时，这些层次大致分别相当于领导、行政管理和教学三种职能。① 就一所学校讲是这样，就一个国家的整个教育组织形式讲也是这样。处在第一层次的机构层问题，实际上就与教育行政体制问题密切相关。具体来说，教育行政体制就是教育行政权力之确立与划分、教育行政机构之设置、各级教育行政部门之间的隶属关系等方面的基本制度，而这些制度所反映的问题归根结底也就是采用什么样的方式领导教育。

很显然，一个国家采用什么样的方式领导教育，跟这个国家的政治、经济、文化传统有着密切的关系。世界上有各种各样的教育行政体制，有的学者把这些体制分为：（1）强烈的地方责任和分权管理制（如美国）；（2）强烈的国家掌管制（如法国）；（3）国家与地方共同责任制（如英国）；（4）政治上控制、具体事务分散管理制（如苏联）。② 也有人把各种教育行政体制分成三种类型：集权制、分权制、均权制。③ 最通行而又最不容易产生混淆的分法，是

---

① 参见［瑞典］胡森等主编，中央教育科学研究所比较教育研究室编译：《简明国际教育百科全书·教育管理卷》，教育科学出版社 1992 年版，第 201 页。
② 参见 J. F. Cramery & G. S. Browne, *Educación Contemporánea*，转引自金含芬主编：《学校教育管理系统分析》，陕西人民教育出版社 1993 年版，第 69 页。
③ 参见瞿立鹤著：《教育行政》，茂昌图书有限公司 1992 年版，第 49 页。

依据中央和地方在教育上的权限关系,把各种体制分成两种:中央集权制和地方分权制。① 其理由是,就一个国家来讲,其教育行政体制一般不是倾向于集权制,就是倾向于分权制,这是因为教育上的许多重大事项,不是最终由中央说了算,就是由地方说了算,不存在绝对的均权制。

二、中央集权制

中央集权制的教育行政制度是一种直线式的领导制度,其根本特征包括:(1)教育行政权力集中于中央教育部,中央直接干预和领导各级教育事业,地方教育机构的权力很小,一般只是奉命行事,在一定的授权范围内处理教育事务;(2)全国有较为统一的教育目标、教学计划、课程设置和评价标准;(3)教育的基本法律、法规由中央有关部门制定并颁布,这些法律、法规对地方的教育有绝对的约束力;(4)教育经费一般实行国家负担制,或国家承担教育经费中的主要部分。

人们往往把法国看成教育上中央集权制的典型代表,因为在教育管理方面,法国实行高度集中的管理方式。法国的中央教育部权限极大,教育上的一切重大问题,诸如教育法令和政策、教学大纲、课程设置、教材、学业考试、教师资格、教育资源分配等,都由教育部规定,地方教育部门只要照章办事,对上负责即可。

研究人员发现,教育行政体制与国家的政体形式并无绝对的直接联系。例如,法国和苏联属不同政体的国家,但在教育上却都采

---

① 参见[瑞典]胡森等主编,中央教育科学研究所比较教育研究室编译:《简明国际教育百科全书·教育管理卷》,教育科学出版社1992年版,第194—195页。

取了中央集权的形式。不过，也有一些学者认为，中央集权的教育制度虽和国体形式不能直接画等号，却和一个国家的政治革命有密切的关系。政治革命倾向于产生中央集权的教育制度，20世纪五六十年代一些经过革命而建立起来的新兴国家的情况可以证明这一点。这种现象的产生，可以用以下的推论来解释：

(1) 每次革命都有可能产生反革命；

(2) 反革命威胁着由革命建立起来的政府的稳定性；

(3) 因此，由革命建立起来的政府倾向于抓权力以维持它的稳定性和粉碎反抗势力；

(4) 中央集权的教育制度是保持这种制度已经掌握的权力的重要工具；

(5) 因此，经过革命的国家，其教育倾向于集权制。①

除革命因素外，另外还有一些原因可被用来解释为什么有不少国家采用了教育的集权制，如国家在传统上是统一的（如法国），国家政体采用了民主集中制的形式（如一些社会主义国家），国家为了消除殖民主义统治的影响和促进经济发展（如许多发展中国家），等等。

与后面将要讲到的分权制相比，集权型的教育行政比较容易受到批评。例如，20世纪70年代初联合国教科文组织发表的《学会生存》的报告，就对由于教育的集权制所引起的官僚主义习气提出了强烈的批评，并号召"教育的管理必须实行分权制"②。世界银

---

① Robert Ulich，*The Education of Nations*，Harvard University Press，1961，p. 292.

② 联合国教科文组织国际教育发展委员会编著，华东师范大学比较教育研究所译：《学会生存——教育世界的今天和明天》，上海译文出版社1979年版，第121页。

行1988年的一份报告，也对教育集权制的效率提出了批评。① 对教育行政中央集权制的批评，通常集中在以下几个方面：

第一，效率不高。权力的高度集中，必然导致一个机械呆板的教育行政系统，这个系统很难对来自下层的变化作出及时的反应。例如，在南美洲国家委内瑞拉，20世纪50年代末教育行政体制改革以前，地方学校的一个很普通的教育要求，要通过层层机构，在9—12个月后才能收到有关这一要求的决定。②

第二，制度僵硬。实行教育行政中央集权制的国家，用一种单一和标准的程序管理各级各类教育事业，不管是在农村还是城市，在山区还是平原，都要求采用相同的教材、课程，不允许学校有自行选定权。如果有变化，也是由上而下的，并且通常要经历一个十分缓慢的过程。

第三，缺少地方的参与，地方上的积极性不被重视。

第四，在高度集中的教育体制下的学校，远远不能适应当地社会经济文化发展的需要。

第五，管理费用过高。实行教育集权制要比教育的分权管理费用高，这是因为：(1) 管理能力有限，不容易管理，因此需要投入更多的费用；(2) 一个极普通的地方教育事务，也必须由一个遥远的教育行政机构来决定；(3) 课程、教学和教师质量的机械划一标准，也容易导致更多的费用和支出。③

不过，也有一些学者不同意上述批评，他们认为，有些表面上

---

① World Bank, *Education in Sub-Saharan Africa: Policies for Adjustment, Revitalization and Expansion*, Washington, D.C., World Bank, 1988.

② E. Mark Hanson, Decentralisation and Regionalization in Educational Administration: Comparisons of Venezuela, Colombia and Spain, *Comparative Education*, Vol. 25, No. 1, 1989.

③ J. Hannaway & M. Carnoy, *Decentralization and School Improvement*, Jossey-Bass Publishers, 1993, p. 104.

看来是教育集权制的缺陷所在,其实恰恰是它的长处。例如,通过中央的直接调节,把资源投入到最需要的地区去,这恰恰是提高了效率,同时也有利于消除由于各地资源条件的差异而造成的教育上的不平等;统一的课程设置和教学要求,虽然在一定程度上不能满足地方发展的需要,但从长远利益来看,在现代社会中,恰恰是那些接受了最广博的普通知识技能、拥有国家甚至国际承认的资格证书的人,才能最适应劳动力市场和信息交流的需要。[1] 再有,地方参与虽是好事,但地方的狭隘眼光也容易导致过激或过于保守的教育政策,从而影响来自上层的正确决定的贯彻执行。类似这种依据不同角度,把教育行政中央集权制的一些基本特点既视作优点,又视作缺点的矛盾现象,在下面对分权制的评价中也同样有所反映。

三、地方分权制

地方分权制是中央政府居于监督和辅助地位,将教育行政权力授予地方政府,由后者在其管辖范围内全权决定并自主运作教育事务的一种教育行政制度。地方分权制的特征,恰恰与中央集权制相反:(1)在中央一级不设或只设权力有限的教育领导部门,中央和地方的教育行政部门之间不存在领导隶属关系,教育被看作地方的事业,地方自主经营管理的思想占统治地位;(2)课程设置、教材选择、教师资格等一些最基本的教育制度由地方规定,中央不作统一要求;(3)教育的基本法律由地方制定;(4)教育的经费也主要由地方承担;等等。美国、加拿大、德国、英国等一般被认为是教育上实行地方分权制的国家。

---

[1] J. Hannaway & M. Carnoy, *Decentralization and School Improvement*, Jossey-Bass Publishers, 1993, pp. 59-65.

实际上，地方分权制不过是一个总体的概念，在这个概念下，还可对其含义作出种种分解。例如，从程度上看，地方分权制可以表现为：（1）任务下放，即原来可能由中央机构做的事，转移到地方机构去做，但决定权仍在中央；（2）授权，即一般事务由中央转移到地方，但地方行使权力必须在中央的政策框架内，而且中央保留了对重大事项的最终决定权；（3）放权，即完全是地方自主，中央不作任何干预。① 显然，这三种模式中，每后一种模式都要比前一种模式权力下放更为彻底。再从放权的对象来看，中央的权力既可以转移给地方既有的机构，也可以转移给地方新设的机构。另外，如果地方的机构是由上而下地建立起来的，那么它仍将主要对上负责；如果这些机构是由地方决定建立的，那么它将主要对地方负责。

一个国家的地方分权的教育行政体制是如何形成的？这显然有一些深层次的原因。有的人认为，这主要跟文化传统有关。如美国建国之初，来自欧洲各国的移民崇尚欧洲尤其是英国的教育体制，不愿把教育这样关系人类命运的大事委托给中央政府集中管理，因此才在宪法上只字不提教育。直到 1791 年国会通过《人权法案》，教育事权才划归给地方所有，由此开创了教育管理的分权体制。② 另有人认为，教育的分权制与一个国家的经济发展水平有关，在经济发展水平较高的国家，教育的集中管理程度较低，其体制倾向于分权制。③ 还有人分析说，在民族语言呈多样性的国家中，也倾向于分权管理的模式。不管上述哪一种观点更使人信服，可以肯定的

---

① D. A. Rondinelli, Government Decentralization in Comparative Perspective: Theory and Practice in Developing Countries, *International Review of Administrative Science*, 47, 1981, pp. 137-138.

② 参见滕大春著：《今日美国教育》，人民教育出版社 1980 年版，第 145 页。

③ 参见［瑞典］胡森等主编，中央教育科学研究所比较教育研究室编译：《简明国际教育百科全书·教育管理卷》，教育科学出版社 1992 年版，第 26 页。

是，分权制与集权制一样，它的形成与其所处的社会历史环境密切相关。

教育为什么要采取地方分权制？特别是一个单一的、有强大实力的中央政府，为什么愿意将权力下放或放弃权力？最流行的解释是：首先，它能提高教育管理的效率。通过权力的再分配，可以在一定程度上克服由于庞大和过于集中的中央机构而必然导致的官僚惰性，提高行政效率。其次，分权制能带来教育的民主化。教育民主化的含义至少应包括两个方面，一是教育面前的平等，二是参与管理教育。① 而分权式的管理，能使更多的人参与到教育决策之中，这样就大大提高了教育民主化的程度。再次，能调动地方办教育的积极性，形成地方参与、教育融入地方、与地方经济协调发展的局面。最后，能更好地开发教育资源，特别是由于地方的投入，在一定程度上减轻了中央的财政压力。

与中央集权制的有关议论一样，学者们对地方分权制的看法也不尽相同。有人认为，教育上之所以实行分权制，与其说是为了提高管理的效率，还不如说是出于政治利益的考虑，因为很明显，没有一个政府愿意通过实行分权制而削弱自己的权力，相反，它们都期望分权式的改革能进一步加强中央的权力。② 美国学者汉森（F. M. Hanson）数年悉心研究南美洲一些国家的教育改革情况，他的结论是，在大多数的情形下，教育组织制度的变革，起因与其说是技术因素，即为了提高教育管理的效率，不如说是政治上的考虑。如在智利，20 世纪 80 年代的教育分权改革，是与所有制和建立地方自治的政治改革紧密联系在一起的。在委内瑞拉，60 年代

---

① 参见［法］加斯东·米亚拉雷等主编，张人杰等译：《世界教育史》，上海译文出版社 1991 年版，第 313—320 页。

② Diana Conyers, Decentralization and Development：A Review of the Literature, *Public Administration and Development*，4，1984，pp. 187-197.

末建立起教育分权制度，目的是为了促进国家经济的发展。在阿根廷，70 年代至 90 年代都把教育的分权作为一种理论基础，以此把初等和中等教育的财政负担转移到省级政府。而在哥伦比亚，80 年代的教育分权改革则是为了挽救一个已被形形色色的恐怖力量大伤元气的社会。① 至于谈到分权制的长处，很多学者虽然也承认这是一种教育进步的表现，但同时也指出，不应该将这些长处过分夸大，因为这种制度的不足之处也是显而易见的。例如，分权制的最直接后果之一是地区差距的扩大，因为分权必然导致地方对教育投入的增多，而各地经济条件不同，对教育的投入也会有多有少，由此造成各地在学校设施和条件上出现巨大差异。海外有的研究者就曾指出，我国 20 世纪 80 年代后期的权力下放运动虽然带来了有目共睹的成果，但也造成地区间的差异，一些贫困地区的学校只是在勉强维持而已。② 即使像美国这样教育资源较为雄厚的国家，这种地区间教育差距的情况也很普遍。再如，从提高教育质量的角度来看，分权只会有利于那些收入尚可，但对教育的要求却很高的家庭，因为他们有了更多的择校自由；而对大部分教育要求不那么高的家庭来说，情况只会更糟，对后者来说，由中央制定的统一的课程标准，以及由此带来的对学校的较高的质量要求，反倒能使他们更为安心，因为普通学校的质量有了保证。③ 毫无疑问，教育上集权与分权孰优孰劣的争论，将会长期继续下去，难有统一定论。

尽管看法不同，权力下放运动近年来的确成为世界各国教育管

---

① F. Mark Hanson, Democratization and Decentralization in Colombian Education, *Comparative Education Review*, Vol. 39, No. 1, February 1995, pp. 106-119.

② 参见联合国教科文组织：《教育展望》中文版第 29 期，1997 年 11 月，第 78 页。

③ J. Hannaway & M. Carnoy, *Decentralization and School Improvement*, Jossey-Bass Publishers, 1993, Preface xv.

理领域的一种趋势。联合国教科文组织20世纪90年代初曾就教育规划问题组织过一次讨论,与会的各国专家都承认,将教育的决策权和财政下放给下级政府,已经成了一种普遍的趋势。一些专家还特别提到中国、印度、日本、新加坡以及许多非洲国家的例子。不过,在承认已取得的成绩的同时,专家们也指出,权力下放政策的实施并非易事。"人们常常提议实行权力下放,认为这是解决僵硬的集权教育体制效率低的办法,这意味着将决策权下放到地方当局,但要做到这一点,就必须充分改善地方一级的资源。如果满足不了这些条件,权力下放的尝试或许仅仅是将职能从上面下放到中层或地方当局的问题。它们的差别就会被视为'权力下放'与'权力分散'的差别。'权力分散'意味着权力仍掌握在中央当局手中,而地方上的行政管理人员和职能部门实际上只不过是执行上级的命令而已。"①

四、集权与分权的周期性变革

近年来,世界上很多国家都进行过或正在进行教育行政体制的改革,有人说这样的改革几乎成为一种时尚。对于改革的总体趋势,专家们的预测也很不一致。有的人断言,由于看到教育对经济发展的重大促进作用,很多国家中央一级的教育机构的规模与职能都在明显扩大,教育的权力正日趋集中。② 也有的人认为,改革的趋势是中央给地方愈来愈多的教育决策权和自主权。还有的人分析说,改革正朝着均权化的方向发展,两种体制在日趋靠拢。由于都

---

① 联合国教科文组织:《教育展望》中文版第29期,1997年11月,第93页。
② 参见[瑞典]胡森等主编,中央教育科学研究所比较教育研究室编译:《简明国际教育百科全书·教育管理卷》,教育科学出版社1992年版,第195页。

可以找到相应的例子，因此这些推断并不能说明多少问题，更谈不上去发现体制改革的一些内在规律。

倒是有些研究人员注意到，在很多着手进行教育体制改革的国家中，改革往往沿着一种轨迹，即集权与分权的交替变革在进行。也就是说，在一段时期的集中管理教育后，受种种因素的干预和影响，必然紧跟着另一段时期的分权式的管理，反之亦然。例如日本在第二次世界大战前是一个以敕令主义为基础的教育上高度集权的国家，战后开始实施教育民主化计划，文部省的权力被大大削弱，分权管理模式开始建立。然而到了20世纪50年代后期，单纯效仿美国的做法受到社会广泛的批评，于是上命下从的教育行政体制重新得到确定，集权化倾向明显增强。[①] 在一些南美洲国家，如哥伦比亚、委内瑞拉、阿根廷、智利等，也可以找到类似教育上从集中到分散再到集中或者相反的过程。甚至在美国这样有着长期分权管理传统的国家，州与地方学区之间的集权与分权的交替变革也从未停止过。这一切表明，教育行政体制的变革是周期性的、周而复始的，尽管每次变革的内容可能有所不同。伴随着这种周期性的变革，自然就出现了关于集权与分权的争论，在集中管理时代被当成是可取的东西，如集中管理能克服地区差异，到了分权变革的时代就会被说成是其弊端所在，如集中管理无视地区间的差异。反之，分权时代的精华到了集权时代也会变成糟粕。这种理论上难以自圆其说的现象，常常令教育改革家们感到困惑和泄气。[②]

[①] 参见［日］大田尧著，王智新译：《战后日本教育史》，教育科学出版社1993年版，第3章。

[②] J. Hannaway & M. Carnoy, *Decentralization and School Improvement*, Jossey-Bass Publishers, 1993, Chap. 1.

第二节　我国教育行政体制及其改革

一、我国现行教育行政体制的性质

我国的教育行政体制，从总体上看倾向于中央集权制，这一点已为国内一些学者所肯定。① 不过，我国的教育行政体制，又与世界上一些高度集权的国家（如法国）有所不同。在那些国家中，教育事权完全集中于中央机构，地方只有执行权。而我国的教育行政，在强调统一的教育方针、政策的同时，也重视地方对教育尤其是基础教育的领导和管理责任。正如国外有的研究者评论的那样："中华人民共和国已建立了一套教育制度，尽管总的是中央集中管理，但是有多层责任制。在国家掌管下，着重强调地方的参与。"② 国外一些专门研究中国教育问题的专家也承认，中国的地方和学校，自 20 世纪 80 年代中期起有了更多的教育自主权和决策权。③

我国目前的这种教育体制，的确是从 20 世纪 80 年代中期逐步建立起来的。1985 年，《中共中央关于教育体制改革的决定》明确提出"简政放权"，并作出基础教育管理权属于地方，中央只负责大政方针和宏观规划的决定。一年后，《中华人民共和国义务教育法》以法律形式确定，我国基础教育实行"地方负责、分级管理"的制度。进入 90 年代，中共中央、国务院颁发的《中国教育改革

---

① 参见吴文侃、杨汉清主编：《比较教育学》，人民教育出版社 1989 年版，第 656 页。

② ［瑞典］胡森等主编，中央教育科学研究所比较教育研究室编译：《简明国际教育百科全书·教育管理卷》，教育科学出版社 1992 年版，第 208 页。

③ Ruth Hayhoe, *China's Universities and Open Door*, M. E. Sharpe Inc., 1989, pp. 39-41; Brain Delany & Lynn W. Paine, Shifting Patterns of Authority in Chinese School, *Comparative Education Review*. Vol. 35, No. 1, 1991, pp. 23-43.

和发展纲要》再次明确重申，基础教育以地方办学为主，高等教育以中央和省、自治区、直辖市两级政府办学为主。1995年颁布的《中华人民共和国教育法》则又一次为上述教育管理制度提供了法律的保障。可以说，20世纪80年代以来的这两个中央的政策性文件和两部教育法律，为我国现行的教育行政体制奠定了理论的和法律的基础。

经过三十多年的改革，我国的教育管理格局发生了巨大的变化，这些变化至少可以从以下五个方面得到印证：

第一，权力下放。对于过去高度集中管理的教育事项，如学校建设、课程设置、教学计划和大纲的审定、教育资源的开发利用等，现在地方政府和地方教育行政部门已有较大的决策权和自主权。

第二，办学多元化。政府包揽办学的格局已被打破，大批民办学校纷纷问世，一个以政府办学为主、社会各界参与教育的局面正在形成。

第三，治学自主权。学校尤其是高等学校现在在专业设置、招生和毕业生分配、职称评定、国际交流等领域正享有比以往任何时期都大得多的活动空间。

第四，校长负责制。校长成为法人代表，并扮演着学校管理者、教学组织者、经费筹措者、关系协调者等多重角色。

第五，教育投入多样化。地方在教育总投入中所占的比例日益扩大，这在经济上为教育权力下放运动提供了保障。

当前，虽然我国新的教育行政管理体制已初步形成，但行政管理体制的改革还远未结束。随着社会主义市场经济体制的确立并日趋完善，可以预料，教育行政体制的改革也将进一步深入下去。

二、改革的必要性

我国现行的强调分级管理、分工负责的教育行政管理体制，是多年的改革带来的成果。那么这场改革是否有必要，新的管理模式是否合理，这是我们需要认识的问题之一。

谁也不否认，多年来的教育体制改革是以简政放权为核心的。长期以来，我国的教育行政管理过于集中统一，其结果造成地方政府的教育参与意识不强，不愿为教育多投入，学校日常教育教学工作也过于僵硬划一，缺少活力。另外，中央包揽教育上的一切，也常常感到力不从心。从这一角度说，为了增强教育的活力，提高地方政府的办学积极性，以简政放权、理顺关系为主要内容的改革毫无疑问是完全必要的。

目前我们并不是光强调权力下放，而是在权力下放的同时，也提倡重视中央在教育上的宏观调控作用，强调教育上的大政方针要由中央来定，所以我们实际上实行的是一种统一的教育大政方针和分散、分权管理相结合的制度。考虑到我国的国情，这样一种制度是合情合理的。从国体形式来看，我国是一个单一政体的国家，不是联邦政体的国家，教育上完全实行地方自主、各自为政的政策肯定行不通，这就有必要坚持统一的教育方针、政策；但另一方面，我国又是发展中国家，国土辽阔，地区间经济文化条件极不相同，加上教育人口众多，教育经费有限，在这样一种情况下，单纯推行大一统的管理也会带来很多弊病。特别是在大力推行社会主义市场经济体制改革的今天，如果教育仍死抱过去的统一、集中的管理模式，肯定适应不了社会的变化，并会严重阻碍教育的发展。正因为这样，在统一大政方针的前提之下，逐步推行地方负责、分散和分权管理的新模式，这既是新形势下的需要，也是今后发展教育的唯一行之有效的途径和方法。我们今天充满活力和生气的教育局面,不正是多年教育改革成果的最有力证明吗?

三、中央与地方教育事权的认定

在肯定成绩的同时,我们也不得不指出,教育上既强调统一的大政方针,又要实施地方负责,这不是一件容易的事,因为这涉及中央和地方的关系问题。如同在政治、经济、文化等其他领域一样,在教育领域,中央和地方的利益有时并非完全一致,两者的关系既有依赖、协调的一面,又有矛盾、冲突的一面。如何在两者之间加强协调,减少冲突,这是教育行政研究中一个迫切需要解决的课题。

为了减少摩擦,加强协调,很重要的一点是要明确中央与地方在教育上的各自权限范围,即中央管哪些事情,地方管哪些事情。分工明确,摩擦就会大大减少。根据国际惯例,在认定中央与地方的权力范围时,有"列举主义"和"概括主义"之分。如果把中央的教育行政权限以法律形式列举并确定下来,凡未列举者都归地方所有,即成为中央取"列举主义",地方取"概括主义";反之,如果把地方的教育行政权限列举出来,凡法律未列举的权限归于中央,则成为地方取"列举主义",中央取"概括主义"。美国的情况是联邦采取"列举主义",州和地方采取"概括主义";英国则相反,中央采取"概括主义",地方采取"列举主义"。① 联系到我国的情况,虽然目前大政方针由中央决定,但究竟什么事项属大政方针,尚无细致规定。这样就造成中央可借行政裁量权对"大政方针"作弹性解释而任意扩大其权力,也可以把一些本属中央行

---

① 参见瞿立鹤著:《教育行政》,茂昌图书有限公司1992年版,第73页。

为的事情摒除在"大政方针"之外，而由地方处理。当出现前一种情况时，很容易回到过去高度集中管理的老路；而当出现后一种情况时，则又可能导致地方教育的失控或不堪重负。为了避免过去长期难以解决的"一抓就死，一放就乱"的现象重演，有必要把教育上的"大政方针"适当列举出来，而凡未被列举者，权限皆归地方所有。我们相信，这样来明确教育上的权限范围，将会大大有利于中央和地方关系的处理，促进教育行政体制的进一步完善。

四、条条领导为主还是块块领导为主

从我国过去的情况看，处理中央与地方的关系是与处理"条条领导"与"块块领导"的关系密切联系在一起的。所谓条条领导，是指各级教育机构主要接受上一级教育部门的指挥，形成一种垂直型的教育行政领导关系；所谓块块领导，是指各级教育机构主要接受当地政府的领导和管辖，形成一种横向领导关系。在日常工作中，是坚持条条领导为主还是坚持块块领导为主，这实际上涉及我国的教育是采取高度集中管理的方式还是采取分级和分散管理的方式的问题。以基础教育为例，新中国成立以来，我国的教育管理体制大致上经历了六个阶段：（1）1949—1958年，强调基础教育由各级教育行政部门统一领导，形成条条领导的局面；（2）1958—1963年，强调权力下放，强调地方对基础教育的领导作用，变条条领导为块块领导；（3）1963—1966年，又强调统一领导，条条为主；（4）1966—1976年，"文革"非正常时期，体制不一，但总的倾向是地方自主，块块领导；（5）1976—1985年，拨乱反正，仍重申以往统一领导，统一规划，集中管理；（6）1985年至今，改革教育体制,简政放权,强调地方负责,分级管理。① 从历史的这些反反复复的演变可以看出,之所以有条块之争,根子在于我国的各级教育部门要同时受到上级教育部门和同级地方政府的双重制约。显然,如果这种双重制约的局面不改变,条块之争今后还会存在下去。

根据《中共中央关于教育体制改革的决定》和《中国教育改革和发展纲要》的精神,我们要毫不犹豫地坚持"块块为主"的管理模式,把教育上的具体事项交给地方政府负责,突出地方在教育事业发展过程中的主导地位,真正做到"除大政方针和宏观规划由中央决定外,具体政策、制度、计划的制定和实施,以及对学校的领导、管理和检查,责任和权力都交给地方"②。"在中央大政方针和宏观规划指导下,对地方举办的高等教育的领导和管理,责任和权力都交给省(自治区、直辖市)。"③

五、教育行政管理体制改革与教育财政

教育行政管理体制改革总是与教育财政制度的变化有着密切的联系。集中管理或分级管理的背后,蕴含着一个教育财政的问题,即谁来承担教育经费。在一个高度集中管理的国家,中央政府负责筹措所有的教育经费,并承担所有的教育开支。而在分权制国家中,教育经费主要由地方承担。当中央政府由于种种原因,如学生

---

① 有关教育管理体制演变的分期问题,可参考游忠永编著:《教育行政学》,成都电讯工程学院出版社 1988 年版,第 43—45 页;李进才主编:《中国当代教育行政管理》,湖北教育出版社 1992 年版,第 58—60 页。
② 《教育改革重要文献选编》,人民教育出版社 1986 年版,第 20 页。
③ 国家教委办公厅编:《中国教育改革和发展文献选编》,人民教育出版社 1993 年版,第 14 页。

人数增多，国家经济发展的需要，国家财力的不足等，感到财政压力太大的时候，便会倡导一种从集中管理走向分权、分级管理的变革，与之相伴随的便是教育财力的筹措和使用权力的下放。在一些发展中国家，这就可能意味着教育财政负担的下移，加重了地方的负担。当然，地方在教育上有了更多的投入，教育的自治权自然就会增加，所以即便在教育领域，也在一定程度上体现了"谁出钱谁拥有决策权"的原则。①

我国近年来的教育体制改革，无疑是同教育财政问题紧密联系在一起的。教育上的权力下放，在我国经济较发达的地区受到普遍的欢迎，而在一些经济较为落后的地区，落实起来困难重重，究其原因，主要也是财政的问题。联合国教科文组织20世纪90年代的有关资料表明，许多发展中国家在教育权力下放的过程中遇到的主要障碍，就是缺少财政基础，没有自身的税务收入。② 从这个意义上说，权力下放的实质，是资源（包括人力、物力）分配上的权力，如果在这方面没有保证，地方负责、分级管理的体制就难以真正建立起来。所以归根结底，新体制的建立有赖于地方经济的发展。如果说改革的最初几年这一问题暴露得还不够明显的话，那么近些年的发展再明确不过地显示了地方经济对于新体制举足轻重的作用。这也从一个侧面证明，教育体制上的集权与分权的变革，不是单纯的领导技术问题，而是与更大背景中的经济问题相连的。没有经济作为后盾，新体制难以奏效，即使勉强建立起来，也会很快回到集中管理的老路上去，或是勉强支撑直至日渐衰败。

---

① Michael W. Kirst, *Who Controls Our School: American Values in Conflict*, W. H. Freeman and Company, 1984, Chap. 6; Brain Delany & Lynn W. Paine, Shifting Patterns of Authority in Chinese School, *Comparative Education Review*, Vol. 35, No. 1, 1991.

② 参见联合国教科文组织：《教育展望》中文版第29期，1997年11月。

六、变革并不能解决所有教育问题

尽管对行政管理体制的改革人们普遍持一种乐观的态度，深信这种改革会极大促进教育的发展，但我们不得不指出，体制的改革虽然给教育的很多领域带来了生气，但幻想它能解决教育上的一切问题是不切实际的。譬如说，这种改革对于课堂教学的影响就是有限的。国外一些研究者认为，由于体制的改革通常是由教育以外的因素（如政治、经济因素）引发的，改革的焦点是解决"由谁来接近和影响教育决策"的问题，因此对"教什么""怎样教"不会产生实质性的影响。[1] 事实上，不管是集中管理也好，或是分权管理也好，课堂门一关，绝大部分的教师总是按自己的习惯和愿望进行教学。美国各地教育管理模式极不统一，集权与分权的改革也一直在交替进行，按理应带来丰富多彩的教学形式，但实际上，美国各地学校的课程和教学方式十分相似。这就足以证明，集权与分权的改革与教学过程之间并无必然的联系。正如一位研究人员指出的那样，当人们对学校表示不满的时候，他们往往指责学校的管理方式不当。他们总以为，只要找到一种适当的学校管理模式，教育就会繁荣兴旺。然而，事实上他们很少去问一问，不同的管理方式到底会对教育的核心——课堂教学产生什么影响。我们的回答是："没有什么影响。"不管学校如何管理，教学的基本方式长期以来几乎没有什么变化。[2] 由此可见，教育行政体制的改革固然能带来很多

---

[1] J. Hannaway & M. Carnoy, *Decentralization and School Improvement*, Jossey-Bass Publishers, 1993, Preface xiii & Chap. 1.

[2] D. K. Cohen, Governance and Instruction: The Promise of Decentralization and Choice, in W. H. Clune & J. F. Witte (eds.), *Choice and Control in American Education*, Falmer Press, 1990.

好处，如提高了教育管理效率，增加了地方参与和责任心等，但并不能解决教育上的所有问题，尤其是教学问题。"改进学校教学的关键应从课堂入手，注重一贯工作的教师。只有通过由内到外而不是从上到下的变革，我们才能真正体会到如何来改进教学。"[①]

第三节　教育行政机构的设置

教育行政是国家行政的一部分，设置教育行政机构，是国家和政府领导、控制教育，推动教育事业发展的愿望的体现。当今世界上绝大多数国家都设有中央和地方两大教育行政系统。探讨这些系统的性质、任务、职能分工以及人员构成，对理解今天的教育行政活动会有所帮助。

一、中央教育部

在任何社会中，领导、控制教育历来被视为政府的一种必不可少的职能。为了实现国家的教育理念，推动国家的教育政策和法令的贯彻执行，很多国家都设立了中央一级教育行政机构——教育部，也有少数国家成立了国家教育委员会。

近年来，无论在发达国家还是发展中国家，教育部的地位和作用正日益受到公众的重视。造成这种现象的原因是多方面的，如教

---

① J. Hannaway & M. Carnoy, *Decentralization and School Improvement*, Jossey-Bass Publishers, 1993, Preface xiii & Chap. 1.

育经费在国民收入中所占比重增加，义务教育年限延长，高等教育进一步完善和发展，学前教育和成人教育制度建立，公共教育设施的出现，社会上平等教育机会观念的普及，教育人口增加，教育愈来愈带上政治色彩，等等。

教育部的职能通常包括：提出教育预算，制定教育规划和发展目标，设计学校课程，统一教育标准，分配教育资源，确定教育人员的任职资格和福利待遇，协调中央与地方的关系，等等。不过，虽然教育部承担这些职能，但在具体履行这些职能的过程中，教育部的权力和实际所能发挥的作用，却是依国家和地区的不同而不同的。在高度中央集权制的国家里，教育部享有广泛的权力，可以直接控制下属部门的活动，这样在履行职能的过程中就起到决定性的作用；而在地方分权制的国家，教育部的权力是有限的，可能仅仅起到顾问或协商的作用。在后一种情形下，以省（州）教育厅或教育委员会为代表的地方教育机构就承担起中央教育部的职能。

教育部一般包括三大类部门：第一类部门直接参与教育的行政管理，这类部门往往是按照学校教育的性质和程度组织起来的，如普通教育司、高等教育司、成人教育司等。第二类部门与财务和物资、设备有关，负责学校的后勤设施，如财务司、条件装备司等。第三类部门与人事有关，负责教师的招聘、训练和任用条件，如人事司等。除了这三大部门外，通常还有制订计划的单位、负责国际教育交流的单位和某种督学组织。在某些国家，文化艺术活动也被认为属于教育的范畴而列入教育部的职责范围内，教育部也因此称文化教育部。不过在有些国家，公共教育部门却隶属于其他部门的管辖，如学前教育由卫生部或社会福利部管，职业培训归劳动部或劳工部管，成人教育归社会发展部管，等等。

在大多数国家中，教育部的工作人员都属于国家的公务人员。

教育部的最高级官员通常由政府任命，为政府的内阁成员。一个有趣的现象是，虽然许多国家教育部所任命的地区教育官员来自督学或中小学校，但在教育部本身，有教育专业经历的官员却不多。很多人是偶然被分配到教育部工作的，如英国的中央教育科学部的官员一般来自文职人员。① 此外，在教育部的部门之间，有专业背景的人情况也截然不同。有些部门的人员皆来自有实际经验的基层，另一些部门则更多招聘年轻的大学毕业生。对于这种现象，值得进行研究。实际上它与关于教育部的作用的理解有着密切的关系：如果认为教育部的作用是单纯的行政管理，那么它需要的首先是称职的官员，而不必计较这位官员原先的专业和工作背景；如果教育部的任务被认为是决定国家的教育政策、制定教学大纲和计划、实施课程管理、落实教师的招聘和培训等，那么它就需要有一大批教育专业和有教育实践背景的人，这些人应对教育的目标、教育的重要性以及教育的规律有着深刻的了解。由于人员有着不同的背景，因此教育部的工作常常会遇到行政权限与专业知识相冲突的局面。专门的文职人员会抱怨有教师背景的人目光短浅，过于看重教育系统的特点，认识不到改革的重要性，缺乏处理问题的能力；有教师背景的人则会责怪专职行政人员自以为是，不懂装懂，瞎指挥。为了解决冲突，不少国家采用了一种折中的方法，即在雇用专职文官掌管教育行政事务的同时，还从教育部门招聘人员组成督学团或视察团，通过后者来保证部门的专业素质，协调同教育界的关系。不过，有些研究报告指出，这种两头负责的方式效果并不理想，不理想的原因主要有两个："其一是视察团的仲裁往往是妥协性的，因为它被迫同时执行调查的任务。其二是行政管理和专业顾问职责的分开常常导致价值观和权力间的矛

---

① 参见《教育行政与学校管理》，人民教育出版社 1982 年版，第 30 页。

盾,因为两个集团有不同的方向,在大多数情况下,往往以视察团的失利而告终。"①

教育部的地位、权威性和形象,也容易成为公众议论的焦点。在人们传统的观念中,教育部在政府中的地位并不高,这是因为许多国家的教育资金来源于财政部的预算,因此教育部的官员常常要听命于财政部及其官员的指挥。此外,教育上的事情复杂多变,容易受到政治、经济因素的影响,因此常常出现教育决策失误的情形,引起社会舆论的不满。不过,近年来教育已成为一种规模空前的公共事业,教育对于经济发展的巨大作用也被人们普遍认识,这导致教育部的地位也比过去有所提高。为了避免决策失误,很多国家的教育部都设有专门的研究中心或顾问委员会,同时还强调适当的民主参与和民主管理。情报资料搜集也成为教育部的一项重要工作,许多国家在教育部设有情报信息中心或资料数据统计部门,通过对情报资料的分析和处理,使中央教育部更好地了解教育的实际,针对公众的意见提出改进措施,以提高教育行政管理的效率。

二、地方教育行政机构

地方教育行政机构在不同的国家有着不同的称呼,如称为教育部、教育厅、教育局、文教局等。如果普通教育与高等教育分开管辖,则另有高教厅、高教局等。也有一些国家将地方的教育行政机构设成委员会制,以加强对教育的综合管理。

就地方教育行政机构内部设置来讲,在中央与地方之间具有领

---

① [瑞典]胡森等主编,中央教育科学研究所比较教育研究室编译:《简明国际教育百科全书·教育管理卷》,教育科学出版社1992年版,第198页。

导与被领导关系的垂直型教育行政体制的国家，一般都要求设立与中央对口的部门单位，如中央教育部有基础教育司的话，地方教育行政机构就得有基础教育处，中央教育部有高等教育司，地方就得有高等教育处，等等。但在平行型的教育行政体制的国家，中央与地方之间没有直接的隶属关系，因此地方教育行政机构的内部设置不一定完全参照中央。例如，美国联邦教育部设有专门的司，分别处理初等和中等教育、中学后教育、职业和成人教育、特殊教育、教育研究和改进、非公立教育、双语和少数民族语言教育等事务，而到了州一级教育机构，联邦设的有些部门就没有专门的对口单位，却另设有专门管理教师资格、课程和教学指导、初级学院等的处或室。①

地方教育行政机构的职能通常包括：制定本省、本市或本地区的教育政策，任命地区教育官员，批准并管理地方教育预算，决定地方教育的最低标准和大纲，制订地区教育发展计划，确定本地区教师任职条件、考核及就业待遇，对本地区的教育教学情况作出评估并提出改进意见，向本地区政府部门汇报工作并接受指导等。

地方教育行政机构除设有专门的行政部门外，还可根据需要设立专职委员会。在欧美，很多地方的教育行政部门设有课程评估与指导委员会、学生就业指导委员会、教育技术开发委员会等。我国的地方教育机构一般都设有招生委员会、自学考试指导委员会、成人教育委员会等。这些联席会议性质的组织和机构，对教育的某一方面事务的正常运转起到了不可忽视的作用。

与中央教育部门的人员背景形成对照的是，地方教育行政机构的官员很多来自教育界，有着丰富的教育知识和经验，这可能和地

---

① R. B. Kimbrough et al., *Education Administration*, Macmillan Publishing Co. Inc., 1983, p. 115; R. F. Campbell et al., *The Organization and Control of American Schools*, Charles & Merrill Publishing Co. Inc., 1980, p. 74.

方教育行政机构要直接面对基层，处理更具体的教育问题有关。很多出类拔萃的中小学校长被任命为地区教育行政领导，但由于年龄、学历背景以及其他因素的影响，却不大容易再从地方升迁至中央教育行政部门。目前已有不少材料显示，中央教育行政部门人员的构成和地方教育行政部门人员的构成确实有所不同，但真正在这一领域所作的研究并不很多。

协调问题在地方教育行政机构的日常工作中历来占有重要地位。除了最基层的机构外，大多数的地方教育行政都属于中间层次，因此往往需要处理与上级部门和下级部门两方面的关系。在高度集权的体制下，协调问题较易解决，地方当局只要关心如何同中央的要求保持一致就行了，但在权力分散或权力下放的改革体制下，协调问题就变得稍微复杂起来。一方面，需要考虑与上一级部门的权限划分问题；另一方面，地方在教育筹资和事务管理方面责任更重了，所以不可避免地要把一些新的角色和新的参与者引进教育的决策领域，这当中包括政策首脑、当地社区代表、当地其他部门的人员、一些公司企业的领导等。地方教育机构希望通过他们为教育筹措更多资金，为发展地方的教育事业出谋划策。这时就需要公共关系学的原理，以解决各方协调问题。

围绕地方教育行政机构要讨论的问题还很多，如地方教育资源开发问题，加强地方教育行政机构管理能力问题，地方教育行政部门如何搞好与其他政府部门的关系问题，地方教育部门在指导地区教育教学方面的作用问题，等等。对于这些问题，还有待于进一步探索研究，总结经验。

三、我国的教育行政机构设置

我国中央教育行政机构的存在已有较长历史。早在隋唐时期，隶属于尚书省的六部之一礼部，就已成为国家教育的最高管理机构。礼部通过制定有关法令、贯彻教育政策、颁定教材等途径主管教育。专门的中央教育行政主管机构则为国子监，自隋唐设立具体主管国家教育行政事务的国子监这一机构后，一直到清末，这一体制基本未发生变化。① 清末，受变法维新运动的影响，清政府开始实施"新政"。1898年，光绪帝谕设京师大学堂。根据《京师大学堂章程》，它既是当时新式学堂的最高学府，同时也是所有新式学堂的最高行政管理机构，"各省学堂皆当归大学堂统辖"②。1905年，清政府设立了学部，这使得我国的中央教育行政机构建制朝着现代意义上的教育行政体制又迈出了一步。中华民国成立后，于1912年成立教育部，由此标志我国的教育行政机构开始与国外接轨。这以后，虽然中央教育机构随历史的变迁时有调整，但教育部作为全国教育行政的领导机构的格局基本没有改变。

　　新中国成立后，中央一级的教育行政机构曾有过几次变化，这主要表现在教育部与高教部是单独设立、分开行政，还是两个部门合而为一方面。新中国成立初期，中央设立了教育部。1952年，在教育部之外又设立了高等教育部，负责全国的高等教育工作。到了1958年，为落实权力下放的精神，中央将大部分的中央院校下放到地方，因此又将两部合并为单一的教育部。1964年，正值国民经济调整时期，中央又将两部分开设立，并重新确立统一领导、分级管理的体制。然而两年以后，在"文化大革命"的喧嚣声中，两部又合而为一。70年代前半期，国务院科教组取代教育部成为

---

　　① 参见孙培青主编：《中国教育管理史》，人民教育出版社1996年版，第127页。

　　② 军机大臣、总理衙门：《遵筹开办京师大学堂折（附章程清单）》，载朱有瓛主编：《中国近代学制史料》第一辑下册，华东师范大学出版社1986年版，第654页。

全国的教育领导机构,直到 1975 年才恢复了教育部。"文革"后的拨乱反正时期,教育部对清除"文革"的影响,恢复正常的教育教学工作起到了巨大作用。从 1985 年起,为了进一步加大中央一级的教育统筹能力,教育部建制被国家教育委员会所取代,从此国家教育委员会成为全国教育行政的最高机构,这一格局一直延续到 1998 年。1998 年,出于国家机构改革的整体需要,又重新改名为教育部,其内部设置也较原国家教委大为精简,从此由中央教育部负责统筹和领导全国的各级各类教育工作。

我国地方教育行政机构的存在也已有很长历史。早在宋代,就曾设立提举学事司,专门掌管一方学政。到了元代,伴随着行省的设置,成立了提举司。明代则设有提学司。清初设有提学道,学部成立后,又设立了提学使司。这些都是当时统辖一省学务的机构。辛亥革命后,旧式的机构称呼被取消,各省正式成立教育司,后又改为教育厅。在中华民国时期,除短时间内实行大学区制外,其余时间都由教育厅主管各省教育。新中国成立后,地方教育行政机构的设置基本没有变化,省一级称为教育厅,地区以及县、市称为教育局或文教局。

我国现行的地方教育行政格局是从 1985 年开始形成的。目前,我国地方系统的教育行政大致分成四级层次:(1)省(自治区、直辖市)教育局;(2)市(地、州)教育局;(3)县(市、区)教育局;(4)乡(镇)教育办公室。在这些教育机构中(乡一级除外),一般都设有与上级部门相对应的处、科、股等职能部门,负责本地区某一方面的教育工作。

四、教育行政机构大型化趋势

随着现代社会的迅速发展以及社会对教育需求的不断增加,教育行政机构的发展出现了一种新趋势,即大型化的趋势,这主要反映在以下几个方面。

(一) 横向部门越来越多

今天的学校教育已不像过去那样单一和封闭,教育上面临的问题越来越复杂,这就使得今天的教育行政机构不得不设立多种职能部门,以应付和协调各种各样的任务和关系。以我国中央一级教育机构为例,20世纪50年代初期,当时的教育部下设不过10个单位,如办公厅、计划财务司、高等教育司、师范教育司、普通教育司、民族教育司等。1958年机构改革,教育部下设的单位已扩展到16个。到1982年,教育部下设单位已有21个。① 进入90年代,取代教育部的国家教委已扩大到四十多个单位,其中隶属行政部门二十多个,委属事业单位二十多个。显然,由于工作的需要,许多本属综合性的教育职能部门不得不一一独立出来,从而形成横向部门越来越多的现象。

(二) 委员会、中心、办公室及其他事业单位增多

当一个机构横向部门和纵向层次增多的时候,往往容易造成相互间职责不明、公文旅行的现象。为了弥补这一缺陷,不得不设专门的委员会、中心这类组织。以我国为例,20世纪50年代至70年代,中央教育部几乎很少设立研究中心或专门委员会。从80年代起,由于需要,陆续设立了一些办公室和委员会,如教育规划办公室、高等学校文科教材办公室、高等教育自学考试委员会等。80年代后期成立国家教育委员后,有关的中心设立得更多,如国家教育发展研究中心、留学生服务中心、考试中心、社会科学发展研究中心、外资贷款办公室等等。这些机构的设置,虽进一步扩大了中

---

① 参见《中国教育年鉴(1982—1984)》,湖南教育出版社1986年版,第55—57页。

央教育行政机构的规模，但对协调有关的教育工作十分有利。

（三）智囊机构出现并日益受到重视

像上述很多中心和委员会，其实都是智囊机构，并没有很大的行政权力。另外教育规划部门、督导部门、政策法规部门等也都是这类参谋性质的机构。它们的主要职责是提出意见、建议和报告，供决策部门参考。智囊部门及其专家的作用，现在越来越多地得到各级教育部门的重视。

教育行政机构大型化的趋势，虽有不少有利之处，但从另一侧面来说又给行政工作带来困难和问题。最常见的问题是信息交流受阻，决策过程过于缓慢，会议增多，报批手续复杂，本位主义加重等。① 这些问题的出现，在一定程度上降低了行政工作的效率。因此，既要根据需要适当扩大行政机构规模，又要防止由于机构扩大而带来的效率低下现象，这是教育行政学迫切需要研究的一个问题。

第四节　教育行政机构的改革

教育行政机构是一个按照一定的组织结构、职能要求和行政体制建立起来的复杂的系统。和任何组织一样，它必须随内外因素的变化而不断变革和调整，使之保持应有的活力，满足社会发展的要求。

---

① 参见王健刚著：《行政领导学》，山东人民出版社1985年版，第69页。

一、为什么要进行机构改革

我们常常说要进行机构改革,那么为什么要进行机构改革?简言之,有两个目的:一是要提高行政工作的效率,二是要改善行政管理的效果。今天的教育,可以说比以往任何时候都更多地感受到来自社会的和教育自身的各种因素的冲击和影响。外部的影响,如科技的进步、开放的市场经济、知识爆炸、大众媒体的普及、信息革命、多元文化等;教育自身的,如义务教育的普及、多元化的办学模式、校园经济的出现、教师职务聘任制、开放的教育观念等。所有这一切,都从四面八方震撼着今天的学校教育,促使教育在新形势面前不断寻找自己的生长点,也催促教育行政机构及时作出调整和改革,以提高自身的效率和工作效果,适应形势的变化。

应该指出,"行政效率"和"行政效果"是两个既有联系又有区别的概念,它们都是行政改革的出发点,也是判断改革是否成功的重要标志,但在具体界定上,两者又各有其内涵。"效率"是功效、效能的意思,通常指日常工作中所消耗的劳动量与所获得的劳动效果的比率,如付出的成本与得到的收入的比率,我们称为经济效率。行政耗费(包括人力、物力、财力等)与社会效益的比率,我们称为管理效率。显然,效率可以用量化手段来衡量其是"高"或是"低"。"效果"虽然也有效力、功效的意思,但在使用时,它更多地指实现预定目标所产生的结果、成果、社会影响等。很明显,效果的评价不能完全用量化手段来衡量,因为它含有伦理的价值判断因素,一般只能根据它所达到的社会结果和影响作出判断。

毫无疑问,教育行政机构改革的目的之一是要提高效率,不能提高效率,改革也就失去了意义,但这仅仅是问题的一个方面,另一方面即效果的问题我们也必须充分注意。对教育行政机构来说,在很多情况下,确认其所要做的事情或所要实现的目标(这些已隐含了效果的考虑),比起提高效率或许更为重要。有的时候,解决了行政效率问题,但并不一定等于解决了行政效果问题。如果某一级教育行政机构管了不该管的事情,效率越高,效果越差。反之也一样。不从经济效益方面重视效率问题,即使做了该做的事,也不会得到很好的评价。可见行政效率和行政效果两者对于教育机构来说都不可偏废。正是在这一意义上,美国行政学家威尔逊说:"行政学研究的目标在于了解:首先,政府能够适当地和成功地进行什么工作;其次,政府怎样才能以尽可能高的效率及在费用或能源方面用尽可能少的成本完成这些适当的工作。"① 威尔逊所说的第一个目标,无疑与行政效果有关,而第二个目标则与行政效率有关。所以,教育行政机构的改革,在改革开始之前和改革过程中,首先应该确定其职能范围,明确应该管什么,不该管什么,不能该管的不管,不该管的管得不亦乐乎。然后,在具体实施过程中,则要考虑在投入一定的人力、物力、财力后,如何取得最大的教育成果或教育与社会效益。

二、什么时候进行改革

教育行政机构并不是任何时候都需要改革。什么时候需要改革?我们可以假设一些情形,当出现下列情形之一时,可以断定,机构必须进行改革了。

(一)决策过程过于缓慢,以致错失良机或造成错误

这种情形,表明机构内部的情报信息系统不畅,或是官僚主义

---

① 转引自彭和平著:《公共行政管理》,中国人民大学出版社1995年版,第351页。

作风严重。

(二) 沟通渠道不畅

上下级之间往往因沟通障碍而造成许多严重后果,诸如协调不良、人事纠纷等。

(三) 机构不能发挥效率

例如,不能按计划完成教育行政任务,教育财政严重不足,机关人员素质难以胜任工作,部门之间以及部门与学校之间难以协调,等等。

(四) 机构缺乏创新精神,习惯于按传统办事,没有生气

机关内部人员普遍感到士气低落,气氛沉闷,没有人愿意提出新思想、新方针、新建议,大家都抱多一事不如少一事、得过且过的态度对待工作。

凡遇到上述情况,通常可视为变革的征兆。它们提醒决策者,到了对行政机构适当进行改革的时候了,如再不改革,将会对机构的工作带来巨大损害。

三、改革的主要内容

教育行政机构改革的内容很多,如机构层次方面的改革、部门划分方面的改革、权责关系方面的改革、人事方面的改革等等。具体来说,改革可以从以下一些方面入手。

(一) 合理调整管理层次和控制幅度

任何一个行政机构,出于工作效率的需要,必然要在其内部进行垂直分工和水平分工。前者涉及管理层次,决定组织的纵向结构,后者涉及控制幅度,决定组织的横向结构,两者皆为行政机构改革的最基本方面。管理层次指机构内部从最高层到最低层分成多少等级。从有效和节约的角度来看,层次太少或太多都不合适。层

次太少,使横向的管理人员增加,影响到控制的效果;层次太多,也会引发种种问题,如花费多、信息沟通复杂、协调困难、扯皮事增多等。因此,通常认为机构内分成决策、管理、操作三个层次较为合适。一旦层次确定,每一下级层次就可向上级层次直接负责,职、权、责关系也由此确定。控制幅度是指有多少人共同向同一上司报告,即一名领导者直接领导下级人员的数目。有的学者经过仔细研究,认为控制幅度窄,能更有效地控制部属,但如此需要雇用较多管理人员,花费较高;控制幅度宽,可为机构省下一笔人事费用,却要承担较大风险,因为多数员工的工作并未受到充分监督。适当的控制幅度应在七人较合适,这是一个上司能保持彼此间有效沟通的最大数目。[1] 在机构规模大致确定的情况下,管理层次和控制幅度之间有着密切的联系:管理层次少了,控制幅度必然会加宽;控制幅度加宽了,则管理层次必然会减少。行政机构的改革,就是要找到两者之间的最佳结合点,从而在机构内部形成合理而完整的领导系统。

(二)适当确定部门划分

部门是一个主管人员有权指挥既定活动的特定领域、分公司或分支机构。[2] 将有关的业务工作和人员按部门归类,可以使机构规模扩大,反之则机构的规模受到限制。部门划分有多种方法,如可以像军事组织那样,单纯按数量划分;也可以按时间划分,如工厂企业中的轮班制。教育行政机构同其他行政机构一样,一般都按职能划分部门,如教育局下设普教处、人事处、财务处等。这种划分方法之所以被广泛采纳,是因为它合乎逻辑,符合古老的管理原则

---

[1] L. F. Urwick, The Manager's Span of Control, *Harvard Business Review*, May-June, 1956, pp. 39-47.

[2] 参见[美]哈罗德·孔茨等著,黄砥石等译:《管理学》,中国社会科学出版社1987年版,第380页。

即分工原则，适应行政机构的特点，并且能为上级提供有效的管理手段。在教育机构的改革中，要考虑现有的部门划分是否合理，不合理的要作适当调整。此外，在另一方面也要注意克服只注重本部门业务，忽视机构整体利益的狭隘观念。当前，由于中央一级教育行政机构在职能上趋于宏观管理，因此在确定部门时更要注重精简和合并，部门不宜分得过细，综合性机构的设置则要加强。

（三）妥善处理直线型部门和参谋型部门的关系

所谓直线型部门，是指直接行使某种管理职能的部门，而参谋型部门是指提供意见、建议、计划、服务、咨询等的部门。现代教育由于其功能不断扩大，管理日趋复杂，职能分工也日益专业化。因此几乎在任何一级教育行政机构内，都在设立一般职能部门的同时还设立了不少参谋部门，如政策研究部门、计划部门、督导部门、情报信息部门等。这些部门虽然行政权力有限，但专家众多，常常能为直线部门人员提供极有价值的咨询和建议。在教育行政机构改革过程中，要注意妥善协调这两类部门之间的关系，特别是发挥后一类部门的作用，从而使教育行政组织的运作更为流畅和顺利。

（四）注重事权对应的原则

事权对应是机构设置的基本原则之一，也是机构改革所要考虑的一个重要方面。古典管理学派的代表人物之一法约尔曾说过这样的话："责任是权力的孪生物，是权力的自然结果和必要补充，凡是行使权力的地方就要履行责任。"[1] 法约尔所说的责任和权力一致，就是我们这里所讲的事权对应。为使事权对应，在改革过程中首先要看原来的机构设置是否恰当，工作范围和职能是否明确，同

---

[1] D. S. Pugh（ed.），*Organization Theory Selected Readings*，Penguin Books，1987，p. 137.

一性质的工作是否由一个部门承担,是否出现互相推诿的现象等。一旦这些问题解决了,就要赋予相应的行政权力,做到职权相称。不然的话,有职无权者,无法尽其职,别人也难以追究其责任;有权不承担责任者,则会滥用权力,以权谋私,在其位不谋其政。

(五)有效安排权力结构

在行政机构改革中有效安排权力结构包括两个方面的内容:一是在中央和地方的关系问题上,正确处理好集权与分权的关系;二是在机构内部处理好有关"授权"的问题。前一内容已作过论述,这里着重谈授权问题。在教育行政机关,常常出现这样的情形:当行政主管过于繁忙时,总是要找人协助,并赋予一定的职权,于是就产生了"授权"现象。实际上,教育行政机构就是一个逐级依法授权的系统。而在授权过程中,最容易产生的一个毛病就是授权不明确,即忙碌的上司没有时间向下属说明具体的工作要求,而缺乏经验或性格内向的下属又不主动去寻问上司自己的权力范围,双方之间由此产生误解。为做到授权明确,主管人员授权时须告诉授权对象授权的程度和希望从事的工作。这里假定一个地区的教育行政主管将某项任务委托给属下或某位校长,那么以下关于不同程度的授权情形可供参考:

1. 去了解这个问题,把事实告诉我,由我来决定做什么;
2. 提出所有解决问题的可能方案,由我来决定选择何者;
3. 提出一套完整的行动计划,送给我审批;
4. 让我知道你打算做什么,待我同意后才开始行动;
5. 让我知道你打算做什么,如果我不反对,你便可放手去做;
6. 采取行动,让我知道你在做什么,同时也让我知道事情的结果;
7. 采取行动,如果行动不成功时,请和我联系;

8. 采取行动，没有必要和我作进一步的联系。①

显然，上述每后一种情形都要比前一种情形授权更为彻底。对于授权者和被授权者双方来说，都应当明确授权行为属于上述哪一种形式，从一开始便确定二者的关系，这样可节省双方的时间，避免尴尬局面的产生。国外有关研究表明，在实际工作中，误解授权行为的大有人在，第一线主管和他们的上司中约有50％的人不真正知道他们的正式职权，他们有时过高地估计了部下的职权，有时却低估了，同时部下也很少要求澄清。②

（六）努力提高人员素质

行政机构的改革，必然要涉及人员的问题。改革的目的之一就是要提高机关队伍的素质。通常在改革中可以通过种种人事制度，如岗位责任制度、招聘制度、评聘制度、考核制度、晋升制度、工资制度、公务员制度等，来达到提高人员素质的目的。有关这方面的内容，将在第九章中详细论述。

四、改革的理论模式和策略

教育行政机构的改革实际上也是组织变革的过程，因此，了解有关组织变革的理论模式和策略，对认识教育行政机构改革的途径及方法会有很大的帮助。

关于如何去实施变革，管理学家提出了种种模式，其中较为流行的有莱维特（H. J. Leavitt）的系统变革模式、卢因的变革三阶段模式、罗宾斯特-克茨（Robinstuart-Kotze）的情景变革模式。此外

---

① [美] 罗斯·韦伯著，吴思华等译：《组织理论与管理》，长桥出版社1979年版，第399页。

② B. B. Boyd & J. M. Jensen, Perceptions of the First Line Supervisor's Authority, *Academy of Management Journal*, Vol. 15, No. 3, 1972, pp. 331-342.

还有阿吉里斯（C. Argyris）的干预理论、格雷纳（L. E. Greiner）的按权力分配关系组织变革的理论、弗罗曼（M. Frohman）等人的行动研究理论等。这里择要介绍其中的几种理论模式。

(一) 系统变革模式

莱维特是斯坦福大学的教授，他认为一个组织机构系统包括四个方面的变量，即任务、结构、人员和技术，这四个变量相互依存、相互联系（图3-1）。当它们的关系较为稳定时，意味着组织系统处于相对平稳的状态；当它们出现变动时，任何一个变量的改变均会引起其他一个或更多的变量的改变。① 如改变组织结构，会影响到组织内部的人际关系，也会影响到实现目标的技术系统；改变技术因素，同样也会对结构、人员发生影响。正因为如此，应当把组织变革作为一个完整的系统来看待，通过有计划地改变某一个或某几个变量的方式，实现变革的目的。

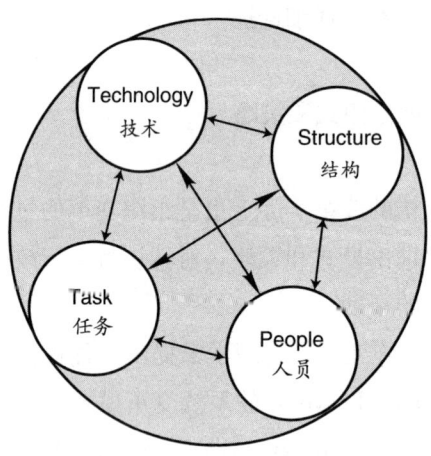

图 3-1 系统变革模式

---

① R. G. Owens, *Organizational Behavior in Education*, New Jersey: Prentice Hall, 1991, p. 76.

（二）变革三阶段模式

美国心理学家卢因认为，组织变革的过程包括三个阶段，即解冻（unfreezing）、改变（changing）和再冻结（refreezing）。在第一阶段，变革实施者要争取把员工的旧观念、旧思想、旧习惯彻底打破，好比把一块带有浓厚的传统保守色彩的"冰"融化一样，使人们感受到变革的必要性，同时消除阻碍变革的心理障碍，树立起改革成功的信心。在第二阶段，就要促使人们形成新的观念、态度和行为模式。到了第三阶段，则要强化人们已经习得的新观念、新态度，使之固定化、稳定化，成为一种动力定型。卢因的这一理论，20 世纪 50 年代又被李皮特（R. Lippitt）等人发展成"有计划的变革模式"。所谓有计划的变革模式，就是把变革过程分成七个阶段，即变革需要的产生、关系的确立、问题的诊断、目标和计划的建立、行动、变革的普及和稳定、终结关系。实际上，李皮特等人的有计划变革模式与卢因的三阶段模式是一致的，它们之间的关系可以用下图（图 3-2）来表示。

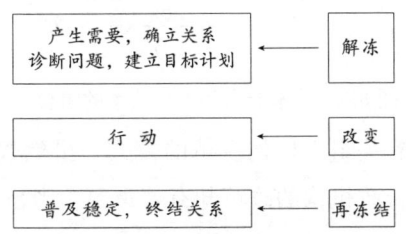

图 3-2　卢因变革模式与李皮特等人变革模式的关系①

（三）情景变革模式

罗宾斯特和克茨在 20 世纪 70 年代提出了组织变革的情景模式。他们分析了组织机构中技术能力和人际关系之间的联系，认为两者可以形成四种组合（图 3-3）。根据不同组合，相应可采取四

---

① 徐联仓等主编：《组织管理心理学》，科学出版社 1988 年版，第 419 页。

种不同的变革类型：第一，自然性变革。当组织成员是低技术能力和低人际关系的组合时，采用自然性变革方式最有成效。第二，指导性变革。当组织成员是高技术能力和低人际关系的组合时，采用指导性变革方式最有成效。其他方式的变革，不是要花费太多的时间，就是管理者要具备多方面的技术，因此不太有效。第三，合作性变革。当组织成员是高人际关系和低技术能力组合时，采用合作性变革最有成效。第四，计划性变革。当组织成员是高技术能力和高人际关系组合时，采用计划性变革最有成效。

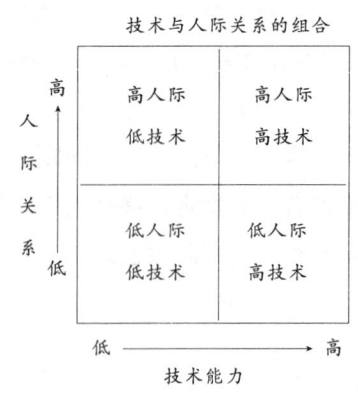

图 3-3　技术能力和人际关系的组合①

以上所述的有关组织机构变革的模式，虽然仅仅是一些假设，但对于指导教育行政机构的改革却有着重要参考价值。例如，依照系统变革模式，那么就应该把教育机构的改革看作是一个完整系统，无论从哪一种变量着手，都要考虑它对其他因素可能产生的影响，以免改革顾此失彼；依照变革阶段模式，就要充分考虑改革过程中人员的心理状态，尽可能地克服机构成员对改革的心理阻力；依照情景变革模式，就要在改革中认真分析本机构的实际状况，尤

---

① 徐联仓等主编：《组织管理心理学》，科学出版社1988年版，第422页。

其是技术方面和人际关系方面的状况，并根据对实际状况的分析决定改革的策略。总之，理论指导下的改革，才有可能成为高质量和有成效的改革。

另一方面，虽然管理学家们提出了种种有关组织机构改革的理论，但如果将这些理论作横向比较就会发现，实际上，各种各样的机构改革主张无非遵循着两种策略：一种是强调以人员为中心进行变革，另一种是强调以组织为中心进行变革。举一个例子，某教育行政机构为节约用电，可采取两种方法：一种是在机构中到处张贴写有"用毕请关掉电源"的小卡片，另一种是让管理人员拿掉所有办公室内的半数灯泡。显然这是两种不同的行动策略，前者希望通过改变组织中人的行为来达到节约用电的目的，后者则希望通过改变组织中人以外的其他因素（结构、政策、制度、技术程序等）来达到节约用电的目的。两种策略可以用图3-4来表示。

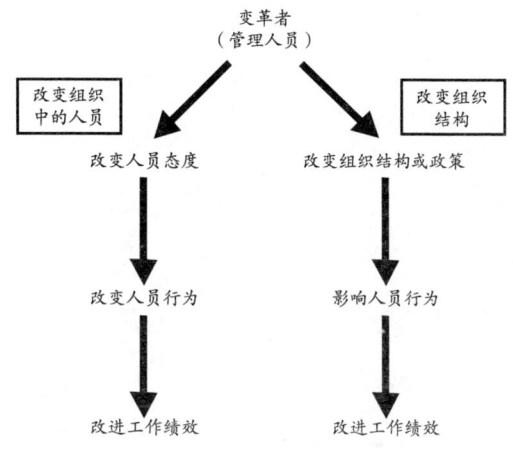

图 3-4　组织变革的两种策略①

---

① [美] 罗斯·韦伯著，吴思华等译：《组织理论与管理》，长桥出版社1979年版，第675页。

两种策略中，以人员为中心的策略假定，人是可以通过教育而改变习性的，人的因素决定着组织的成败，因此改革要把重点放在改变人的行为、态度、知识技能、人际关系等方面；而以组织为中心的策略假定，人们一经习惯后要改变是很难的，所以只有改变组织的结构、环境、技术手段、部门形式、规章制度等，才能达到改革的成功。作为教育行政机构来说，究竟是采取哪一种策略实施变革，要依具体情况而定。应该说两种策略各有利弊，而且它们时常是同时并存的。当然，不管采取哪一种策略，最终的目标是一致的，即提高教育行政机构的效率，改善教育行政管理的效果。

总之，教育行政机构的改革是一件十分复杂的事，它既要考虑改革的目的、时机、主要内容，又要寻找适当的理论指导，同时也要分析机构所处的各种内外环境因素，通过如此缜密而全面的设计，改革才有可能走向辉煌的成功。

第四章
教育组织及其管理过程和原则

研究教育行政，不研究教育组织及其管理是不可想象的。而在各种教育组织中，毫无疑问，学校组织是其中最基本、最重要的。一切教育行政职能归根结底要通过学校才能实现，而且也只有在学校这个特定环境中才能得到检验和论证。离开了学校，教育行政便失去了其领导和服务的对象，自然也就失去了其存在的必要。正因为如此，本章将着重探讨学校组织的性质，并对学校组织的管理过程、原则等问题进行一些分析，目的是提高对学校组织及其活动特点的认识。

第一节　组织和学校组织

一、关于组织的认识

对"组织"一词，我们可以从不同角度作出解释。这些解释说明，随着组织的发展，人们对组织的认识在不断加深，关于组织的概念也在不断充实。

从组织形态的角度看待组织，人们习惯于把组织看成是由若干部门按一定结构方式组合而成，并去实现某个特定目标的整体。如高斯（John M. Gaus）对组织下的定义："组织是为便利实现大家同意的目标，经由分配权利和责任对人力所作的安排。"[1] 根据这一理解，人们认为研究组织重点应放在考察组织中的机构设置、职权划分、部门关系以及人员配备等方面。

从组织运转过程的角度看待组织，不少学者把组织看成若干人为完成共同目标而彼此间分工合作、相互影响的活动系统。行为科学的代表人物巴纳德对组织的理解是："组织不是集团，而是相互协作的关系，是人相互作用的系统。""所谓组织，是有意识调整了的两个人或更多人的行为或各种力量的系统。"[2] 从这一角度看组织，自然应该把研究重点放到组织中的人际关系、人的行为以及组织的运转机制上等等。

从组织与外部环境关系的角度分析组织，有的学者又把组织比作一个开放的有机生物体，认为组织无时无刻不在受外部各种因素的影响。组织为了维持自身的存在，就不得不去适应外部环境的变

---

[1] 转引自王健刚著：《行政领导学》，山东人民出版社 1985 年版，第 92 页。
[2] ［日］占部都美著，蒋道鼎译：《现代管理论》，新华出版社 1984 年版，第 147 页。

化，对自身不断加以改造和调整，使之日益完善。这种运用生物学和生态学的理论来对组织进行的研究，关注的是组织与外部环境的关系，组织如何在社会这个大环境中生存、发展等问题。

因为组织主要是由人构成的，所以还可以从人的心态的角度分析组织，把组织看成是具有各种心理状态的个体凝聚而成的人群集合体。这样，组织研究的重点就应放在组织成员的个体或团体意识、情感交流、组织气氛、组织文化等方面。

总之，组织是一种复杂的综合体，只有从多种角度综合起来考察组织问题，我们才能真正理解"组织"这个词所包含的全部意义。

二、组织分类

为进一步了解组织的特性，有必要在理论上对组织做些分类。霍伊和米斯凯尔认为，将组织进行分类，意义在于：（1）便于对组织进行比较研究，如对商业、学校、教会等不同组织进行比较，就能更深刻地了解这些组织的意义和作用；（2）能根据组织的不同特征对各种组织作出描述，而描述是理论研究不可缺少的部分；（3）能发展组织理论。[1] 鉴于组织分类的重要意义，社会学家、管理学家从多种角度开展了对组织类型的比较研究，下面是一些目前较为流行的组织分类理论。

（一）按照社会功能划分组织

现代著名社会学家帕森斯在其代表作《现代社会的结构和过程》一书中，根据组织在社会中所起的作用，对组织予以分类。

---

[1] W. K. Hoy & C. G. Miskel, *Educational Administration: Theory, Research and Practice* (3rd ed.), Random House, 1987, p. 35.

帕森斯认为，一个社会如果要生存下来并得到发展，就必须解决四个基本问题：(1) 适应问题，即要获得足够多的资源，以适应实际环境的变化；(2) 目标问题，即要努力去实现自己的目标；(3) 统一问题，即要维护社会各成员之间的团结和统一；(4) 文化的维持和更新问题，即应该不断去维持和更新社会的文化价值及文化传统。根据社会所要解决的这四种基本问题，帕森斯把形形色色的组织分为以下四大类：

第一类是与生产经营性有关的组织。它的基本任务是解决适应问题，即它要获得必要的资源，以维护社会的繁荣和富有。凡创造财富、生产商品和提供服务的经济组织，都可以划入这一类型。

第二类组织是以解决社会目标为前提的，这主要是指政治团体，例如各种政府机构，能分享各种权力的组织等，它们的基本功能就是要达到这样或那样的社会目标。

第三类组织的基本作用是解决统一问题。法院、政党、监狱等都属于这一类组织，它们都是为了维护社会的团结统一而存在的。

第四类组织的任务是保存和发展社会的文化传统和价值。这一类组织中有学校、教会、博物馆、电影院等，其中学校是这一类组织的典型代表。①

帕森斯的理论在一定程度上揭示了组织的内在结构和运转方式。例如，经济组织的主要任务是解决适应问题，因此必然要在其运转过程中追求用最低的成本去获得最大的利润。而学校组织的基本功能是继承和发展人类的文化财富，不是创造生产价值，因此学校不能像经济组织那样，过于追求短期的直接效用或经济补偿，而必须注重学习的内在价值和长远意义。

---

① T. Parsons, *Structure and Process in Modern Society*, New York, 1960, pp. 16-58.

(二) 按照主要受益对象划分组织

这一理论是由布劳 (P. M. Blau) 和斯科特 (W. R. Scott) 提出的。他们划分组织的标准是看谁是组织的基本受益者。根据这一标准,他们把各种各样的组织分成以下四大类:

第一类,互益组织。这一类组织的主要受益者是组织的成员。谁进入这一组织,谁就能得益。如各种工会、商会、协会、俱乐部等就属于这一类组织。

第二类,企业组织。这类组织的基本受益者是组织的所有者,如各种公司、商店、银行等等。它们的基本目标是获得利润,在市场竞争中得以生存下来。

第三类,公益组织。即公共福利组织,得益者是普通公众。这类组织包括警察、消防部门、军事机构等等。

第四类,服务性组织。得益者是与组织有直接关系的公众,即当事人。这类组织的基本作用是为当事人提供服务。学校、医院、社会福利机构、精神保健机构等都属于这一类组织。这类组织最根本的问题,是要保证使当事人而不是组织的成员成为最基本的受益者。例如在学校,应该使儿童而不是教师或学校行政人员成为最基本的服务对象和得益者。但是,由于与组织有关的当事人缺乏专业知识,不知道什么对自己最有利,他们往往会处于较脆弱、较易受到损害的地位,例如学生和病人就是这样。在这种情形下,特别需要这类组织的成员(例如教师或医生)具有职业道德和工作责任心。[1]

将这一理论运用于学校组织,意味着教师和学校人员必须避免两种错误:第一种是无视学生利益,将自己的利益置于学生利益之上;第二种是让学生自己决定教育的内容,因为学生不是专业人

---

[1] P. M. Blau & W. R. Scott, *Formal Organizations: A Comparative Approach*, San Francisco: Chandler, 1962, pp. 42-58.

员，他们的愿望有时并不一定符合他们自身的利益，所以教育人员应该坚持自己的职业信仰和职业标准，对学生不能放任自流。

（三）按照对组织的顺从程度划分组织

这一理论由埃祖尼（A. Etzioni）提出，他根据组织成员对组织的顺从程度，把组织分成以下三种类型：

第一类，强制权力型组织。这类组织用武力或武力威胁作为基本手段，控制组织内最底层人员的活动，以迫使他们服从组织。由于武力是这一组织的基本控制手段，因此组织内最底层人员对组织的态度是疏远的、冷淡的，有时甚至是敌对的。

第二类，功利型组织。这类组织主要依靠各种报酬、物质奖励等手段来控制组织成员。属于这一类组织的有各种商业组织、劳工组织等。这类组织的成员对组织的态度一般是功利型的，是计算式参与的，报酬愈高，对组织的顺从程度愈大，参与程度也愈深。

第三类，规范型组织。这类组织主要使用规范手段来要求组织成员对组织的顺从。学校、医院、司法部门、教会团体等，都属于这一类组织。[1]

埃祖尼把学校划入规范型组织，说明学校与一般功利型组织有一个根本的不同，即学校主要通过规范要求来教育和管理其成员。例如，教师管理学生，依靠的不是经济手段，而是向学生灌输一定的社会信念、道德习俗和文化传统。所以，实用功利主义态度或计算式参与的做法，是与学校组织的根本性质格格不入的。

三、学校组织的基本性质

社会学家、管理学家关于组织分类的理论，虽说不一定十分科

---

[1] A. Etzioni, *A Comparative Analysis of Complex Organizations*, New York: Free Press, 1961, pp. 23-67.

学，但从一定侧面向我们展示了学校组织的一些基本性质。首先，学校不是生产经营性组织。它的基本作用不是要创造利润，或要追求直接的经济效应，而是要继承和发扬人类的文化遗产，这是人类赋予学校组织的最基本也是最崇高的历史使命。其次，学校从根本上说是一种服务性组织，它的服务对象就是学生，因此学校必须处处重视学生的利益，杜绝一切有损于学生利益的行为。最后，学校的组织和管理，主要通过规范化手段进行，学校将一定社会的规范、信念等灌输给学生，并要求学生遵循和发扬。所以，过于强制性的教育手段，或是用一种功利主义的态度对待学校工作，都是有害于学校组织的。

从根本特性上讲，学校是一种有计划、有组织进行系统教育的机构。然而，学校不可能独立于社会，因此它必然具备人类社会一切组织所共有的特征。例如，它有一个共同的目标；它由一群人所组成，并且这群人是为实现这个目标才走到一起从事相关活动的；它还必须适应周围环境的变化，随社会的发展而发展；为了自己的生存和发展，它还要求组织内的这群人在工作中相互配合，相互支持；它对组织的每个成员的地位和工作性质都作了适当的安排，并赋予他们一定的工作权限；等等。

不过在另一方面，学校除具备一切社会组织所共有的特征外，还有其独特的要素和条件，否则就不成其为学校了。校舍、操场、课堂、实验室、校长、教师、学生等，都是学校组织的最基本要素。瑞典学者胡森（T. Husén）曾提出衡量学校的几条标准，其中包括：学校是一种全日制学习的机构，它对入学和毕业有一定的年龄规定，教学方式采用教师面对学生的讲授式，课程是分年级的，儿童的学习年限在逐渐延长，学校的管理日趋严密，等等。[1]

---

[1] 参见［瑞典］胡森：《教育的目前趋势》，载《世界教育展望》(I)，教育科学出版社1983年版，第182页。

我国 1995 年颁布的《中华人民共和国教育法》中，也对学校的开办提出了四项条件：(1) 有组织机构和章程；(2) 有合格的教师；(3) 有符合规定标准的教学场所及设施、设备等；(4) 有必备的办学资金和稳定的经费来源。由此可见，学校既是一种社会组织，又是一种不同于其他社会组织的特殊机构。把学校组织与其他社会组织区别开来的，正是其有目的、有计划、有组织地进行系统教育这一基本的职能。

四、学校组织的意义

学校组织存在的意义是什么？教育学家曾对这个问题进行过仔细的思考。他们认为，成年人为了有意识地控制未成年人的教育，才设立了学校这一机构，因此，可以说学校是一个特殊的环境，特殊就特殊在它是为追求专门的教育目标和教学效果而设置的。与学校相比，"就教育的影响而言，任何环境，除非它是按照教育的效果审慎地加以控制的以外，都是偶然的环境"[1]。在偶然的环境中接受教育，与在为了教育的目的而特殊设置的环境中接受教育是有很大区别的。与一般社会组织相比，学校至少有三个特殊的功能：第一，它为青少年提供了一个简化的环境，使他们可以在步入社会前逐步地、分阶段地了解和吸收社会上复杂的文化要素。现今社会生活关系是如此错综复杂，把儿童不经教育就放到社会上去，他们就很难正确理解、适应并参与到这些关系之中，就会在众多的社会关系面前无所适从。第二，它为青少年提供了一个大致纯净的环境，以便尽量排除现实生活中那些有害的或无价值的部分。每个社

---

[1] 赵祥麟等编译：《杜威教育论著选》，华东师范大学出版社 1981 年版，第 150—152 页。

会都有一些进步美好的东西,也有一些无关紧要或反常甚至阻碍社会进步的东西。学校的作用就是择其精华,剔除糟粕。"一个社会愈进步,它就认识到它的责任不是要把它现有的全部成就都传递下去,保存起来,只是要把有利于未来更好的社会的那部分加以传递和保存。学校就是社会为达到这个目的而设置的主要机构。"① 第三,它为青少年提供了一个平衡的环境,使得他们可以有机会不受外界某个狭隘团体的影响,能接触更广阔的环境。社会上有着各种各样的团体和组织,与此相适应有着各种各样的信仰、风俗习惯和传统。学校可以超越某些狭隘利益的限制,把不同种族、不同风俗和不同信仰的青少年结合在一起,向学生提供一个共同的文化知识背景,展示更广阔的文化视野,以便在他们中间塑造一种较为统一的价值观,以利于社会的和平和发展。教育学家们关于学校意义的这些分析,对于我们认识学校组织的作用是有启发的。正因为学校的存在具有这些显而易见的意义,因此,现代社会对发展学校教育事业无不抱以极大的热忱。

第二节 科层制和学校组织

一、古典管理理论在学校中的应用

不管我们如何看待古典管理理论,我们都不得不承认,古典管

---

① 赵祥麟等编译:《杜威教育论著选》,华东师范大学出版社 1981 年版,第 150—152 页。

理理论对于我们分析学校组织的性质,认识学校管理过程,都有着极其重要的指导意义。只要看一看国内现已出版的大量教育管理类著作,我们就会发现,里面多是学校管理职能的分析、学校目标的描述、学校制度的归纳,还有学校管理原则的列举,等等。这些实际上都在证明,古典管理理论对于指导今天学校的工作,既有着理论的价值,又有着实际的指导作用。以下是一些古典管理理论所倡导的原则在学校工作中得到实际应用的例子:

(1) 建立劳动分工。学校中有教不同学科的教师,有行政领导人员,有教务辅助人员、总务后勤人员,等等。

(2) 权力等级体系。学校中有自上而下的较为固定的权力等级体系,如校长领导教导主任,教导主任领导教研组长,教研组长领导本组教师等。

(3) 提倡权利和责任的一致性。实行校长负责制后已赋予校长较大的行政管理权,同时又注重考察校长的工作业绩;班主任在班级管理中有较多的自主权,但班级管得不好要由班主任承担责任。

(4) 必要的规章制度。学校中有各种各样的规章制度,以前主要是学生守则,而现在随着教育体制改革的深入,针对教职员工的规章制度越来越多,如聘用合同制、岗位责任制、结构工资制等。一些重点学校还将这些制度汇编成册,人手一册。

(5) 经济奖惩制度。几乎每所学校都将教师的工作业绩与经济奖励制度挂起钩来,工作好的可以得到更多的报酬,特别差的则被扣除奖金。

(6) 强调职业导向。学校录用人员时越来越注重学历标准,强调职前和在职培训;在教师的晋级、提拔方面,主要的依据是教师本人的工作能力和表现。

(7) 正常的纪律。学校中特别重视建立良好的纪律,把纪律看成是维持学校正常运转的最根本的保证,很多学校还把校风严、纪律紧作为学校工作取得成效的主要经验之一。

(8)恰当的控制幅度。小学师生之比为1∶40—1∶50,中学师生比为1∶30—1∶40,正副校长之比为1∶2—1∶4。

(9)尽可能建立标准化程序。学校中每门学科都有特定的教学大纲和计划。教师常常在一起集体备课,统一教学进度。期末有统一的考试和标准的学习成绩统计。

类似的例子还可以举出很多。这些例子都说明,不管学校管理人员意识到还是没有意识到,在很多场合他们实际上都在自觉或不自觉地依古典管理理论行事。被古典管理理论视为金科玉律的那些准则,在学校中真是随处可见。

二、学校是否为科层制组织

自从马克斯·韦伯提出科层制组织理论以后,很多教育管理学研究人员也在思考一个问题:学校是韦伯所说的科层制组织吗?换句话说,韦伯的理论用在学校完全合适吗?

不可否认,韦伯所说的科层制组织理论,在一定程度上可以应用于学校。例如,我们往往站在古典理论的立场上来考虑学校,把学校看作一个受强有力的中心控制的、以等级关系连接的金字塔形组织。韦伯所说的五种科层制组织特征,即分工和专业化、非个人倾向、权力等级体系、规章制度以及职业导向,在学校中都有反映。上面所举的古典管理理论在学校中的实际运用的例子可证明这一点。从这个意义上说,学校的确是"一种高度发展了的科层制组织。正由于如此,学校表现出许多如同军事机构、工业机构以及政府机构相似的特征,并且可以运用这些机构所采用的许多方法"①。

不过,很多学者也指出,韦伯所说的组织实际上是一种理想化了的组织,这种组织在现实生活中是难以找到的。在现实生活中,只能说有些组织在结构上科层化程度强些,有些则弱些;即使在同一组织内,某一领域科层制组织特征体现得明显些,而在另一些领域则体现得不那么明显。所以,考察组织不应该只看它是不是科层制组织,而应该看在什么样的情况下较强的科层化程度有利于发挥组织的最大效益,而在另一些情况下较弱的科层化程度有利于发挥效益。②

就学校组织的基本性质而言,除了它所包含的科层制组织特征一面外,实际上还有许多方面离典型的科层制组织尚有距离。例如,按照科层制理论的假设,一个组织中部门与部门之间、个人与个人之间应该有着十分密切的互相依赖式的工作关系。但在学校组织中,并非所有部门都互相依赖,关系密切,如不同教研组之间在工作关系上就是松散的,而且教师与学校领导人员的关系也是较为松散的。在科层结构框架中,领导可以通过组织的层级系统直接控制组织成员的工作,但在学校组织中,根据很多人的研究,校长只是极其一般地控制教师的工作,因为在行政方面教师固然要听从校长的指示,但在教学方面,教师都具有一定专业知识,因此校长不可能直接控制每个教师的教学业务工作。课堂门一关,真正起决定作用的不是校长而是教师,校长在教学过程中所起的作用实在是有限的。再有,根据科层制理论推断,组织结构的变化会对组织成员的工作产生较大影响,但是在学校中,很多校长和教师都有体会,

---

① Max Abbott & Hohn Lovell (eds.), *Changing Perspectives in Educational Administration*, Auburn, AL: Auburn University, 1965, p. 45.

② W. K. Hoy & C. G. Miskel, *Educational Administration: Theory, Research and Practice* (3rd ed.), Random House, 1987, p. 113.

外部社会的变化以及由此而来的学校组织结构的变革，通常很少会影响到学校的教学过程。最有说服力的证明是今天的教学内容和方式与二三十年前相比变化并不大。[1] 学校主要同人而不是同物打交道，而人的因素远比物复杂得多；加上学校教育人员大都是专业人员，在各自的教学领域有着较大的自主权，与领导之间也保持着相对的独立性，因此科层制理论的有些假设不适用于学校。学校组织的这些特性，使它有别于一般的政府行政机构，后者更接近于韦伯所描绘的组织形式。鉴于这一原因，有的研究人员把学校称为专业科层制（professional bureaucracy）组织[2]，使之与一般政府机构的行政科层制模式相区别。

三、松散结合系统

大约从 20 世纪 70 年代起，一种新的学校组织性质的观点引起了教育管理学界的广泛注意，这就是松散结合系统的理论。提出这一理论的主要代表人物有科恩（Cohen）、马奇（J. G. March）和奥尔森（J. P. Olsen）等。他们认为，学校组织中的各种要素和子系统是松散结合在一起的，而不是紧密地、呈科层制形态连接在一起的。他们把这称为"组织起来的无序状态"（organized anarchies）。[3]

根据科恩等人的理解，学校组织至少在三个方面表现出很难运

---

[1] Jane Hannaway & Martin Carnoy (eds.), *Decentralization and School Improvement*, San Francisco: Jossey-Bass Publishers, 1993, p. 35.

[2] Henry Mintzberg, *The Structuring of Organizations*, Englewood Cliffs, New Jersey: Prentice Hall, 1979, pp. 3-15, 86, 351.

[3] James G. March & Johan P. Olsen, *Ambiguity and Choice in Organization*, Bergen, Norway: Universitetsforlaget, 1976.

用古典管理思想的特征。

第一,它们的目标不是具体明确的。事实上,教育组织的目标常常用笼统的甚至抽象的措辞来表示,对这些目标难以确定有效的测量标准,每个人对目标都可以加上自己的看法。此外,这些目标还似乎常常在变,随着影响和参与团体的不同而不同,而且要把这些目标转换为明确的行动方案是困难的。

第二,它们的技术也是不清楚的,而且重要的是未被很好地认识。例如,课堂中的学习是如何发生的?为什么一种教学方法对某位教师起作用而对其他教师不起作用?哪一种教育技术对学习者的影响最大?哪一种方法能使成绩差的学生迅速赶上去?等等,至今没有一致意见。在改革的压力下,我们常常是从一种不明确的教学或管理技术转向另一种同样不明确的教学或管理技术。

第三,参与到学校组织中的人是流动的。学生有进有出,教师也有走有留,家长也会不定时地参与进来。而且参与者在任何特定教育问题上所愿花费的时间、精力也是大不相同的。

学校的上述特点,决定了学校中的松散结合式的连接关系:学校内各单位相对来说都比较小,位置分散,虽相互关联,但都保持一定的独立性,不太容易相互影响或受外界控制;学校各层次管理者并非每天过问教学活动,监督或指导也不像工厂、医院、商店或部队那么严密。总之,联系有,但并不紧密,也不太重要,由此形成一种松散结合的系统。

科恩等人的理论,向人们展示了学校组织性质的另一面。当大多数人习惯于以传统的古典理论看待学校,强调学校组织的层次结合、目标设置、分工合作、严格管理的时候,他们无疑会从科恩等人的理论中得到很多启发。

四、理性组织的局限性

以泰勒、韦伯等人为代表的古典组织理论，常常被人们称为管理学上的理性主义。韦伯所倡导的科层制组织也被看作理性组织，因为他们都从理想主义角度看待组织，设想组织在一种理想的环境中生存运转。然而在现实生活中，这种理性组织是很难找到的。组织"应当是"怎么样是一回事，而"实际是"怎么样又是一回事。就拿学校组织来说吧，在"应当是"与"实际是"之间就常常存在距离。例如，韦伯所说的科层制组织的五个特征，一般人只看到这些特征对组织进步的正面效应，却忽视了与此相伴随的负面效应。我们可以就一个一个特征来分析。

（一）劳动分工

正效应　学校中应该有分工，分工能使每个教师成为自己领域的专家，学校也可以根据教师的专业化程度衡量其能力。

负效应　分工容易导致单调和厌倦，一个教师从任教第一天起就教低年级数学，一直到他退休，很难设想他会长期保持工作的乐趣和钻研精神。另外，分工还可能造成目光短浅和部门主义。

（二）非人格化倾向

正效应　能使教职员工在工作中不偏不倚，保持公正，对学生和他人一视同仁。

负效应　在这样的学校待久了会感到组织太缺乏人情味，彼此关系太冷淡，由此导致普遍士气低落，削弱了学校的吸引力。

（三）权力等级体系

正效应　确保上级教育部门的指令贯彻执行，每个人的工作都能得到有效的监督和安排。

负效应　层次结构多了，容易造成信息交流的阻塞和走样，甚至出现报喜不报忧的情形。

（四）规章制度

正效应　使学校工作保持连续性和稳定性，并做到样样事情有章可循。

负效应　容易造成刻板、僵硬、形式主义和目标转移，使得本来作为手段的规章制度成为目标本身。如曾经有一段时间，我们的一些中学校长为学校坐班好还是不坐班好费尽心机，为此还引发了校长与教师之间的诸多矛盾。

（五）职业导向

正效应　根据工作能力提拔人晋升人，激发了教师的工作热情，有助于保持对学校组织的忠诚。

负效应　能力有大小，当一部分人的积极性被激发起来的同时，另一部分一贯对组织忠心耿耿，但因能力有限总得不到提拔机会的人的积极性却被挫伤了，每次职称评审时都可以看到这种能力与资历的冲突。

由此可见，再理想的东西，也会有黯淡的一面。古典理论家们最致命的缺陷就在于用一种概念化的理性光环来掩盖理想与现实之间的差距，他们只看到组织结构合理性的一面，而忽视了组织中其他一些非理性因素（如环境的多变性、人的心理需要、组织中非正式团体的影响等）的存在。校长们如果看不到这一点，过分醉心于按古典理论的模式设计并操纵自己的学校，就有可能面临失败。

当然，这里所说的，并不是要否认古典组织理论的价值。应该看到，将古典管理模式应用于学校还是有着较大的价值，只是这种价值必须在一定的条件下才能实现，这就是不要将古典理论当教条，而应该根据学校的具体情况灵活运用，同时还要参考和吸收其他管理理论，并把这些理论综合起来共同来指导学校的管理工作。

第三节　从社会—开放系统的角度看学校

可以从两种角度透视学校组织,一种是就学校而谈学校,把学校看成一个封闭的系统,主张学校通过精确的目标和自上而下的合理程序,并配合明确的分工以及严密的规章制度,达到学校工作的最佳状态。这就是上面所说的古典组织理论的观点。然而我们都知道,学校并不总是照此模式运转,因为校长面临的世界并非铁板一块,校长发一道指令并不等于事情的了结。另一种是把学校组织细细地剖割开来,看看学校中究竟有哪些东西在起作用。例如,哪些东西在对学校的决策、学校的活动方式产生影响。同时,还把学校设想成一个开放的系统,看看外部环境和学校之间如何相互作用,学校如何在社会大环境中保持平衡,开展正常工作,等等。这后一种观察方式,就是下面所说的社会—开放系统的角度。

一、学校是一个社会系统

系统论的观点已经被广泛运用于组织理论之中。根据系统论的分析,"一个组织是一个在结构与功能上相互依存的完整系统。一个组织由团体所构成,一个团体又由必须协调工作的个人组成。每个人必须知道别人在干什么。每个人必须能接受信息,并必须受到足够的约束以服从整体……"[①] 将系统论的思想应用于分析学校组织,就会看到在学校组织中,存在着种种变量因素。这些变量因素构成了一个个的子系统,它们之间相互作用,相互影响,共同制约

[①] F.肯尼斯·贝里恩:《组织的一般系统方法》,转引自[美]罗伯特·欧文斯著,孙绵涛等译:《教育组织行为学》,华中师范大学出版社1987年版,第69页。

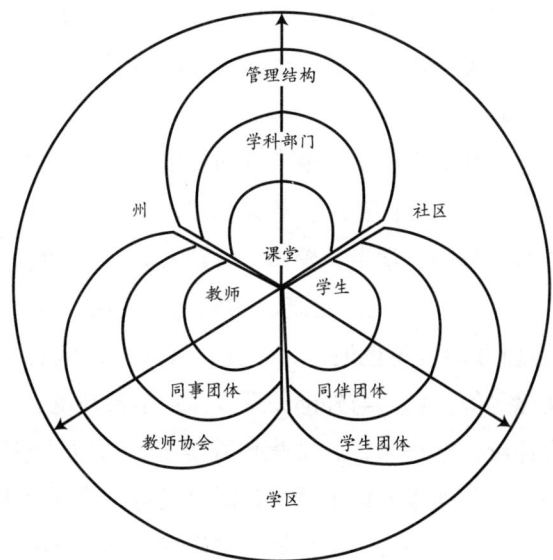

图 4-1 教育系统中的各子系统

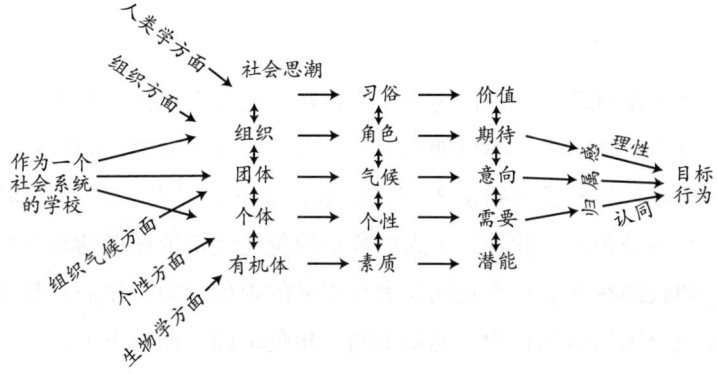

图 4-2 作为一个社会系统的学校的范围①

---

① Jacob W. Getzels &. Herbert A. Thelen，The Classroom Group as a Unique Social System，In Nelson B. Henry（ed.），*The Dynamics of Instructional Groups*，*Sociopsychological Aspects of Teaching and Learning Ago*：National Society for the Study of Education，1960，p. 80.

着学校系统的运转。与此同时，学校又成为一个更大系统中的子系统。以下是两幅关于作为社会系统的学校的图形，从中可以看到学校组织是多么复杂。①

在学校这个社会系统中，最常见的变量因素显然包括：(1) 组织结构方面：班级、年级、教务总务部门、校长办公室等等；(2) 人的方面：教师、学生、校长、后勤人员等等；(3) 技术和设备方面：课程、教学方式、建筑、实验室、视听设备、图书馆等等；(4) 心理方面：角色地位、个性、气质、价值观、期望、需要、校园文化等等；(5) 与外部关系方面：学校环境、社区、人员流动、社会评价、经济条件、文化传统等等。所有这些变量因素，既构成了一个个的亚系统或子系统，同时又对学校这个主系统发挥时而深刻、时而微妙的影响。根据许多研究人员的分析，学校中最活跃、最能对组织和组织中的人的行为产生影响的变量因素有以下几个。

(一) 角色地位

个人在组织中不仅作为个体而存在，而且作为社会系统中的某种角色而发挥作用。不仅如此，一个人在实际生活中还时时要扮演多种角色，如校长要扮演上司、同事、部下、丈夫、父亲、邻居、顾客等多种角色。此外，个人的角色地位还经常依环境的转换而转换，如教师在学生和家长面前表现出来的角色行为与他们在教工食堂表现出来的角色行为可能就不同。角色不同，期待也不同，表现也就不同。所以说在某种程度上，人塑造了哪个角色，同时也被哪个角色所塑造。②

---

① [美] 马克·汉森著，冯大鸣等译：《教育管理与组织行为》，上海教育出版社1993年版，第67页。

② 参见 [美] 罗伯特·欧文斯著，孙绵涛等译：《教育组织行为学》，华中师范大学出版社1987年版，第76页。

(二) 角色冲突

角色冲突是学校组织不能正常运转的原因之一。角色冲突常常发生在一个人身上，当角色期待与角色扮演者的个性不相符时，角色冲突就会发生。如一位富有革新精神的教导主任在一个期望属下办事稳妥的校长面前，常常会陷入角色冲突的情境，这时他的工作既不能令自己满意，也不能令校长满意。要想摆脱困境，除非换个职务或另择环境。角色冲突也会同时发生在两个人或更多的人身上，原因是他们相互之间没有建立互补互惠的角色关系。角色冲突在组织上引起紧张和不协调气氛，因此必须采取各种可行措施，将冲突减至最低程度。

(三) 非正式组织

梅奥从事的霍桑实验最重要的发现是，工人通常是以非正式组织中的一员而不是个人来采取行动和作出反应的。所谓非正式组织，有时也叫作非正式团体，指的是"组织内部影响正式组织决策的人际关系系统，该系统为正式体制所忽略，或者处于与正式体制相对立的地位"[1]。同样，在学校组织中，员工们由于共同兴趣爱好而自由组合成各种非正式组织。他们中存在着一些"调节人与人之间的关系、人与人态度之间关系的非逻辑的社会准则"[2]，如做事不要过于积极，对领导不必太殷勤，等等。这些非逻辑的准则如果处理不好，会给管理工作带来极大麻烦；但如果善于引导利用，则又会有助于学校组织的正常运转。

(四) 个性

组织中的人不是单纯地为经济利益而工作的"经济人"，而是

---

[1] Roald F. Campbell & Russell T. Gregg, *Administrative Behavior in Education*, 1957, p. 384.

[2] E. 梅奥：《人类问题》，转引自［美］马克·汉森著，冯大鸣等译：《教育管理与组织行为》，上海教育出版社 1993 年版，第 59 页。

处在特定背景之下有着社会和心理需要的"社会人",他们有各自的信念、情感、兴趣爱好和性格特征。社会系统的理论要求学校领导人员重视学校中的个性因素,把它放在与组织目标、组织结构同等重要的地位上来进行考察和研究。

（五）团体

学校行政领导常常要花费很多时间与各种团体打交道。这些团体有校内的,也有校外的;有正式的,也有非正式的。每个团体有其边界和范围,有必须遵守的内部习俗、情感和准则。冒犯了这些习俗准则,不管是谁,哪怕你是校长,也会受到冷遇或惩罚。例如,如果一位校领导的行为不被学校内某个非正式的教师团体所接受,那么他在这个团体成员的眼中就成了界外人,他的所作所为,就有可能遭到怀疑和抵制。此外,外界如果要对这些团体准则提出批评,通常情况下只会使这一团体更为团结,并且会导致团体成员从负面意义上来理解外在批评,并作出消极反应。[1] 对于学校行政人员来说,充分认识并积极研究团体以及团体行为,对于学校组织的正常运转有着十分重要的意义。

（六）组织结构

为了完成教育的任务,我们设立了学校。为了使学校正常开展工作,我们给它一个结构。结构使学校组织具有秩序,像一个系统;结构赋予权力并确立角色,从校长到教导主任到教研组长到教师,每个人都知道自己以及他人的职权范围;结构决定了组织的信息沟通方式;结构决定了工作的运转模式;结构甚至还决定了组织中的人际关系。鉴于组织结构的重要性,学校行政人员必须精心设计学校组织结构,使之能发挥最大效益。

---

[1] Edgar L. Morphet, Roe L. Johns & Theodore L. Reller, *Educational Organization and Administration: Concepts, Practices and Issues*, New Jersey: Prentice Hall, 1982, p. 104.

(七) 技术系统

技术系统好比是经营的工具,学校中的技术系统不仅包括像电脑、显微镜、语音实验室、视听设备等硬件项目,而且包括其他许多东西,如图书资料、教材、课程表、教学大纲等。教学方式显然也是学校技术系统中的一部分。技术系统的任何变化,都会引起学校其他方面的很多变化。例如,引进新教材,必然带来适应问题,要求操作技术系统的人即教师领会新教材,吃透新教材,否则就达不到教材改革的效果。

总而言之,学校作为一个社会系统,其内部的各种因素都是互相影响、互相作用的。这些因素都能对学校组织的目标和效率产生影响。看不到这一点,仅仅把学校设想成一个理想的场所,就像古典管理理论那样,就不能真正认识学校组织的全部性质,因而也就不能真正对学校实行科学的管理。

二、学校是一个开放的系统

20世纪60年代初提出的开放系统理论,很快风靡了管理学界。关于开放系统理论的性质,人们通常引用卡茨和卡恩的一段论述:"在某种意义上,可以说开放系统理论根本算不上一种理论;它并不自诩能揭示特定的因果顺序、特定的假设及对假设加以验证,而这些正是被称为理论的基本要素。确切地说,开放系统理论充其量只不过是一种框架、一种准理论和一种模式而已。开放系统理论是理解许多类型和层次现象的一种方法,也是描述这些现象的一种概念语言。"[①] 开放系统理论的基本含义为:组织

[①] 卡茨和卡恩:《组织社会心理学》,转引自[美]马克·汉森著,冯大鸣等译:《教育管理与组织行为》,上海教育出版社1993年版,第139页。

是"一个通过与其环境的输入和输出来调节其生存状态的自我维持系统"①。很显然,开放系统理论强调组织不能游离于环境之外,重视环境的影响和组织对于环境的适应,这一理论为我们提供了新的认识组织的工具。

开放系统的理论在教育管理学界也盛行一时。今天,越来越多的人认识到,学校不仅是一个社会系统,而且是一个开放的社会系统。例如,如果我们把正规的学校教育看作一个过程,那么这个过程应该包含:(1)外界环境的输入,包括社会的价值、信仰、期望目标、资金、设备等;(2)学校教育的过程,包括教学、课本、学校制度、教育者和被教育者等;(3)学校向社会的输出,主要表现为受过教育的个体为社会作出贡献。学校教育的这一过程,可以用下面这个图来表示。

来自社会的输入──→教育过程────→向社会输出

| 知识
价值
目标
资金 | 结构(如:年级、班级、各级学校、部门、组织层次)
人(如:教师、公共汽车司机、顾问、教练、监护人、视导员、营养学家、管理人员、护士)
技术(如:建筑、课表、课程、实验室、图书馆、黑板、书、视听设备、公共汽车)
任务(如:教课、生活服务、开车、实施测验、计划开支、伙食财务管理、个别指导、组织课外活动) | 个人之所以更有能力为自己和社会服务,是因为在下述各个方面有了提高:
★智力和体力
★推理和分析的能力
★价值观、态度、动机
★创造发明能力
★交往能力
★文化欣赏
★世界观
★社会责任感 |

图 4-3 学校教育作为一个系统②

---

① K. 博尔丁:《一般系统理论之科学轮廓》,转引自[美]马克·汉森著,冯大鸣等译:《教育管理与组织行为》,第 138 页。

② R. G. Owens, *Organizational Behavior in Education*, New Jersey: Prentice Hall, 1991, p. 59.

站在开放系统理论的角度看学校，我们就必须引入一些新的透视学校组织性质和特征的概念。

(一) 循环的概念

古典理论从静态的组织观出发，把学校设想为由稳固的等级和制度支撑着的集合体。开放系统理论则从动态角度看学校，认为学校及学校教育过程是由一个个的循环系统组合而成，而且大循环中包含着小循环。例如，一个学年是一个大循环，它从开学注册之日起到考试放假之日止。每周、每个教学日甚至每堂课，都是一个个的小循环。整个学校教育过程则是一个更大的循环系统，它从小孩入学之日（输入）起，经过较长期的教育过程，到他跨出校门开始为社会服务（输出）止。古典理论所推崇的那些要素，如规章制度、等级制等，为学校中的事件循环框定了边界和范围，并为循环指明了方向。如在每个教学日的循环中，教师必须在规定的时间内到校，按照规定的课表上课，遇事需向有关领导请示，等等。一旦边界和范围发生了变化，就意味着变革的到来。所以，"在学校中进行变革就意味着对循环内的诸事件进行调整"①。

(二) 平衡和自我调整的概念

学校必须与周围环境保持一种平衡状态。当周围环境作用于学校时，学校必然作出种种反应：如果学校只想维持现状，保持与环境的原来的关系，那就是一种静态的反应；如果学校主动调整内部的子系统，甚至修改学校的目标，以适应环境的变化，那可以视作一种动态的反应。② 无论是静态或动态反应，都可视作学校为保持

---

① [美] 马克·汉森著，冯大鸣等译：《教育管理与组织行为》，上海教育出版社 1993 年版，第 142 页。

② R. G. Owens, *Organizational Behavior in Education*, New Jersey: Prentice Hall, pp. 72-73.

与周围环境的相对平衡状态而作出的自我调整的努力。为了维持这种相对平衡状态，学校有时须付出巨大代价，如大幅度地调整教育政策，修改教学内容，重新确定教育方针和目标等。

（三）信息输入和反馈的概念

外部环境是通过各种信息输入来影响学校组织的，而学校为了解决适应问题和保持平衡状态，也必须获得足够的信息资源。开放系统的理论要求学校密切注意外界信息，对这些信息进行准确判断，并及时地作出反馈。为此，在学校管理中还须考虑建立完善的信息管理系统的问题。

（四）环境类型的概念

不同的学校所处的环境是不同的，就是同一所学校，所面临的环境也不是单一不变的。对于学校管理人员来说，分析学校所处的环境类型，对于设计学校工作及制定合理决策至关重要。根据环境的复杂、变化程度以及不确定性的多少，我们可以把环境分成简单/静态型、复杂/静态型、简单/动态型和复杂/动态型等几种类型。显然，每一种类型都会影响到学校管理的难易程度。

（五）建立开放的思维系统模式

过去，学校人员对教育改革一般持这样一种思维模式：确定所要完成的目标，设计达到目标的方案，把方案付诸行动，然后评价这个方案是否有效。由于这种模式看上去是如此明确，如此合乎逻辑和注重实效，以致很少有人提出质疑。然而遗憾的是，人们并不始终按逻辑行事，他们有自己的判断习惯和办事方式。也许传统的思维模式对处理只与物有关、目标简单明了、领导者完全有把握控制的那些问题有用。开放的思维系统模式与这种传统的、倾向于封闭的思维模式不同，它对解决像学校管理这样较为复杂的问题有效，因为学校的问题表现为：（1）主要涉及人；（2）目标广泛而又复杂；(3) 结果难以事先予以精确界说。① 建立开放的思维系统模式，要求学校行政领导特别注重学校中那些较易受到外部影响的东西，如师生的信念、感情、价值取向、心理变化等，还要求看问题时多关注问题的动态性因素，做到重视过程更甚于重视预定结果，这样才能真正把握这一理论的精髓。总而言之，"用开放系统框架认识学校，就迫使你把注意力从角色、规章、正式目标和固定结构的静态特点转向行为事件的循环、相互依存的组织网络内部的复杂关系……这类动态性质"②。

第四节　学校管理过程

一、管理过程的要素

学者们对管理过程的解释虽不同，但意思相近，大都把管理过程看作管理者为实现预定目标而开展各种行政管理活动的程序。然而，对于管理活动所包含的要素、步骤或环节，看法就很不一样了。最著名的是古利克的 POSDCORB 理论，即认为管理包含了七大要素：计划、组织、人事、指挥、协调、报告和预算。继古利克以后，西尔斯（Jesse B. Sears）在其著名论文《管理过程的性质》中提出，管理过程的要素主要包括五个方面，即计划、组织、指

---

① 参见 A. W. 库姆斯：《教育改革的新假设》，转引自瞿葆奎主编：《教育学文集·国际教育展望》，人民教育出版社 1993 年版，第 274—276 页。
② [美] 马克·汉森著，冯大鸣等译：《教育管理与组织行为》，上海教育出版社 1993 年版，第 156 页。

挥、协调和控制。他同时还专门论述了权力、政策、职业道德、社会习俗以及立法过程的问题，认为这些是管理过程中必不可少的东西。① 再往后，有的研究报告提出，管理应包括计划、配置、激励、协调、评价五种职能。② 也有的说是计划、组织、领导和评价四种功能。③ 20 世纪 90 年代我国引进的《36 小时学经济丛书》中，则把在管理过程中经理们要履行的职能概括为规划、组织、配置、指挥和控制。④ 所有这些解释表明，关于管理过程一是在学术界不可能有一致的认识；二是尽管意见不一，却有很多十分接近的提法。

二、学校管理过程的环节

学校管理过程本质上与一般管理过程没有什么区别。学校管理过程所包含的要素、职能或是环节，从现有的学校管理学著作来看，也不外乎是那么几点。当然，有的提得详细些，如把学校管理过程列出 13 个领域（见下表）⑤：

---

① Jesse B. Sears, *The Nature of the Administration Process*, New York: McGraw-Hill, 1950.
② American Association of School Administrators, *Staff Relation in School Administration*, Washington, D. C.: The Association, 1955, p. 17.
③ Stephen P. Robbins, *The Administrative Process*, New Jersey: Prentice Hall, 1976, p. 15.
④ 参见［美］莱斯特·R. 比特著，王毅捷译：《36 小时管理学课程》，上海人民出版社 1995 年版。
⑤ Richard A. Gorton, *School Administration: Challenge and Opportunity for Leadership*, W. C. Brown Company Publishers, 1976, p. 45.

1. 认识问题	4. 决策	7. 协调	10. 交流	13. 评价
2. 诊断	5. 计划	8. 授权	11. 与各种团体打交道	
3. 确定目标	6. 组织	9. 调动积极性	12. 解决问题	

有的提得简单些，依据美国管理学家戴明（W. Edwards Deming）的 PDCA 学说，把学校管理过程分为四个环节：计划（plan）、实行（do）、检查（check）、处理（action）。但为了更符合汉语习惯，通常又把最后一个环节改成总结，成为计划、实行、检查、总结。目前国内大都采用这一提法。为了突出学校工作是有目的的，一些人还设计了以目标为中心的环节图（图 4-4）。下面我们把国内关于学校管理过程的论述简要归纳一下。

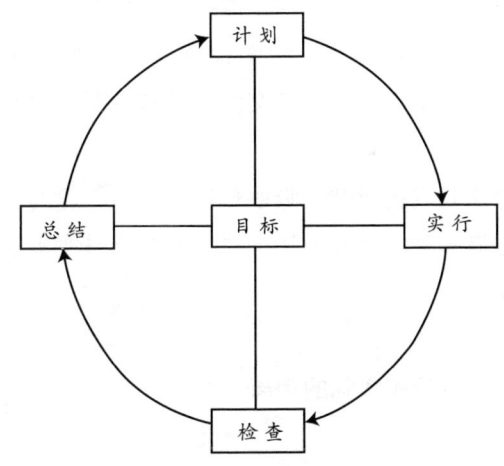

图 4-4　学校管理过程的基本环节①

（一）计划

计划的作用有：（1）使管理活动围绕目标进行；（2）提供活动

---

① 转引自张济正等编著：《学校管理学导论》，华东师范大学出版社 1984 年版，第 130 页。

的路线图；（3）使工作具有系统性；（4）将发展战略转化为日程表；（5）使员工明确工作范围和职责。制订计划的要求是：（1）符合上级精神；（2）切合学校实际；（3）经得起理性推敲；（4）可操作。制订计划的步骤为：（1）获取信息；（2）了解情况；（3）起草初稿；（4）充分讨论；（5）最终定稿。

（二）实行

实行是全过程的中心环节，要做的工作包括组织、指导、协调、激励等。其中每项工作又可以进一步细分，如组织工作包括人员配置、部门设立、资源分配等，激励工作包括物质的或精神的、个体的或群体的等。

（三）检查

检查的目的是控制运行，纠正偏差，考核业绩，推广经验。检查有各种类型，如全面检查、专题检查、经常性检查、突击检查等。检查的方法包括巡视、个别交谈、随堂听课、召开会议等。

（四）总结

总结的意义是发扬成绩，吸取教训，为新一轮的周期循环创造条件。总结也有多种类型和方法。总结的要求是实事求是，一分为二，客观公正。

三、完美的设计和实际的距离

依照完美的设计来寻求理想的学校管理过程，这自然是不错的，然而，应当是这样不等于实际就是这样。事实上，在日常学校管理工作中，样样事情都依据这一模式不仅不可能，而且显得可笑。拿上面的环节图来讲，实施起来的障碍是显而易见的。首先，学校中并不是人人都认同那个主目标，很多人心目中有自己的目标和打算。要使领导的目标变为每个人的目标是不容易的。难怪不少领导埋怨说，表面上轰轰烈烈，实际只是我们自己在瞎折腾。其次，由于对目标的认同感不同，因此，每个人的行动轨迹也不同。再次，一些突变因素常常打乱整个计划，循环由此中断或改变轨迹。如学校中突然发生的意外事故，使得原先制订的先进达标计划严重受挫。最后，学校中几乎每天都会有大大小小的问题出现，绝大多数问题又都需要尽快解决，这使得校长们根本无暇去为样样事情认真设计方案然后再去行动。校长们追求的与其说是完美的计划，不如说是问题的解决。鉴于这些原因，我们可以设想，学校管理过程除了上面所引的理想模式外，肯定还应该有别的模式存在，而且这别的模式的出发点，不该是"应当怎样"，而应该是"实际怎样"。

四、管理过程的垃圾箱模式

每个在学校工作的人都会看到，学校除了在每个学期初制订出一个较为像样的计划外，在其余的大部分时间里，都处在按常规办事和不断解决问题的状态之中。因此，我们实际上可以把学校管理过程看成是一个按常规办事→出现问题→选择时机→解决问题的过程。这一过程大致可用20世纪70年代初科恩、马奇和奥尔森提出的垃圾箱模式（Garbage Can Model）[1] 的理论来表示。

科恩和他的助手们认为，一个组织中的问题总是源源不断出现的，这些问题有可能来自系统内部，也有可能来自系统外部，但不管怎样，组织中从来不缺问题。以学校为例，数学成绩太差了，校运动队缺少运动服，个别教师老是请病假，上面的政策常常在变，

---

[1] M. B. Cohen, J. G. March & J. P. Olsen, A Garbage Can Model of Organizational Choice, *Administrative Science Quarterly*, No. 1, March 1972, pp. 1-25.

扩音喇叭坏了，某学生又在打架，学校推销课外读物家长有意见等，问题简直可以无休止地列举下去。这些问题涉及各个方面，其中大部分的问题一时半刻解决不了，只能暂时放在那里，等待时机解决。这就好比学校里有一只特殊的垃圾箱，里面倾倒着来自各方的形形色色的问题。

与此同时，组织中也从不缺少解决问题的方法，这些方法也同样贮藏在所谓的垃圾箱里。如办个补习班提高数学成绩，找个代课老师顶一下班，对那个老是打架的学生给予处分，暂时停止推销课外读物，等等。几乎每个问题都有一个特殊的解决方法。问题是选择一个恰当的时机来处理这些问题。

然而，难就难在对时机的选择上。在装满一大堆问题和问题解决方法的垃圾箱里挑出一个时机，这要取决于很多偶然的和不定的因素。垃圾箱模式理论的核心，就是选择恰当的时机，而管理人员要做的事也就是选择恰当的时机。选择机会如何出现？通常会有几种情况：（1）校内发生了引人注目的事件。如那个经常打架的学生这天竟把另外一个学生打伤了，于是想到要处分那个学生。（2）学校里的常规制度提供了机会。如一月一次的全体教工会议提供了倾倒垃圾（问题）和垃圾处理方法的机会，也促使校长决定着手解决问题。（3）外部的影响意外地引发了机会。如上级决定要实行岗位责任制和人员流动，这样就可以把那个常常请病假的教师解聘了。（4）某个力量突然介入，强制划定最后期限。如区里通知校篮球队下星期参加全区中学联赛，于是拖了很长时间的运动服问题立即得到了解决。总之，当某个"事件"发生时，注意力便得以集中，问题解决的时机便出现了。

与大量的问题和问题解决方法联系在一起的是参与者，如校长或是教师，但他们是流动的，有很大的自由决定权。他们根据自己可支配的时间和精力，加上兴趣和责任感，自由决定是否进出垃圾箱，即是否着手解决问题。一旦作出决定，他们就成了解决问题的承办人。没有承办人，问题和问题解决方法就只能永远堆积在垃圾箱里。所以，学校管理过程实际上就是特定的问题→特定的解决方法→承办人的过程。"从这一观点出发，组织就是集大成，其中有在一定的决策情景中发现问题、争议和看法的机会，有针对争议的解决办法，有期待解决问题的决策者。"[1]

垃圾箱模式理论告诉我们，管理过程并不总是依计划或目标进行的，它往往是一个随机出现问题和选择时机解决问题的过程。学校行政工作的出发点，在更多的情况下与其说是长期抽象的目标，还不如说是面对直接具体的问题。对于学校领导来说，善于在源源不断出现的问题当中抓住时机解决问题，这也是管理艺术高明的表现。

第五节 学校管理原则

一、有关学校管理原则的论述

管理原则就是管理活动必须遵循的基本准则。自从管理学家法约尔提出了管理的 14 条原则以后，管理原则的描述和研究几乎成为一种时髦。同样，在我国教育管理学界，有关学校管理原则的描述，也已成为学校管理学教材的重要部分。有人曾作过统计，20

---

[1] M. B. Cohen, J. G. March & J. P. Olsen, A Garbage Can Model of Organizational Choice, *Administrative Science Quarterly*, No. 1, March 1972, p. 2.

世纪 90 年代初期在我国已出版的学校管理学教材中，所提到的各种管理原则达三四十种之多。① 细细分析这些原则，大致有几种情况：（1）偏管理原理型的，主要是古典管理的原理，如目的性原则、科学性原则、方向性原则、规范性原则、计划性原则、效益性原则等等；（2）偏政治型的或者说是从政治理念中借鉴过来的，如思想性原则、群策群力原则、实事求是原则、调动积极性原则、勤俭办学原则等等；（3）偏现代科技型的或者说是借用了现代科技术语的，如最优化原则、动态平衡原则、信息反馈原则、系统原则、动力原则等等。除了这些原则外，提得比较多的还有民主性原则、社会性原则、灵活性原则、经济性原则等。关于原则的提法五花八门，说明学校管理研究人员对学校管理原则普遍感兴趣，他们想精心设计一些原则，借以指导学校工作。那么，如何看待这些原则？正确的态度应该是一不要迷信原则，二要有选择地、谨慎地借鉴和利用原则。

二、不要迷信原则

原则只是人们主观意识的产物。"一项原则有时只是一个著作家的一种假设、预感或启示，但他未经证实就把它作为普遍真理。或者，这个著作家只是在特定的时间对特定的环境进行了观察——如在医院中或在一些思想相同的人之中——然后匆忙地把他的观察普遍地加以应用，而不考虑技术、市场、个性等因素的影响。他之所以忽略这些因素，或者是由于他不了解它们，或者是由于他不能掌握它们。所以，他是试图把从一种环境的观察中得出的原则应用

---

① 参见萧宗六著：《学校管理学》，人民教育出版社 1994 年版，第 153 页。

于根本不能相比的另一些环境之中。"① 原则不同于规律。规律是客观存在的,既不能创造,也不能消灭,而原则却是人们主观意识的产物。由于人们看问题的角度不同,对事物的认识和理解也不同,因此提出来的原则也不一样。② 显然,不是所有原则都符合客观实际并具有指导意义,只有那些经得起实践检验的原则才具有指导意义。

一些管理学家曾对某些被视为经典性的管理原则提出过批评。如决策理论的创始人西蒙认为,有些管理原则本身就是模棱两可、互相矛盾的。譬如,一方面要求任何一级的管理者管辖的对象不宜过多,即所谓控制幅度原则;另一方面又要求组织中的纵向层次部门尽量要少,以免由于层次过多影响信息传递和效率。西蒙问,一个组织怎么可能两者兼之?③ 要知道,缩小控制幅度的唯一方法,只能是增加部门层次。再一个例子是灵活性原则和稳定性原则,两者之间似乎也有矛盾。④ 经验主义学派代表人物戴尔也指出,有些管理原则本身并没有错,但由于太笼统,缺乏对具体环境的分析,因而对管理者帮助不大。如专门化原则是正确的,"但它并未告诉我们在某些具体情况下专门化程度的大小是否会产生更好的效果";"权力和责任相等"的原则也是对的,"但这项原则对如何衡量这两者是否相等却很少有帮助。例如,如果说一个工长的责任是提供出一定数量的产品,那么他就应该拥有雇佣或解雇他手下工人的无限权力,但是目前很少有公司认为可以让工长拥有这样大的权力"。

---

① [美] 欧内斯特·戴尔著,孙耀君译:《伟大的组织者》,中国社会科学出版社1991年版,第16页。

② 参见萧宗六著:《学校管理学》,人民教育出版社1994年版,第158页。

③ Herbert A. Simon, *Administrative Behavior*, 1950, p. 240.

④ Edgar L. Morphet, Roe L. Lohns & Theodore L. Reller, *Educational Organization and Administration*, pp. 61-69.

戴尔因而认为，在管理上没有普遍适用的原则，也没有必要去研究适用于一切组织的"普遍结论"。"如果我们不是试图作出适用于所有各种组织的普遍结论，而是得出某些在恰当的类似情景中可以合理地期望它们会发生作用的一些指导方针，其效果会好得多。"①

同样的情况也出现在学校。在学校管理工作中，没有普遍适用的原则，有的只是具体情况具体分析。这样说并不是在否定研究学校管理原则的价值，而只是反对不顾学校具体环境、条件、规模、人际关系、资金情况等因素，一概地把原则作为普遍教义到处套用的做法。形形色色的管理原则可作参考，但没有必要被原则束缚住手脚。原则不是教条，更不是死板的。原则必须依具体情况有选择地加以利用。

三、有选择地谨慎地借鉴和利用原则

没有必要过于迷信管理原则不等于一概否定管理原则。每个管理者在从事管理工作时，无疑都希望得到一些指导，希望能有一些作为行动准则的东西作参考。所以，对他们来说，管理原则"仍然是研究组织和管理的有用的观念"。例如，下面一些曾被人们广泛引述的管理原则，对于学校管理工作也许就是有用的，学校行政人员可以有选择地利用。研究管理原则的目的是为了提高组织效率，所以我们论述时也可将管理原则与提高组织效率两者联系起来。

（一）一长制（或称单一行政首长负责制）原则有利于提高组织效率

虽然一个组织可以有多个领导，但其中之一必须是主要负责

---

① [美] 欧内斯特·戴尔著，孙耀君译：《伟大的组织者》，中国社会科学出版社1991年版，第15—17页。

人。组织活动通过他而得以协调和正常运转，他对组织负全部责任。组织规模越大，这一点就越是重要。很多实验证明，无核心的多个领导必然带来摩擦和协调问题，妨碍效率的提高。

（二）职责分明原则有利于提高组织效率

一个组织应该使组织的每个成员明确自己的职责所在，不管这一职责是自己乐于选择的还是领导分派的。不了解自己职责和义务的人不可能成为组织中有效的一员，也不会给组织效率的提高带来好处。

（三）明确目标原则有利于提高组织效率

尽管松散结合系统理论认为学校的目标有时不是很具体明确，学校行政人员还是应该努力设法使每个成员了解本组织的目标和意图。目标不明容易引起冲突，并最终导致组织的混乱和瘫痪。因此，对于学校领导来说，目标提得尽可能具体明确并具有可操作性是至关重要的。

（四）例行工作规范化原则有利于提高组织效率

学校的一些例行工作，如值班、出操、上课制度、巡视、报销、资料整理、统计报告等，应该尽可能地规范化、程序化和标准化。这样可以减少劳力，节约时间，使领导者腾出更多时间处理例外的或突发的事件。

（五）政策保持稳定原则有利于提高组织效率

一个在政策或工作计划上变化无常的组织必定是缺乏效率的组织。政策和计划必须仔细制定，一旦制定就不要轻易抛弃或改变，这样可以大大减少由于政策起伏而带来的额外开支。

（六）必要的灵活性原则有利于提高组织效率

稳定不等于一成不变。当环境所迫且内外部条件基本成熟时，应该对政策和计划加以修改调整。灵活性与稳定性虽互相矛盾，但非截然对立，关键是寻找两者之间的平衡关系。有效的学校组织是在稳定性和灵活性之间建立了适当的平衡关系的组织。

（七）安全感原则有利于提高组织效率

虽然组织中的每个成员有其独特需要，但安全的需要却是人人向往的。在很多情况下，就是由于缺乏安全感，组织中才出现了一个个的非正式团体。有了安全感，就能保持对组织的忠诚。因此，学校管理人员应该想方设法从各个方面来提高学校成员的安全感，这些方面包括就业条件、设备、规章制度、公平待遇、组织气氛等等。

（八）适当竞争原则有利于提高组织效率

安全感与竞争又是对立的统一。只有安全感而无竞争，会带来懈怠和惰性；只有竞争而无安全感，又会造成人心浮动，精神不堪负担。所以，两种极端都不利于提高学校组织效率。最好是在这两者之间寻求平衡。为了鼓励竞争，应该给成功者以必要的奖励。

（九）合理的人事政策原则有利于提高组织效率

提高学校工作效率有赖于合理的人事政策，这包括选用能人，培训无经验者，淘汰不能胜任者，激发组织成员的动机，等等。

（十）建立评价制度原则有利于提高组织效率

缺乏评价的活动是无成果的活动。虽然学校组织中的评价活动不像工厂产品的评价那么精确，但这不等于降低评价在学校管理中的价值，只能说学校评价比起物质产品的评价更为复杂和困难。然而再怎么复杂和困难，学校中都不能没有评价，因为没有评价就没有信息反馈和表彰先进，而后两者是提高组织效率必不可少的保障。

（十一）建立良好人际关系的原则有利于提高组织效率

学校中有了良好的人际关系，士气就能得到提高，士气提高了就能促进学校工作的效率。不仅如此，对于学校决策者来说，没有良好的人际关系，他的指示就必须强迫他人接受，而强迫的东西相应就要有严密的监督和频繁的检查，这要花去决策者很多时间和精力。有了良好的人际关系，决策者就能使他人自觉地贯彻其指示，并在自己周围营造出一个和谐轻松的工作氛围，这样就能大大提高工作效率。

（十二）争取社会支持的原则有利于提高组织效率

根据开放系统理论，学校与周围环境密不可分。在科技高度发达的今天，外部社会对学校的影响越来越大，这就需要学校比以往任何时候都更重视与社会的关系。在这种情况下，学校领导者单纯扮演"教学领导"的角色是远远不够的，他还需要扮演懂得公共关系、善于与社会打交道的"公关经理"的角色。学校中发生的很多事情，封闭在学校圈子内是解决不了的，唯一的方法是争取社会的支持。所以，社会支持也是提高学校组织效率的必不可少的条件。

以上所述各项原则，尽管新意不浓，用词也少修饰，却很实用，可供学校行政人员参考。然而，原则毕竟是一种假设。学校行政管理不仅是一门科学，还是一门艺术，或许艺术的成分更甚于科学，而艺术的东西是难以全部用原则来指导和概括的。

第五章
教育行政领导

教育的发展离不开教育行政，而教育行政的效果离不开教育行政领导，这从来就被人们视为理所当然的事。正因为如此，教育行政学界对领导问题的兴趣从来就没有减弱过，只要看一看每年出现的大量有关怎么当校长的研究资料就可以证明这一点。为了进一步认识领导与教育行政的关系，本章将从领导与领导科学、领导问题的理论研究、权变理论、教育领导者以及领导者的教育五个方面来探讨教育行政领导问题。

第一节　领导与领导科学

一、什么是领导

"领导"一词，人人熟悉，但要回答什么叫领导，却颇费心思。关于领导的定义实在太多了，多得让人无所适从。看看下面关于领导的定义：①

领导就是行使权力并作出决定。(R. Dubin)

领导是领导者将其意志加诸被领导者而得其服从、尊敬、忠诚及合作的能力。(B. V. Moore)

领导是一种通过交互作用并以语言为媒介影响他人行为以实现预期目标的过程。(F. S. Haiman)

领导就是为实现组织目的和目标或改变组织目的和目标而创立一种新的结构或程序。(J. M. Lipham & J. A. Hoeh)

领导是领导者为了实现预定的目标，采用一定的组织形式和方法，对群体活动进行率领、影响、引导的一种行为过程。②

类似的定义还可引出很多。从关于领导的定义来看，大多把领导看成是一种能力、过程或是行为。领导与领导者不同，领导者是指具备领导能力、实施领导行为和操纵领导过程的人。还有的人认为理解领导含义时要区分三个概念，即首长、管理和领导。组织正

---

① R. Dubin, *Human Relations in Administration*, New York: Prentice Hall, 1951; B. V. Moore, The May Conference on Leadership, *Personnel and Guidance*, 1922, 6; F. S. Haiman, *Group Leadership and Democratic Action*, Boston: Houghten Mifflin Co., 1951; J. M. Lipham & J. A. Hoeh, *The Principalship: Foundations and Functions*, New York: Harper & Row, 1974.

② 沈培新、孙成城编著：《普通教育行政学》，安徽教育出版社1989年版，第316页。

式指定某个人比一般成员具有更大权限，这个在位者叫首长；正式组织为达成组织目标而要求一部分人去执行一些职能，这叫管理；在团体目标的达成和团体的维系两个方面，某个特定成员对其他成员所施行的影响力叫领导。① 不管怎样看待和理解，总之，领导是一个综合的概念。我们大致上可以把它看作以目标为导向，以管理为手段，凭借语言和行动去指挥和影响他人或团体的过程。

二、领导科学

领导科学也称为领导学，有人说它是从管理学科中分化出来的一门新兴学科。实际上，领导科学很难说是一门学科，它不过是在对各种领导问题进行研究的基础上发展起来的形形色色的领导理论的汇总而已。到目前为止，它的结构还不稳定，它的许多基本概念和范畴还极不统一，它的一些基本问题的研究（例如领导特质问题的研究）是否有价值还存有极大争议。但所有这一切并不妨碍人们对领导问题研究的兴趣，因为在任何时代，领导总是与一些诱人的术语诸如领袖、伟人、英雄等密切联系在一起的，而崇拜伟人和英雄是人类社会的普遍特征。

领导问题的研究 20 世纪 30 年代首先在美国盛行，以后陆续在其他国家流行起来。推动这种研究主要有两个方面的原因：一是现代企业的发展。现代企业规模越来越大，管理也日趋复杂，这在一定程度上导致领导权与管理权的逐步分离，即有领导权的人不一定直接从事管理，从事管理的不一定有领导权。自从 20 世纪 20 年代美国通用汽车公司首次推行"集体决策、分离管理"的模式以后，

---

① 参见徐联仓、凌文辁主编：《组织管理心理学》，科学出版社 1988 年版，第 302 页。

领导活动与管理活动的分离几乎成了现代企业特别是大企业的普遍趋势。领导活动的分化，客观上要求对领导问题进行专门的研究。二是心理学的发展。20世纪二三十年代起，测验方法和实验手段被广泛用来研究社会问题，从而使应用心理学发展起来，这就为领导问题的实证性研究提供了方法和手段。

对领导问题的研究是多方位、多层次的。下面一些内容是领导科学中研究得比较热门的话题：（1）领导特质问题。研究什么样的人当领导最为合适，领导者的人格特征是否与普通人有本质的差异，能否用心理测量方法将领导者的人格特征测试出来，领导者的心理品质是先天就有的还是后来养成的，等等。（2）领导风格问题。研究领导者对被领导者有哪些控制方式，这些控制方式对被领导者的行为产生哪些影响，控制方式不同是否会影响到工作效率，等等。（3）领导行为问题。研究领导者在工作中做些什么，如何做，领导行为与工作效率之间有什么关系，影响领导行为的基本因素是什么，等等。（4）领导哲学问题。研究管理过程中除了技术方面的因素外，是否还有人文的因素，如价值因素、伦理因素、情感因素等，价值和价值观对于领导和领导者的行为（如决策行为）意味着什么，等等。除了对以上一些问题的研究外，还有对领导功能的研究、领导艺术的研究、领导群体结构的研究、领导评价的研究、领导有效性的研究等等。

我国对领导问题的研究是20世纪80年代才开始的，到目前为止，已经出版了一大批专著，如《行政领导学》《领导与未来》《领导心理学》《领导与人才》《领导与战略》等等。[①] 比较起来，在教

---

① 参见王健刚著：《行政领导学》，山东人民出版社1985年版；秦麟征等著：《领导与未来》，山东人民出版社1985年版；俞文钊著：《领导心理学》，上海人民出版社1987年版；郑慕琦、曹青阳著：《领导与人才》，山东人民出版社1986年版；夏禹龙等著：《领导与战略》，山东人民出版社1985年版。

育行政领域，关于领导问题的研究还显得薄弱，譬如到目前为止还没有一本以《校长学》命名的专著问世，而国外同类书籍已出版很多。随着教育管理体制改革的日益深入，开展对教育行政领导问题的研究已显得十分迫切和必要。

第二节　领导问题的理论研究

有关领导问题的理论研究很多，这里介绍一些流传较广、影响较大的理论。

一、领导特质理论

20世纪40年代前，绝大多数有关领导问题的研究集中在鉴别领导人的特性和品质方面。这些研究部分是基于这样一种假设，即既然可以把人类社会分成领导者和追随者两大类型，那么就可以找到领导者所特有的品质，因为正是这些品质，才使得领导者从芸芸众生中显现出来。这种假设在某种程度上可以说是"英雄创造历史"的翻版。

1948年，美国心理学家斯托格迪尔（Ralph M. Stogdill）作了一项十分有意义的研究。他把从1904—1947年发表的124项关于领导问题的研究报告细细归纳了一下，发现跟领导者有关的个人因素实在太多了，竟多达五大类二十多个方面，包括能力、成就、责任心、参与能力、地位、资历等等。① 另一位名叫曼（R. D. Mann）的研究人员考察了125篇领导问题的研究文章，发现从这些研究中可以归纳出750种与领导者个人有关的特征。② 他们由此得出结论，特质研究法价值不大，容易导致混乱的结论，因为在某一项研究中被勉强分离出来的所谓极为重要的特征，到了其他研究中却被认为是不重要的。例如，在有些团体中，卓有成效的领导人是果断的、有进取心的，而在另一些团体中，这样的领导人却应该是态度和蔼的、有节制的。就是在同一团体内，有人认为领导应该思维敏捷，行动迅速，但另一些人却认为领导应该深思熟虑，能老练地处理问题。譬如学校校长或教育局长究竟果断迅速好还是不慌不忙、考虑周到好，恐怕谁也说不清。衡量角度不同，得出的结论也不同。归根结底，不可能有一个普遍适用的领导特性和品质。

为什么特质研究法难以收效？一些学者③分析了这样一些原因：（1）领导是一个动态的过程，是社会现象。任何人都不可能生来就具备领导者的素质。领导人的特性和品质是后天的，是在实践中形成的，可以通过培养训练而获得。（2）个人性格特征只是领导者的必要条件但不是充分条件。领导者的成功与否，不仅跟个人特质有关，而且跟领导的环境有关。特质研究忽视了环境对领导成败的影响，而后者实际上更重要些。例如，一些表面上是领导者个人能力的问题，实际上却是环境问题，如组织结构问题、权力分配问题、资源缺乏问题、设备陈旧问题等。所以，领导者的成功与否更

---

① Ralph M. Stogdill, Personal Factors Associated with Leadership: A Survey of the Literature, *Journal of Psychology*, 25, 1948, pp. 35-71.

② R. D. Mann, A Review of the Relationships Between Personality and Performance, *Psychological Bulletin*, 56, 1959, pp. 241-270.

③ 参见徐联仓、凌文辁主编：《组织管理心理学》，科学出版社1988年版，第308—309页。

多地受到环境因素的制约。① 对此,斯托格迪尔也断定:"一个人不是靠着拥有某些综合品质而成为领导的……领导者的个人品质还必须与追随者的个性、从事的活动以及目标联系起来。"② (3) 各种组织的工作性质不同,对领导者的要求也不同。即使在同一组织内,工作性质也是多方面的。因此,领导者的人格特质都是具体的、特定的,而不是一般性的。试想,对一个大城市的重点中学校长的要求与对一个偏远山区只有几十名学生的小学校长的要求能完全一样吗?

当然,指出特质研究的局限性并不意味着要全盘否定领导特质的研究,而只是要说明:第一,它不能作为划分领导者与被领导者的依据;第二,决定领导成功的因素除了个人条件外,更重要的是环境的条件。在考虑环境条件的前提下,适当考虑一下当一名优秀领导者所具备的素质条件,还是必要的。

二、领导风格类型理论

领导风格是指领导者对被领导者的控制方式。控制方式的不同,会影响到组织的气氛,并最终影响到组织的效率。较早研究领导风格的是社会心理学家卢因。他根据权力掌握在谁手里而把领导风格分成三种类型:(1) 专制型。一切权力掌握在领导者手中,下级只有执行权。(2) 民主型。权力定位于群体,成员有较大的参与权和决策权。(3) 放任型。权力定位于个人,领导只布置任务,其余一概由成员个人决定,放任自流。为了检验不同的领导风格会对

---

① Richard H. Hall, *Organizations Structures, Processes and Outcomes*, New Jersey: Prentice Hall, 1991, p. 135.
② R. M. Stogdill, *Personal Factors Associated with Leadership*, pp. cit.

群体行为和效率产生什么影响，卢因和他的助手找来一群十一二岁的男孩做实验，让他们分成三组制作假面具，每一组轮流用三种领导方式实施管理。实验结果显示了不同的领导风格所产生的不同影响。从效率来讲，放任型的领导风格效率最低，产品质量和数量都很差，但人际关系不错。专制型的领导由于严格管理，可以完成工作目标，但成员态度消极，互相推卸责任，争吵次数比民主型组高出三十多倍，挑衅行为多八倍。民主型的领导效率最高，既完成了工作目标，也达到了社交目标，孩子们表现主动、成熟、自觉性高、富有创造性。卢因的实验结果后来被很多心理学家的研究所证实。

20世纪60年代初，美国密歇根大学心理学家利克特（R. Likert）也对领导风格问题进行了探讨。他在《管理新模式》一书中，把现行的领导作风分为四种类型：（1）剥削式专制领导。权力集中在最高一级，上级的指示依靠威胁或制裁方式贯彻执行，下级不能过问决策工作，无任何发言权。（2）仁慈式专制领导。权力仍集中于上级手中，但对部下较客气，有时也会听一听部下意见，不过范围有限。（3）协商式领导。上下级之间有较大的信任度，虽然主要决策权还掌握在高层手里，但部下也能作一些决策。双方能交换意见，传达信息，组织气氛较为和睦融洽。（4）参与式领导。领导与部属之间完全信任平等，大家共同参与决策过程，人际关系也十分密切友好。整个组织有协作，有配合。领导得到大家支持，部下敢于承担责任，工作目的性明确。利克特认为，在这四种类型中，风格越是接近后一种，组织效率就越高，成就也就越大。[1]

领导风格的研究告诉我们，一般来说，民主型的领导要优越于

---

[1] W. K. Hoy & C. G. Midkel, *Educational Administration: Theory, Research and Practice*, Random House, 1978, pp. 145-147.

专制型的领导。因此，作为一个领导要真心诚意相信群众，善于调动群众的积极性，注意发挥人的潜力，这样才能提高工作的效率。

三、领导行为理论

有关领导行为的研究是从 20 世纪 40 年代中期开始的，研究的重点主要是探讨领导行为的倾向问题，即在具体的领导过程中，领导是倾向于以组织或生产任务为中心，还是倾向于以人或人际关系为中心。

（一）俄亥俄州立大学的研究

美国俄亥俄州立大学于 1945 年首先对领导行为问题进行探讨。研究人员经过调查研究，列出了一千多种刻画领导行为的因素，再通过提炼概括，最后归纳出两种基本的领导行为倾向，即"抓组织"和"关心人"。前者指领导者在工作中倾向于根据组织目标和任务，着重抓组织结构建设和工作程序方法，重事不重人。后者正好相反，工作中特别注重与下属的关系，尊重下级的意见，关心他们的需求，显现出一种重视人际关系的领导行为。根据这两种基本倾向，研究人员设计了"领导行为描述问卷"再进行调查，并在调查基础上提出了"领导行为四分图"（图 5-1）的图形模式，以体现领导行为的具体组合情况。在这一图形中，高组织高关心人的领导人，既重视人际关系，又重视抓工作。高组织低关心人的领导，重视抓工作和组织目标的完成，而不关心人。低组织高关心人的领导，重视人际关系而不用严格控制式的管理。低组织低关心人的领导，既不重视抓工作，也不

图 5-1 领导行为四分图

关心人。俄亥俄州立大学的这项研究，以两维层面来表示领导者的行为倾向，这在当时是一种有意义的尝试。

（二）密歇根大学的研究

美国密歇根大学在利克特的带领下，也于20世纪40年代末50年代初对领导行为与工作效率之间的关系进行了研究。他们的研究结果表明，在"员工导向"和"生产导向"两种基本要素之间，如果领导者的行为倾向于员工导向，即重视人际关系，关心职工利益，让职工有较多的参与决策机会，则该部门的生产效率要高；如果领导者的行为倾向于生产导向，即看重的是工作中的生产与技术因素，把员工仅仅视为完成生产目标的工具，管理上采用高压强制手段，则该部门的生产效率要低。

俄亥俄州立大学和密歇根大学的研究有一个共同点，都从两维层面，即关心人（员工导向）和关心组织（生产导向）来考察领导者的行为，从而得出关心人的领导方式下的生产效率要高于关心组织的领导方式下的生产效率。但他们的研究观点也有不同之处：密歇根大学的研究认为，员工导向的领导行为与生产导向的领导行为互相排斥，一个领导者只能偏向于一种领导行为，不能兼而有之，所以最佳领导方式应该是以员工为中心；而俄亥俄州立大学的研究认为，两种领导行为虽互相独立，但并不互相排斥，一个领导人可以偏向于一种领导行为，也可以两种领导行为兼而有之，故最佳领导方式应该是既抓组织又关心人。①

（三）管理方格理论

从20世纪60年代中期到70年代末，美国学者布莱克（R. R. Blake）和穆顿（J. S. Mouton）在俄亥俄州立大学的研究基础上，

---

① 参见徐联仓、凌文辁主编：《组织管理心理学》，科学出版社1988年版，第325页。

进一步提出了管理方格理论（Managerial Grid）。他们设计了一张九等分的方格图（图5-2）来说明自己的观点。图中横坐标代表管理者对生产的关心程度，纵坐标代表管理者对人的关心程度。评价管理人员时，就按其两方面的行为寻找交叉点，这交叉点便是他的管理类型。例如，某经理关心人的程度很高，达到9，而关心生产的程度很低，只有1，交叉点便是1.9，他就是1.9型的管理人员。又比如另一个经理关心人的程度很差，只有1，而关心生产特别强，达到9，交叉点在9.1，他便是9.1型的管理人员。在81种领导方式中，布莱克和穆顿认为最典型的有以下五种。

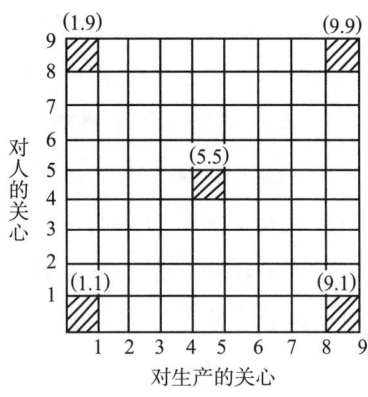

图 5-2　管理方格图

（1）1.1型——贫乏的管理（Impoverished Management）。对职工和生产都不关心，只满足于完成为在组织中继续待下去所必需的最低限度的工作。

（2）9.1型——权威与服从（Authority-Obedience）。只关心生产，不关心人，主要依靠职权来控制下属，集中精力追求最高产量。

（3）1.9型——乡村俱乐部式管理（Country Club Management）。特别关心人而不关心生产，认为职工精神愉快，生产效率自然高，最看重企业成员对自己的良好感情。

（4）9.9型——协作管理（Team Management）。对生产和职工的管理都达到了最高点，是一种协作式的管理，力求通过大家参与、承担义务和解决矛盾，来取得高产量和高质量的成果。

（5）5.5型——组织人管理（Organization Man Management）。

在方格图的中心，是一种不高不低的管理，既不过分偏重人的因素，也不过分偏重任务，努力保持和谐和妥协，完成任务过得去，但不突出。①

在这几种领导方式中，显然，9.9型是最有效的领导方式。为此，布莱克和穆顿还设计并试验了一项培训管理人员的计划，使管理人员可以联系实际学习方格理论，并在企业中进行组织开发，以逐步走向9.9型的管理。

（四）领导的三维层面理论

前面所述领导行为理论都是从两维层面（完成任务和人际关系）着手探讨的。另一位研究学者雷丁（W. J. Reddin）在此基础上又加了一个层面，即有效性层面（图5-3），由此提出了领导的三维层面理论。②雷丁认为，仅从两个方面来分析领导的行为还不够，还应从工作是否有效的角度考察领导行为。所谓有效性，就是领导在多大程度上实现了自己的和组织的目标。与以往研究不同的是，雷丁认为有效性不仅仅与领导方式有关，还与领导所处的环境因素有关。环境因素主要包括五种：组织心理气氛、工作技术、与上级关系、与同伴关系以及与下属关系。只有把领导者、被领导者以及领导所处的环境综合在一起，才能全面认识领导和领导行为问题。雷丁研究的贡献在于，他超出了以往同类研究的范围，指出领导者的成功既取决于领导行为，又取决于环境因素，是领导行为与环境因素互相作用的结果。这一看法实际上已经包含了正在发展着的领导权变理论的思想。

---

① 参见［美］R. R. 布莱克、J. S. 穆顿著，孔令济、徐吉贵译：《新管理方格》，中国社会科学出版社1988年版，第14—17页。

② R. N. Cassel & R. L. Heichberger, *Leadership Development: Theory and Practice*, Mass: The Christopher Publishing House, 1975, pp. 133-137.

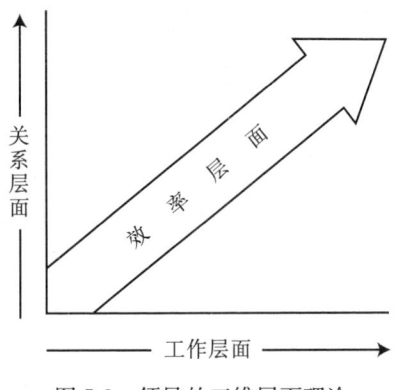

图 5-3　领导的三维层面理论

（五）PM 理论

在众多的领导行为研究中，日本大阪大学心理学家三隅二不二的 PM 理论也具有一定影响。从 20 世纪 60 年代起，以三隅为首的研究小组就在日本的各类企业、机关、学校、医院等对领导行为进行了广泛研究，在这基础上提炼出了 PM 理论。

所谓 PM 是团体机能的概念。三隅认为，任何一个团体都具有两种机能：一种是达成团体目标的机能，即工作绩效（performance，简称 P）；另一种是维持和强化本团体组织的机能，即团体维系（maintenance，简称 M）。前者包括领导者制订计划，对下级严格规定完成任务期限，制定规章制度和职责范围等。P 机能的发挥必然会带来压力，使得下级产生紧张感，甚至会引起上下级的对抗，因此还需要后者即 M 机能。M 机能的作用就在于通过对下级的关怀体贴，消除人际关系中的不必要的紧张感，缓和对立情绪。发挥 M 机能要求领导者多对下级予以激励和支持，给下级发表意见的机会，满足部下的需求，增进成员之间的友好和相互依存性，通过这些方式，来维护组织的正常运营，确保组织目标的实现。三隅等人还指出，领导者的作用就在于执行这两种团体职能，因此领导者的行为也就包括这两种因素。一个领导者，不论他的 P 因素多么强，总包含有某种程度的 M 因素。同样，不论 M 因素多么强，也总包含某种程度的 P 因素。此外，P 和 M 两方面都强或两方面都弱的情况也是存在的。在各种由 P 和 M 组合的类型中，PM 型（两种机能都强）效率最好，P 型或 M 型（一种机能强）居中，pm 型（两种机能都弱）效率最差。PM 理论的这些假设，与俄亥俄州立大学的研究有共同之处。

PM 理论对于改进领导方式，提高管理水平有很重要的参考价值。20 世纪 80 年代初，我国心理学工作者也曾运用这一理论考察我国企业的领导问题，并取得了显著的成效。一些研究人员还在此基础上提出，评价我国企业的领导行为，除了 PM 因素外，还应加上 C（character and morals，即品德）因素。[①] 这可以说是对我国领导行为模式问题进行的一种新的探讨。

第三节 权变理论

20 世纪 50 年代到 60 年代初，关于领导问题的研究主要集中在领导行为方式方面，然而一个绝对理想的领导方式是不存在的。就像后来不少学者所指出的那样，领导的效果并不完全取决于领导行为方式。影响领导效果的因素是多种多样的，组织性质、文化传统、社会习俗以及被领导者、工作环境等都有可能影响到领导的效果。因此，领导过程是领导者、被领导者及其环境因素的方程式，

[①] 参见徐联仓、凌文辁主编：《组织管理心理学》，科学出版社 1988 年版，第 358—362 页。

即领导的有效性＝ƒ（领导者、被领导者、环境）。正因为如此，应该根据具体情境确定最合适的领导方式，这种观点就被称为权变理论（Contingency Theory）或情境理论（Situation Approach）。

一、菲德勒的领导权变理论

如果说20世纪50年代至60年代初在领导研究方面最有影响的是美国俄亥俄州立大学关于领导行为的理论的话，"那么70年代则是领导权变理论的天下"①。从领导行为的研究转向领导权变理论的研究，推动力主要来自于美国心理学家菲德勒（F. Fiedler）。权变理论的基本特点，是将以前的领导特质研究、领导行为研究与环境因素有机结合起来，强调领导者的领导效果与组织环境有关，有效的领导行为依赖于环境对领导者是否有利。自菲德勒1962年提出权变理论以后，在短短的十多年间，先后有三百多项研究是针对他的理论进行的，其中绝大部分的研究都论证并支持了他的理论。

菲德勒认为，领导者个人的领导类型是由其人格特性决定的。这种人格特性一旦形成便很难改变。所以，与其让领导者改变领导类型，还不如让领导者知道哪一种领导类型在哪一种具体的情境中最有效。要做到这一点，首先要帮助领导者认识自己的领导类型。为此，菲德勒设计了一份被称为"评价最不喜欢的同事"（Esteem for Least Preferred Co-worker）的问卷量表，通过让领导者对最不喜欢的同事打分的方式，来测定领导者的领导类型。如果领导者对自己最不喜欢的同事给予较高的评价，那他就是一个关心人和对部

---

① E. Mark Hanson, *Educational Administration and Organizational Behavior*, 1991, p. 191.

下宽容体贴的关系导向型的领导；如果领导者对最不喜欢的同事打分很低，那他就是一个重工作的任务导向型的领导。

知道了领导类型以后，还需知道哪一种情境对这种领导类型最有效。菲德勒认为，判断情境条件主要取决于三个因素：(1) 领导者的职权，即看领导者在这个职位上拥有多大权力，有没有雇用、辞退、奖励以及惩罚组织成员的权力，权力越大，领导者的工作就越容易做。(2) 任务结构，这主要指组织本身目标是否明确，领导者和其他成员是否清楚知道做什么、怎样做。任务越是结构化，情境对领导者就越有利。(3) 领导者与被领导者的关系，看领导者被其组织成员所接受和尊重的程度。前两个因素，即职权和任务结构主要是由组织本身决定的，而领导者与被领导者的关系则是由领导者的个性和行为决定的。领导者越是被部下所接受，情境就越有利。在这三个因素中，菲德勒认为第三个因素最重要，其次是任务结构和领导者的职权。因此，当 (1) 组织成员对领导报支持态度；(2) 领导清楚知道做什么、怎样做；(3) 组织赋予领导者奖励和惩罚成员的权力的时候，领导者就处于十分有利的情境之中，他就能控制和影响其他成员。[1]

当了解了领导类型和情境因素以后，接下来就要认识这两者之间的交叉关系。菲德勒于是把三种情境因素的不同组合情况列成一张表，共出现八种不同的情境类型（如下页表）。在这八种情境类型中，菲德勒认为 1 是最有利的领导情境，2 和 3 是比较有利的情境，前三种情境对于领导者完成目标和任务来说都算是有利的；中间 4 和 5 是中等有利的情境；后面 6 和 7 是较不利的情境，8 是最不利的情境，后三种总的都算是不利情境。经过进一步地分析、测

---

[1] W. K. Hoy & C. G. Miskel, *Educational Administration: Theory, Research and Practice*, Random House, 1978, p. 288.

算和统计相关系数，菲德勒最后得出以下结论：如果以领导有效性即团体完成其任务的程度为标准的话，那么，（1）在有利的情境中（前三种），以任务为导向的领导者要比以关系为导向的领导者领导更有效；（2）在中等有利和较不利的情境中（中间四种），以关系为导向的领导者要比以任务为导向的领导者领导更有效；（3）在最不利的情境中（最后一种），以任务为导向的领导者要比以关系为导向的领导者领导更有效。①

情境	1	2	3	4	5	6	7	8
领导者与被领导者关系	好	好	好	好	差	差	差	差
工作结构	明确	明确	不明确	不明确	明确	明确	不明确	不明确
领导者职权	强	弱	强	弱	强	弱	强	弱

从菲德勒的理论中我们可以看到，有效的领导不仅仅取决于领导行为类型，而且也取决于情境对于领导者是有利还是不利，情境对领导的有效性有很大的影响。这一理论对我们的启发是，对于领导者来说，不能用一种固定的模式去管理千差万别的组织，而应该根据具体情况采用不同的领导方式。对于组织安排领导来说，要考虑该领导者的领导类型是否与该单位的情况相匹配，根据单位特点选派合适的领导人，这样才能发挥最佳领导效能。

---

① R. G. Owens, *Organizational Behavior in Education*, New Jersey: Prentice Hall, 1991, p.147.

二、通路—目标理论

通路—目标理论由加拿大多伦多大学教授豪斯（R. J. House）于1971年创立。豪斯通过调查和研究，认为在俄亥俄州立大学的领导行为四分图中，高组织高关心人的组合不一定就是最有效的领导行为，因为这里没有考虑情境因素。关键是看在什么情境下适合于高组织高工作的领导行为，在什么情境下适合于高关心高人际关系的领导行为。考虑情境因素，豪斯认为必须看工作性质和任务是否明确。当工作任务模糊不清、职工无所适从的时候，他们希望有高工作的领导，帮助他们对工作作出明确的规定和安排；当从事例行性工作或者内容十分明确的工作时，职工只希望高关心的领导，从而使个人需要得到满足。如果任务明确，领导还在不停地发号施令，职工就会厌倦，产生不满。因此，对于领导者来说，最重要的是在一种情境中用抓组织、关心生产的方法帮助工人扫清达到目标的通路；而在另一种情境中用关心人、满足人的需要的方法，激励工人去实现自己预定的目标。豪斯的这一观点后来得到很多研究的支持。

三、领导生命周期理论

受前面所述雷丁的领导三维层面理论的启发，另一位心理学家科曼（Korman）提出了领导生命周期的理论。科曼认为，决定领导的有效性，不但要看领导者"抓组织"和"关心人"的两维行为层面，还要看被领导者的成熟度如何。所谓成熟度，指的是个人或团体确立高而可行的目标的能力，承担责任的意愿和能力，以及教育、经验的程度等。① 被领导者在任何情况下都是重要的，这不仅因为他们可以接受或拒绝领导者，而且因为作为一个团体他们实际上可以决定领导者所拥有的权力的大小。为了说明领导效率与工作行为、关系行为以及成熟度三者之间的关系，科曼设计了一个曲线图表（图 5-4）。在这一图表中，领导者的领导方式随被领导者的成熟程度而改变：当被领导者很不成熟时，采用高工作、低关系的专制型领导方式最有效；当被领导者不太成熟时，采用高工作、高关系的说服教育型领导方式最有效；当被领导者比较成熟时，采用高关系、低工作的参与型领导方式最有效；当被领导者的成熟度相当高时，采用低工作、低关系的授权型领导方式最合适。总之，随着被领导者由不成熟趋于成熟，有效的领导行为也应该作出相应改变。

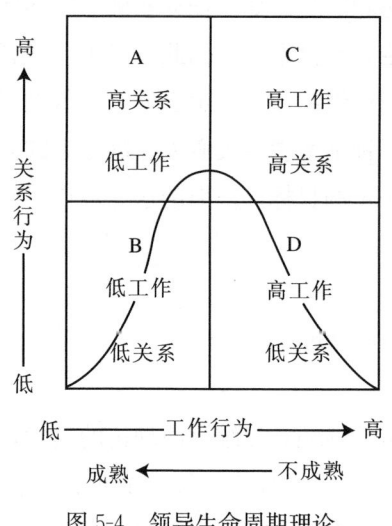

图 5-4　领导生命周期理论

---

① R. N. Cassel & R. L. Heichberger, *Leadership Development*: *Theory and Practice*, Mass: The Christopher Publishing House, 1975, pp. 139-141.

在有关领导问题的各项研究中,权变理论无疑有着重要的地位。权变理论不承认有绝对的领导方式,认为有效的领导方式取决于领导者所处的环境条件。这一思想为以后的很多项领导问题的研究所证实。由于权变理论较为精细、合理,并具有较强的说服力,因此对 20 世纪七八十年代的组织理论的研究产生了重大的影响。正如一位研究人员所说:"当前,权变理论可能是席卷整个组织领域的最强大的思潮。很多领域的沿革都显示出一种由普遍性的法则转向情境关系和法则的运动。权变理论的走红说明组织理论正步入一个科学的成熟期。"①

第四节 教育领导者

教育领导者是一个相当模糊的概念,因为能够称得上教育领导者的人实在太多了。在我国,在任何一个教育行政机关里,上到教育部部长,下到一个普通的教育科科长,都在从事着教育行政领导工作,因此都可以称得上是教育领导者。我国又有那么多的学校,每所学校都配备着校长、书记、教务主任、总务主任等,由此就形成数量相当可观的数以百万计的教育领导者队伍。为了使这支数量可观的队伍充分发挥作用,当然就必须研究教育领导者的问题。

---

① P. Khandwalla, *The Design of Organizations*, New York: Harcourt Brace Jovanovich, 1977, p. 248.

一、领导哲学

（一）领导问题并不仅仅是效率问题

从事教育工作的人现在正处于一个高度组织化了的教育环境之中。在这样的环境中，教育领导问题显得异常重要。不过，在很多教育行政领导者眼里，教育领导问题似乎只是领导效率的问题，而领导效率问题最后又主要体现在书面成绩、考试以及升学率这类可以量化的指标上。为了提高领导效率，教育领导们都十分在意领导管理中的技术方面问题。例如在学校里，几乎每个校长都会设法通过各种技术手段来提高学校的升学率，如办辅导班、组织模拟考试、给毕业班的教师发特别的津贴等，似乎学校领导工作的目的就体现于此了。

当教育领导们过于看重管理技术方面的问题时，他们无形中便抹煞或忽视了另一方面的问题即价值问题。"把效率和效用作为组织的元价值，就使组织失却了价值意义。"[1] 而一旦失去了价值意义，学校管理就成为一种机械被动的工作。为什么要有学校？毫无疑问，是为了继承、传播和发展人类的文化。那么为什么要有学校行政？学校行政的目的，不完全是为了多出几个强有力的高考竞争者，而是为了使人类文化、文化的传播者以及文化的接受者这三者在文化传播过程中尽可能地彼此和谐一致，使人们能在这一过程中得到充分的智慧、情感和美的享受。因此，教育领导的价值并不仅仅体现在领导效率方面，它还体现在怎样看待人类文化，用什么样的精神来传授文化，以及如何在传授文化的过程中达到人与人、人

---

[1]［加］克里斯托弗·霍奇金森著，刘林平等译：《领导哲学》，云南人民出版社 1987 年版，第 1、3 页。

与环境之间的和谐完美等问题的哲学思考方面。教育领导者不应该成为效率的奴隶，而应该成为富有哲学思考意识的专家。把教育领导的问题看成单纯的效率问题，实际上就是把教育领导者的地位贬低为一个忙忙碌碌的事务主义者的地位。

教育领导活动中无疑具有很多定性的、人文的东西，这些定性的和人文的东西构成了教育领导过程中的价值因素，它们是很难用数量来表示的。例如，如何在教育活动过程中保持和谐的人际关系，如何体现办学特色，应该提出什么样的办学目标，怎样使学校教育活动跟上社会政治文化发展的步伐，怎样去实现所谓的素质教育，等等，对这些问题的思考，就是一种价值的思考、一种哲学的思考。对这些问题的思考，有时是一个很痛苦的过程，它远比抓效率、抓质量来得艰辛和不易。有一篇文章，道出了这种艰辛和不易。文章的题目是《校长的难题：二律背反》，副标题是《一个中学校长的苦恼》。文章写道，目前，几乎所有的中小学校长都发现自己被逼在一个两难的怪圈：在理论上应该这样做，在实际上却只能那样做。在"应该这样做"和"只能那样做"这两者之间，校长们思想上受尽折磨，最后只好痛苦地选择后者而舍弃前者。文章从三个方面列举了这样的两难怪圈：（1）姓"教"还是姓"钱"的困惑。学校应以教学为中心，校长理应全力以赴抓教育，但现在众多的校长却不得不扬长避短，为创收而奔忙。（2）"全面"还是"片面"的选择。校长们都知道提高教育质量要按教育规律办事，加班加点培养不出高智能、创造型的人才，但还是不得不去追求升学率，做"拔苗助长"的事。（3）"改革"与"维持"的矛盾。校长应该锐意改革，大胆创新，否则学校没有活力，但是改革又不是在真空中进行，它受到种种牵制，许多校长在改革时大有如履薄冰之感,觉得与其仓促改革出乱子,不如谨小慎微搞维持。① 文章虽发表于多年前,但直到现在仍相当程度地反映出我国众多的教育领导者所面临的问题。显然,处理这些问题,单单靠提高领导效率是无法解决的。

(二)未经审视的管理不应实施

当代著名学者霍奇金森(C. Hodgkinson)有一名言:"未经审视的管理不应实施。"② 这句话对于每个教育领导者来说都是具有启发意义的。长期以来,我们比较注重对教育管理的过程、原则和方法的研究,似乎这些都是纯客观的东西,只要精心琢磨,就能上手操作,运用自如。由于把管理的原则、方法看成是纯客观的东西,因此就忽视了这些原则、方法背后所蕴含的思想、意识以及价值观念。举例来说,我们的很多学校管理学教材都提到协调性的原则,认为搞好学校工作要做到上下协调、齐心协力。为了做到这一点,领导者应当施展种种手段,如目标管理、岗位责任制等。然而我们却没有想到,管理越协调一致,就越使人受束缚。当我们强调协调、强调齐心的时候,我们也就在一定程度上束缚了个性的发展;而学校一旦缺少个性发展,不管是教师的个性还是其他员工的个性,就有可能变成一所呆板和无活力的学校。因此,我们不能以牺牲个性的代价来求得协调。对于领导者来说,就应当考虑解决组织目标与成员个性之间的冲突的问题,在追求目标的同时,尽力设法解除组织对个人的持续的压力。学校领导者应该懂得,学校组织与教职员工的关系是一种共生关系,没有个人的发展,就没有组织的发展,反之亦然。自然,解决协调与个性之间的冲突,远比解决单个协调问

---

① 参见沈幼生:《校长的难题:二律背反——一个中学校长的苦恼》,载 1989 年 4 月 30 日《解放日报》。

② [加]克里斯托弗·霍奇金森著,刘林平等译:《领导哲学》,云南人民出版社 1987 年版,第 7 页。

题要难,它是对领导者的一种新的挑战,同时也说明教育领导是一件很不容易的工作。正是在这个意义上,霍奇金森写下了如下一段话:

> 管理是一个复杂的、普遍的人类历程。在这个历程中,管理角色像罗马神话中具有两副面孔的门神一样,向外,它观察着环境,向内,它观察着内部秩序。它的基本目的在于寻求平衡和发展,它的基本功能在于消除紧张状态从而达到目的。这就是它在人类价值的全部历程中所发挥的作用。在管理历程的每一阶段上,价值都在发生影响并总是自我纠缠不清,这自然也就包含着冲突。……紧张状态的基本线索一方面存在于人与组织之间,另一方面则存在于组织与环境之间。这些紧张状态,它们的人文基础和价值的普遍性,使人们确认管理是一种艰难的艺术,并且,作为一种艰难的艺术,它同时可能又是一种最高尚、最古老和最基本的职业。①

总而言之,管理中没有纯客观的原则和方法,一切属于操作性的东西都必须经过仔细审视和思考。在教育管理领域,办学目标的确定,特色学校的创办,学校机构的设立,师生关系,办学效益,教学方法,教育决策,教育发展战略,教育资源的分配和利用,学校与社会的关系等,所有这些领域都蕴含着价值观念,都需要教育领导者在实施前和实施过程中适当进行深层次的哲学思考。只有这样,教育领导者才可能使自己从盲目被动的事务主义者的角色中解脱出来。

二、教育领导者的权威

(一) 权力和权威

每个领导者都握有一定权力,这是不言而喻的。但是我们都知

---

① [加] 克里斯托弗·霍奇金森著,刘林平等译:《领导哲学》,云南人民出版社1987年版,第3—4页。

道，拥有权力的人并不一定拥有真正的权威。可见权力并不等同于权威。什么是权力？韦伯认为权力是一种地位，处在这种地位上的人尽管遇到反抗也能贯彻自己的意志。① 也有的人把权力定义为"一个人（或一群人）按照他所愿意的方式去改变其他人或群体的行为以及防止他自己的行为按照一种他所不愿意的方式被改变的能力"②。不管怎样看待权力，有一点是可以肯定的，即权力往往和强迫他人（当然也不排除说服他人）做某事有关。而权威不同，拥有权威的人有时享有某种权力，有时并不享有权力。在后一种情况下，我们说某人在某一方面很有权威，实际上是说某人具有"影响力""感染力"和"受人尊重"。可见，权威常常被用来指某人的内在特质，而不是指正式赋予的权力。③ 人们尊重权威，并不一定是由于强权而无奈，更多的是出于自愿。对于领导者来说，政府或上级行政机构赋予其一定权力，然而要使权力真正发挥其权威作用，还需依靠自己的努力。人们常常说某某以势压人，实际上就是指这位领导虽拥有权力却缺乏权威，不足以使人心服口服。只有那些既拥有权力，同时又能使人自觉自愿服从权力的人，才能成为真正成功的领导者。

（二）教育领导权威的类型和作用

根据马克斯·韦伯的分析，领导权威的类型有几种：第一种是传统型的权威，即权威来自于传统的习惯和世袭制度，如国王、酋

---

① 韦伯关于权力的定义原文是："权力是一种社会关系中的某一行动者能处在某个尽管有反抗也要贯彻他自己的意志的地位上的可能性。" T. Parsons (ed.), Max Weber, *The Theory of Social and Economic Organizations*, New York: The Free Press, 1947, p. 152.

② R. H. 陶奈：《平等》，伦敦，1931 年，转引自［美］彼德·布劳著，孙非等译：《社会生活中的交换与权力》，华夏出版社 1988 年版，第 135 页。

③ 参见［美］哈罗德·J. 莱维特著，张文芝等译：《管理心理学》，中国人民大学出版社 1995 年版，第 147 页。

长、部落首领，人们之所以敬畏和顺从他们，完全是出于对古老传统神圣不可侵犯的信仰。第二种是个人魅力型权威，即权威来自于某个杰出人物的非凡才能、品质、学识、个性或英雄之举。这种权威常常不依赖于法定的职位，而主要取决于个人。第三种是法定型权威，它是建立在经正常程序制定的法律基础之上的。人们对这种权威的顺从与其说是对某人职位的顺从，不如说是对法律的顺从，因为是法律赋予这些人领导的权力。① 从事教育领导工作的人的权威，主要是这种法定型的权威，即法律赋予他们教育领导的权力，并由此带来一定的权威。除此以外，当然也不排除一部分领导者以自己的魅力进一步补充法定权威作用。这后一种情形显然对教育领导者的工作提供了极大的便利，至少可以大大缓冲由组织压力带来的紧张情绪，使人们更自觉、更乐意地服从权力。

教育行政工作离不开权威，特别是离不开教育领导的权威。如果我们问一位校长，领导权威对他有什么用？他无疑会说，领导权威确实有用，学校须凭借它进行协调和控制，以保证教职员工准时上班，专心备课，一心一意完成教育的任务。离开了领导权威，学校组织就难以向它的目标迈进。② 具体来说，在教育行政工作中运用权威有以下好处：(1) 能提高工作效率。权威性的命令不允许拖拉，不允许三心二意，落实起来阻力也小，这样效率当然能提高。(2) 能维持学校组织应有的秩序和统一。因为权威的存在，大多数教师都能不计较个人得失，而遵守基本的规则。(3) 能维护教育行

---

① 参见［英］弗兰克·帕金著，刘东、谢维和译：《马克斯·韦伯》，四川人民出版社1987年版，第111页。

② 对此，一位中学校长深有体会地说："权威性必须成为领导、成为名副其实的校长的根本属性。其领导和管理学校的才能只有在有威信的条件下充分发挥作用。没有威信，有才能也白搭；有威信又有领导和组织才能，才有可能把学校领导好。"参见韦力：《努力做一名合格的中学校长》，载《教育研究》1983年第9期。

政人员的地位和自信心。由于领导权威是以权力以及权力背后的法律为后盾的,因此下级在这种权威面前一般都小心谨慎,至少在表面上表现得恭顺。这种表面的恭顺可能使上级产生错觉,但对上司维护自信却很有帮助。(4)能使工作变得简单,你无须花更多时间去了解他人的情感和动机,便可利用权威限制他人的行动。权威还能同时在一群人身上施展,所以还能收到事半功倍的效果。(5)能使运用者感到心理的满足,同时又能使执行者维持心理平衡。总之,在从事教育行政工作时适当利用权威,无论对组织利益、领导者以及被领导者都有益。至于如何提高教育领导权威,这与其说是一个理论问题,不如说是一个实践的问题。一般来说,在拥有一定权力的基础上,通过自己的不懈努力,如提高学历层次,加强理论修养,丰富教学和管理经验,以身作则,作风民主,善于关心体贴人,敢于承担责任等,就能在一定范围内树立起自己的形象,从而最终建立起自己的领导权威。

三、教育领导行为

在教育领导过程中,领导行为同样表现出较强的倾向性。人们常说管理有两端,一端是组织和任务,一端是人。是关心任务还是关心人,表现了一位领导者的基本行为倾向。关心任务的教育领导者,特别看重组织的利益,如在学校里,关心任务型的校长把学校的目标放在第一位,注重抓计划落实,抓规章制度,强调教育教学质量,主张人际关系要服从于组织任务。与此相反,关心人的教育领导者看重组织中的人际关系,认为只有主动去关心爱护人,了解并满足教职员工的需要,才能提高人的工作积极性,而积极性提高了,教育教学任务自然也能圆满完成。当然,真正只重一端而无视另一端的情况是不多见的。绝大多数校长或教育领导者的行为都表现出着重强调某一端（组织或人），同时兼顾另一端。有迹象表明，由于我国的实际教育背景，如高考制度的存在，大众传统的"学而优则仕"的文化心理，基本集中统一的教育体制，一贯的个人利益服从集体利益的宣传主张，以及教育领导者的任命方式等，在我国的教育行政工作者队伍中，关心任务型的领导行为占有较大优势。然而以发展的眼光看问题的话，只注重抓任务还是不够的。国外的很多研究表明，教职员工最欢迎的是既关心任务又关心人的教育领导者。"教师们认为，理想的校长既看重制度，又看重人。"① 如果把注重任务看作控制型的领导，注重人看作乐观型（相信人的工作态度和能力）的领导，那么教师们一般都偏爱于乐观型的教育领导者。② 此外，虽然领导者可以通过强有力的领导手段去实现组织目标，但这样做如果是以引起教职员工不满为代价的，那么这种领导充其量只有部分的成功，因为与此同时，集体的凝聚力被削弱了。"有效的领导，以能激发被领导者去做领导者所指示的事为标志。虽然成功的领导者无疑能使人行动起来，但有效的领导者却激励人们用所要求的方式去行动，因为他们发现这样做是能得到报答并且令人满意的。"③ 由此可见，在普遍的关心任务型的领导行为基础上，我们还需进一步增强对人的利益、动机、需要等方面的认识，以提高领导行为中关心人的成分，双管齐下，才能最终提高整个教育领导的效率。

除了要在组织和人两端之间取得平衡以外，根据权变理论的研

---

① Thomas J. Sergiovanni, Toward a Particularistic Approach to Leadership Style: Some Findings, *American Education Research Journal*, 6, No. 1, 1948, p. 77.

② 参见［美］罗伯特·欧文斯著，孙绵涛等译：《教育组织行为学》，华中师范大学出版社1987年版，第174页。

③ William H. Roe & Thelbert L. Drake, *Principalship*, New York: Macmillan Publishing Co., 1980, p. 96.

究，有效的教育领导还取决于环境因素。很多教育领导者希望有一个稳定不变的工作环境，这样可以保持较为一贯的自己认为是最好的领导方式。这是可遇不可求的事情。实际上，并没有一种最好的领导方式。当然这并不是说各种领导方式都一样好。最合适、最有效的领导方式取决于大量的不确定的环境因素。处在今天改革开放的年代里，我国教育领域中的变化实在太大，所以一切都要依教育组织的形态、人员变化、体制的改革以及政策的改变而作出相应的改变，也就是说要具体情况具体分析。根据现有的研究①，下面几点结论或许可以作为参考：

(1) 十分难弄的学校，由以任务为中心的校长去领导较为有效。

(2) 各方面都十分理想的学校，由以任务为中心的校长去领导较为有效。

(3) 在既不是很糟也不是很理想的学校，有一个善于搞好人际关系的校长，对提高组织效率较为有效。

(4) 在教育行政机构或学校的提供标准化服务的部门，如财务处、总务处等，领导需要强调等级关系、规章制度，需要果断作风；在实际教育教学部门，领导作风可适当灵活些，较少些清规戒律。

(5) 在中小学特别是小学，如果一个领导权力有限，有关组织目标方面的问题不是很明确（如怎样才能提高学生的数学考试成绩，对此难以有一个肯定的答案），然而领导者与被领导者的关系倒也不错，在这种情况下，以人员导向为中心的领导方式较为有效，命令式的领导作风反而不利。

---

① W. K. Hoy & C. G. Miskel, *Educational Administration: Theory, Research and Practice*, 1978, pp. 284-294; R. G. Owens, *Organizational Behavior in Education*, 1991, pp. 29, 142-148.

(6) 在学校中，如果校长的工作一贯得到教师们的有力支持，则以任务为导向的领导行为较有利于提高组织的效率。

(7) 在学校中，如果校长的工作经常得不到教师的支持，则以员工为导向的领导行为较有利于提高组织的效率。

四、教育领导者的领导风格

关于教育领导者特别是校长的领导风格，有着各种各样的归类，这里也作些简单分析。

美国学者斯图普斯（E. Stoops）和约翰逊（R. E. Johnson）在《小学管理学》一书中，把校长的领导风格分成六种类型：（1）民主型领导。校长喜欢向下放权，工作中经常征求教职员工的意见。（2）专制型领导。从订目标、计划到安排各种活动，一切由领导说了算。（3）权威型领导。看重自己的地位、权力，喜欢运用行政领导权力来控制全局。（4）放任型领导。对下面的工作不闻不问，放任不管。（5）交易型领导或称讨价还价型领导。校长的领导方式是，教师想从我这里或学校里得到些什么，就必须根据我的要求做什么，就像在做交易似的。这种领导方式被认为是既狡猾且又无效的。（6）家长型领导。校长让大家知道，他愿意为大家做任何可能做到的事，但反过来也希望教师感激他、服从他、工作中尽心尽力。这种领导方式压抑了教师的创造性，容易养成依赖习惯。①

另一份研究报告认为，校长的领导方式大致上可归纳为三种：（1）反应式。强调让教师起带头作用，认为校长的主要职责在于行政管理，相信教师，与教师保持良好关系。（2）管理式。在作决定

---

① E. Stoops & R. E. Johnson, *Elementary School Administration*, New York: McGraw-Hall Company, 1967, pp. 35-37.

时较多考虑教师、学校的利益,管理出色,必要时能与教师一起从事创新活动。(3)倡导式。带头创新,有时甚至是不顾别人利益地去创新,在作决定时考虑的是学校的目的和最适合学生、教师以及自己的情况。三种方式的主要区别在于,反应式是让事物自生自长,管理式是帮助创新,倡导式是带头创新。①

根据我国教育领域的具体情况,可将我国教育领导者的领导风格分成以下几种类型:(1)经验型领导。领导者看重自己长期积累起来的教育领导经验,遇事喜欢按经验办事,不太看重教育理论,认为亲身感受到的东西才是最有价值和最值得总结的。(2)服从型领导。特别看重上级的指示、命令,认为学校或教育机构最重要的就是要贯彻上级的精神,为了吃透上级的意图,逢会必到,逢文件必看。(3)稳妥型领导。领导者作决定稳妥周到,没有绝对把握不轻易行动,特别强调工作不出差错。从这一思想出发,特别热衷于检查工作和检查规章制度的落实。给人的印象是创新不足,稳妥有余。(4)开拓型领导。对教育领域的新生事物十分敏感,常常有新点子,不喜欢四平八稳的工作方式,喜欢标新立异,热衷于教育实验或教学方法的更新。(5)折中型领导。没有明显的领导特色,既能贯彻上级的意图,也能做到工作稳妥,少出差错,有时也能提出一些新点子、新建议,给人的印象是虽然能力上不那么咄咄逼人,但可以信赖。

需要指出的是,目前对我国教育领导风格类型的分类(包括上面的分析),大都属于一种经验性的描述,这种描述尚缺乏实证材料的证明。真正对我国教育领导风格的类型进行科学分类还有待于进一步的实验研究。此外,教育领导的风格类型究竟对教育教学的

---

① G. Hall et al., *Effects of Three Principal Styles on School Improvement*,转引自王嘉慧:《校长的行为和类型》,载《外国中小学教育》1986 年第3 期。

效率和效果有没有影响，有多大影响，这方面的研究在我国教育管理学界还几乎是一个空白。由此也说明我国教育管理学界在实证研究方面还有很多工作可做。

五、校长学

近三四十年来，有关校长工作的研究越来越热门，各类研究著作和文章大量涌现，甚至还出现了一门被称为"校长学"的学科。为什么校长工作现在这么受到关注，原因可能是：首先，在教育领导者队伍中，校长或校长一级的领导从数量上讲占了绝大多数；其次，校长的工作面临的是一个实体，一个有血有肉的学校组织实体，在这个实体面前，校长的工作的确有很多理论问题需要探讨，也有许多实际事情需要解决；最后，现在各国几乎都有一种趋势，即从中央到地方，从社会到学校，从家长到教师以及学生，对校长的期望越来越多，越来越大，这使得研究人员也越来越乐于投入更多精力去关注校长的工作。

校长学研究些什么？这里我们介绍几本 20 世纪 80 年代后出版的研究著作，从中领略一番校长学的大致风貌。

1980 年，美国两位大学教授合写了一本名为《校长学》（或译《校长术》）的专著，全书共分为五个部分。第一部分，校长的工作基础，内含七章，主要论述学校工作的社会基础、校长的职业、学校和社会、组织和领导、校长活动的法律基础等内容。第二部分，改进学校教学，共六章，内容包括：校长的主要任务，如何从组织和人事的角度改进教学，如何做好评价工作，特殊学生的教育等。第三部分，问题研究，共两章，着重探讨校长在工作中常常要遇到的两大类问题：一是与教育有关的社会问题，如校园暴力、虐待儿童、未婚先孕等；二是学校内的问题，如纪律、校长与教职员工的关系、加强学生的基础训练等。第四部分，后勤服务工作的管理，共三章，包括学校信息资料部门的管理、财务管理、设备管理等。最后一部分是全书的总结、建议和结论。①

问世于 20 世纪 90 年代的另一本校长学著作，对校长的工作进行了多方位的探讨。全书共 17 章，主要内容包括：校长和校长学的认识，学校性质分析，教育管理体制，学校和社区的关系，领导能力的培养，校长和教育变革，改进教学环境，校长的监督管理工作，提供充分的图书资料和教学技术，了解教育法律，计算机辅助校长工作，人事工作，学生管理，学校设备管理等。②

一本名为《初等学校校长学》的著作，则从以下方面对校长的工作进行了描述：校长观，校长能力的培养，学校的组织，改进教学，改进课程，学生的指导，向家长报告学校工作，遵守法律，管理学生，评价教师，学业评价，发展学校与社区关系，学校设备和财务管理。③

还有一本专门研究校长形象的著作。该书提出，校长的形象应该是多方面的，它包括学校工作的管理者，人际关系的组织者，课程的管理者，有系统的问题的解决者等。书中还就如何利用校长的形象来提高教育行政管理的效率进行了系统的分析论证。④

从以上这些研究著作可以看出，国外研究校长问题主要集中在三个方面：一是研究校长个人的问题，这包括校长的职业、校长的

---

① William H. Roe & Thelbert L. Drake, *The Principalship*, New York: Macmillan Publishers Co., 1980.

② R. B. Kimbrough & C. W. Burkett, *The Principalship: Concepts and Practices*, New Jersey: Prentice Hall, 1990.

③ R. J. Krajewski, J. S. Martin & J. C. Waldem, *The Elementary School Principalship: Leadership for the 1980s*, Holt, Rinehart and Winston, 1983.

④ K. A. Leithwood & D. J. Montgomery, *Improving Principal Effectiveness: The Principal Profile*, The Ontario Institute for Studies in Education, 1986.

能力和素质的培养、提高等；二是研究校长对学校内部工作的管理，包括校长如何管理教师、学生、教学、学校设备、学校总务财务等；三是研究校长如何协调学校与社会的关系，譬如怎样同家长打交道，怎样获取社区对学校工作的支持等。

在我国，20世纪八九十年代也出现了一批专门研究校长工作的著作[①]，这些著作立足于我国的国情和现状，对我国的校长怎么做、做什么进行了深入的分析。从现有的研究成果来看，我国学者在这一领域关注较多的问题有：校长负责制及其实施、学校管理体制、校长的办学观、校长的角色分析、校长素质和能力的培养、校风建设、德育工作、校长怎样抓教学等。虽然校长工作研究到目前为止在我国还很难说已形成一门独立的学科，但毕竟已经有了一个良好的开端。可以相信，在不远的将来，具有中国特色的校长学体系一定会最终建立起来。

六、校长负责制

（一）为什么要实行校长负责制

探讨我国教育领导者的问题，就必然要涉及校长负责制。新中国成立以来，我国中小学内部的领导体制历经多次变革，曾先后尝试过六种制度，即校务委员会制（新中国成立初期）、校长责任制（20世纪50年代）、党支部领导下的校长负责制（20世纪50年代后期）、当地党委和主管的教育行政部门领导下的校长负责制（20世纪60年代初）、革命委员会制（"文革"时期）、党支部领导下的

---

① 这些著作包括：吴秀娟等编著的《中国校长工作新论》，辽宁人民出版社1996年版；翁向新主编的《怎样当优秀校长》，群众出版社1993年版；中小学校长培训规律和管理制度研究课题组编的《中小学校长的培训和管理》，北京师范大学出版社1992年版；李冀的《校长管理职能》，高等教育出版社1989年版。

校长分工负责制（1978—1985年）。① 上述领导制度的实施，虽然在一定时期内起到了某些作用，但总的来看，无论在理论上还是在实践上都不能说是成功的。不成功主要表现在以下几方面：

（1）党政职能不分，使得行政和党组织都不能有效地发挥作用；

（2）概念模糊，随意解释，如"党支部领导下的校长分工负责制"，究竟是指党政分工还是指校长与其副手的分工，难以确认；

（3）"领导"与"负责"不统一，不符合管理学所讲的职、权、责统一的原则；

（4）未能妥善解决好学校中集权与授权的关系，由此造成诸多矛盾；

（5）不利于校长的发展，校长遇事不敢做主，退缩一旁，唯恐犯政治错误；

（6）为外行领导内行提供了理论依据；

（7）为用政治冲击学校业务创造了组织条件。

鉴于上述种种弊端，我国中小学的领导体制从20世纪80年代中期起进行了改革，建立起现在的校长负责制。

（二）什么是校长负责制

什么是校长负责制？很显然，校长负责制"实质上即一长制"②。更具体地讲，校长负责制指的是：校长是学校行政的最高负责人，是学校的法人代表；校长对外代表学校，对内全面领导教育、教学以及学校的各项行政管理工作。校长负责制这一领导体制的核心是校长要负责，因此，校长对学校工作有决策权和指挥权。《中华人民共和国教育法》从法律上进一步明确了校长的权力地位："学校

---

① ② 参见萧宗六著：《学校管理学》，人民教育出版社1994年版，第64—65、67页。

的教学及其他行政管理，由校长负责。"应该说，至此，校长负责制的含义本不该有什么疑问和混淆。

然而与上述理解不同，在学术界有一种"结构概念"之说。一些人认为，校长负责制是一个以校长责任和职权为主要内容的结构概念，它包括上级领导、校长负责、党支部保证监督以及教职工民主参与管理四个组成部分。结构概念之说，看上去周到完整，实际却容易使人误解。首先，从理论上讲，"结构概念"一词本身含义不清，实属生造，并不科学；其次，在实践中，校长如样样事情按结构概念去行使权力，肯定会举步维艰；最后，如果校长负责制等于四部分之组合，则与过去屡次实行过的各种学校领导体制并无多大区别，以前我们就是这样做的，如此一来，今天的校长负责制还有什么新意可言？

校长负责制就是一长制，其核心是行政首脑负责，其对立面是委员会制。早在十月革命后不久，列宁就针对集体管理体制之不足，如效率低下、互相推诿、无人负责、纪律松懈等，提出应实行一长制。他指出："管理的基本原则是：一定的人对所管的一定的工作完全负责。"① 传统的管理理论也有一基本信条，主张命令统一。如行政管理学创始人之一法约尔就提出："无论采取何种行动，一名雇员只能接受一名上级的命令。这就是命令统一的准则，它具有普遍的和永久的必要性……如果这条准则受到违背，那么权力将受到损害，纪律将受到危害，秩序将受到扰乱，稳定将受到威胁。"② 在中小学管理中，过去双重指挥式的体制已使我们吃够了苦头，这方面的教训实在太多了。为什么在今天我们强调实行校长

---

① 《给安·伊·叶利札罗娃的便条》，载《列宁全集》第 36 卷，人民出版社 1959 年版，第 554 页。

② [英] D.S. 皮尤编，彭和平等译：《组织理论精萃》，中国人民大学出版社 1990 年版，第 131 页。

负责制的时候，还要像以往那样，把本不是校长负责制内涵的东西硬塞在校长负责制之中呢？

由于政治上的原因，一些人担心强调了校长负责制会削弱学校中党的领导，所以一提校长负责制，就形影不离地提出党支部的监督保证作用，并把它作为校长负责制的一部分。其实党支部的监督保证作用也好，教职工民主参与管理也好，都只是对校长权力的一种制约机制，以防止校长不适当地行使职权，并不是说它们本身就属于校长负责制，相对校长负责制这一制度而言，它们只是一种外在的制约因素。它们的存在，可以在一定程度上弥补一长制的不足，但它们本身并不是一长制的必要条件。把它们和校长负责制混在一起，就会混淆校长负责制的本来含义。

一个单位的领导体制，主要是两种类型，即一长制和委员会制。两种体制各有利弊。一长制权力集中，办事迅速，责任明确，富有效率，但同时又有经验有限、容易过度使用权力等缺陷。委员会制民主性较强，考虑周到，但决策缓慢，责任不清，效率较低。为什么学校采用校长负责制而不采用委员会制？这是因为学校中的事情大多是行政事务性的、技术性的和执行性的，一般都需要及时解决和处理。只有在那种需要经常考虑大政方针、长远规划、咨询研讨等事务的大型机构里，委员会制才比较合适。今天在我国中小学实行校长负责制，这是历史的必然，也是现实的需要。近年来的教育改革证明，现在需要我们做的，不是千方百计去限制和束缚校长的领导，而是应该提供环境，创造条件，真正保证校长在教育教学以及在用人、理财等学校日常行政事务方面有实权，用好权。只有这样，才能更有效地完成新时代教育改革的伟大使命。

七、校长的领导艺术

校长的工作,既需要对学校进行科学的管理,又需要在管理中讲究艺术性。近几年,我们较为重视学校行政中科学管理的一面,如强调用科学管理的方法,包括行政的方法、经济的方法、目标管理的方法、质量管理的方法等组织学校工作。与此同时,我们却不太重视领导艺术问题。实际上,教育管理中既有科学的成分,又有艺术的成分。科学的成分在于从理论上构筑概念,设计模式,然后应用于教育实践,并在实践中得到证明。但这种方法有时也有致命的缺陷,即离实践较远,构筑的概念和模式常常不能适合于具体的情境和问题,由此使人产生一种理论脱离实际的印象。在这种情况下,就需要有管理中的艺术成分作为补充。管理的艺术可以"引导我们思考管理工作中那些更为含蓄的、更心照不宣和更直观的方面"①。将科学与艺术的成分有机地融合在一起,就能较为有效地领导好一所学校。

关于校长的领导艺术,我们实际上可以从多种层面来进行分析,例如校长如何培养新教师,如何树立自己的形象,如何把握学校工作全局,如何同教师沟通,如何开展批评和表扬工作,如何与他人搞好关系,如何利用时间,等等。

(一)培养新教师的艺术

关于新教师的培养艺术,可以考虑以下四个方面:(1)为新教师提供特定的知识。当新教师进入学校的时候,不要让他们在黑暗中摸索前进,而要让他们对学校有足够的了解。这时校长应把有关

---

① A. Blumberg, *School Administration As a Craft*, Allyn and Bacon Inc., 1989, p. vii.

学校组织的知识提供给他们，这些知识包括组织环境、风气、文化、政策、程度、行为规范以及怎么才能得到奖赏，怎样才能自我发展，等等。（2）创造成长的机会。从责任感、工作的重要性等方面开导新教师，为他们提供一个有利于成长的环境和机会，并辅之以必要的物质报酬。（3）保证参与权。保证新教师享有跟老教师相同的对学校管理工作的参与权，这对加强新教师的自信心有极大的好处。（4）加强纪律观念。学校制定的规则、标准要不断强化，以便让新教师了解这些规则，并做到即使他们还未行动，就已经知道其行为的后果。

（二）树立自己形象的艺术

关于树立自己形象的艺术，可考虑以下四个方面：（1）身先士卒。"公正无私，一言而万民齐。"校长能身体力行，群众就能起而效法。（2）诚相待，毋欺人。坦诚相待，有错不隐瞒，水平差不粉饰，讲了话要兑现，宁肯别人暂时不满，也不要随意许诺、欺骗人。（3）发挥群力。"夫乘众人之智，则无不任也；用众人之力，则无不胜也。"（4）少说多做，重实干，不浮夸，给人一种脚踏实地的感觉。[①]

（三）把握全局的艺术

关于把握全局的艺术，可考虑以下四个方面：（1）解剖麻雀，为决策寻找依据。校长不可能也没有必要对任何事情都作全面分析，因此必须抓住典型，深入分析，从中找到决策的依据。（2）以点带面，推动全局。在采取重大措施前，先搞些试点，然后用"点"的经验来指导"面"，推动全局工作。（3）互通情报，心中有数。经常与学校其他领导或兄弟学校领导互相交流，多方面掌握信

[①] 参见党乐群：《我国古代领导思想初探》，载《云南教育学院学报》1988年第3期。

息,做到胸中有数,遇事不慌。(4)善于授权,不做庸庸碌碌的事务主义者。不要整天忙忙碌碌,凡是下属可以做的事,都应授权由他们去做,抽出精力和时间来抓学校大事。

(四)同教师沟通的艺术

关于同教师沟通的艺术,可考虑以下四个方面:(1)经常找教师谈心、聊天,了解教师所想所思。(2)谈话时耐心倾听,不要任意插话或岔开对方思路,也不要迫不及待地解释或申辩,更不要摆出一副权威的架势去教训、质问对方。(3)解释问题时注意掌握分寸,留有余地,因为对方说的许多情况你可能并不清楚。在未加调查前不轻易表态和许愿,以免造成被动,引起更大不快。(4)克制情绪,避免冲突。即使不同意对方意见,也不要感情用事,抓住对方的话作为争论的焦点。对一些不重要的问题,不一定要辩出是与非来,这样可以给对方收回意见保留台阶,也可以避免卷入冲突。

(五)批评和表扬的艺术

关于批评和表扬的艺术,可考虑以下六个方面:(1)批评别人宜欲抑先扬。批评别人如直截了当,容易引起对立情绪,但如果先表扬对方,再指出不足之处,效果就会好得多。(2)批评宜就事论事。批评不能翻旧账,也不能相互比较,应仅仅限于事情本身。(3)批评可声东击西。有些人自尊心较强,不愿当着众人面被指责,因此宜采用声东击西的方法,表扬另一些人相应的长处,以促使这些人幡然醒悟。(4)以检讨自己的不是来批评别人。(5)表扬一定要及时,而且还要具体,要明确告诉员工,他们做对了什么。(6)表扬时要表明自己的态度,告诉员工你在为他们的表现感到高兴,他们的成就对学校和其他人的工作有很大帮助。

(六)与员工搞好关系的艺术

关于与员工搞好关系的艺术,可考虑以下四个方面:(1)平易近人;(2)信任对方,做到疑人不用,用人不疑;(3)关心他人,体贴民情，特别是在员工困难的时候；(4) 秉公办事，一视同仁，不分亲疏，不树异己。

（七）利用时间的艺术

关于利用时间的艺术，可考虑以下三个方面：(1) 记录时间，计算消耗。每天列出时间表，写明几点到几点办什么事。(2) 合理分配，巧排计划。把工作分成三类，A 类最重要，亲自办；B 类虽重要但不紧急，可等腾出手后再办或交他人办；C 类不大重要，可等以后办。(3) 提高开会效率，可开可不开的会不开，可长可短的会则短，会前充分准备，会后坚决执行。①

作为校长，如能把握并熟练运用以上各项领导艺术，定能大大提高学校工作的效率，自己也能从繁忙的工作中得到用权用人的乐趣。

八、规章制度和学校领导

领导学校离不开规章制度，但许多校长对规章制度的性质并不一定真正了解，也很少考虑规章制度的双重作用。根据一些研究人员的分析，规章制度从其性质来讲至少具有三种类型，即虚幻的规章、代表性的规章和以惩罚为中心的规章。②

虚幻的规章既不是管理上所要强化的，也不是员工所愿服从的。这类规章通常是某个外界机构强加于团体或团体为取悦于某个外界机构而制定的，无论领导或员工都不把它当回事，如对教师的某些工作制度方面的规定。代表性的规章则是领导要强化、员工要

---

① 参见姜宇峰：《校长的领导艺术》，载上海浦东新区教育学院编：《学校管理新探》，1996 年。

② A. W. Gouldner, *Patterns of Industrial Bureaucracy*, New York: The Free Press, 1954.

遵守的，这些规章在人们的心目中有合法的地位，如教师和管理者都全力支持儿童校内安全方面的规章等。以惩罚为中心的规章"根据员工一方或管理一方的压力而提出，而不是由双方共同制定。没有参与制定的一方把规章看作另一方强加于己的东西"。这些规章通过惩罚而得到强化，但强化这些规章常常会违背某一方的价值观，有时还会"挑起大量的紧张和冲突"。①

规章制度除有不同的类型外，还具有多种功能。这些功能表现在：(1) 规章可以成为直接命令的替代物；(2) 规章可以使人们对上级某些指示的不满情绪发生转移；(3) 规章可以界定和限制下属的决策范围；(4) 规章有助于管理者"间接控制"的能力；(5) 规章可以使惩罚合法化。②

在学校管理过程中，规章制度的这些功能的确起到了重要的作用。很多卓有成效的校长把自己的工作成绩归功于学校有一个良好的校纪校规就是证明。随着教育改革的日益深入，我国各类学校的规章制度也越来越完善。例如，仅在教师管理方面，很多学校就制定了一系列的制度，如奖金分配制度、奖励制度、教职工代表大会制度、民主管理制度、聘任制度、教职工行为规范等。一位都市校长在总结经验时谈到，为了贯彻中学生行为规范，该校共制定了3大类24项190条具体规定和要求。此外学校还设立了创先进无事故评比制度、班集体评优制度、学生操行鉴定制度、差生三级管理制度、教案规范化制度、校园管理暂行条例等。通过这些规章制度，发挥了教师的表率作用，也培养了学生的自我约束力，使得整个学校的工作呈现出一派蒸蒸日上的景象。③

---

① E. Mark Hanson, *Educational Administration and Organizational Behavior*, 1991, p. 38.

② Alvin W. Gouldner, *Patterns of Industrial Bureaucracy*, 1954.

③ 参见翁向新主编：《怎样当优秀校长》，群众出版社1993年版，第211页。

不过，在肯定规章制度对于学校工作的重要性的同时，我们也不能忽略规章的双重性质，即规章还会带来未曾预料的结果，有时它的功能也会失调。看不到这一点，学校行政工作也会受到损害。

规章常常会带来一些出乎意料的结果。例如，某校设立了一项教案评比制度，旨在促进教师认真备课，还规定教案评比与奖金直接挂钩。结果，一些新教师从资料室里抄来了一流的教案，并在评比中榜上有名，不过他们的教学效果却很不理想。一些老教师对此十分不满，他们中有的人不太看重教案，但教学效果却很出色。于是这些教师联名向校长提出抗议，认为应该取消教案评比。校长怎么也没有想到，一项旨在促进教学的制度竟会引起新老教师的纠纷。

规章还会使部分组织成员不求上进。从某种角度说，规章对组织成员提供了一种暗示，即什么是可接受的最低工作成绩，这种暗示会引导员工将其努力调节到可接受的最低水准，从而不再具备主动性和创造性。例如，一旦学校定出最低期限的病假制度，就总会有那么几个人，不管有病没病，每个学期都要请上几天假。

规章会造成目标转移和置换。不顾具体情况，一味强调照章办事，就会造成初始目标的转移，并有可能发展成僵硬的形式主义。学校中的考试制度、教师坐班制度、设备维修制度等如果处理不当，就有可能发生这种情形。在这种场合下，规章作为一种手段的作用消失了，它成为目标本身。

对规章的理解不同，执行起来效果也会不同。"在古典理论家'应当是'的世界里，他们设想每个人都认识到规章而且对之都有相同的理解。然而在现实世界中，每个人都了解（或甚至是关心到）所有规章的现象是很少有的，而每个人对规章都有相同的理解就更为罕见了。学校中的问题是混合性的,因为教育机构只有一种相对来说无明确限定的技术。在这种技术下,教育家们要使用一个精确而统一的定义几乎是不可能的。教育董事会、督学或校长可以制定'实行严格的纪律程序',或'运用小队教学''教师参与所有学校重大决策'等规章,然而这些规章制度的准确意思绝不会是不言而喻的。因此,当不同的人理解和执行同一个规章时,可能会出现不同的行动过程也是非常现实的。"①

全面认识规章制度的双重性质,对于学校的有效领导有着积极的意义。作为一个校长,一方面应坚持在学校中建立必要的制度,以使学校行政工作规范化、有序化;但另一方面,也不能认为有了制度就万事大吉。利用规章制度的积极功能,抑制其消极功能,这对每位校长来说,正是领导艺术的具体体现。

第五节　领导者的教育

教育行政领导者本身也应该受到教育。有关教育领导者的教育、培训以及知识结构等问题,一直是教育行政研究的重要内容。

一、教育行政人员专业化

教育行政人员专业化是20世纪以来教育行政发展的一个明显

---

① [美]马克·汉森著,冯大鸣等译:《教育管理与组织行为》,上海教育出版社1993年版,第42页。

标志，也是当今世界教育领域的一种普遍趋势。在20世纪前，由于学校规模有限，很少有人将中小学校长或其他教育管理人员视为一种需要专门知识和技能的职业，校长任职前也极少受过学校管理专业的教育，国家一般也不为他们提供受训机会。在有的国家，学校管理人员仅仅被看作哲学家和教育家，对他们进行的只是一种教师培训，而不是正规的管理专业培训。① 进入20世纪，教育在数量和规模上有了长足发展，与此同时，教育系统的运行方式也变得复杂和多样化起来，加上管理科学的兴起，大学设置了管理学专业以培养工商管理人才。在这样的情形下，教育界也开始认识到，教育行政人员就职前也应像经济管理人才一样，受到系统的教育行政管理教育。目前，世界上很多国家都要求教育行政人员任职前先获得教育管理专业学位，一些发达国家还把拿到教育管理硕士或博士学位作为中小学校长任职的先决条件。

促使教育行政人员专业化有很多途径，有在职培训，也有脱产学习，但最普遍的方式是通过大学的教育管理学院（系）来培养。全世界每年都有数量可观的教育管理硕士和博士毕业，充实到教育部门和学校从事教育行政工作。在大学里，为了使未来的教育管理人员对教育组织的任务、特征及技术手段有全面了解，一般都要专门开设管理概论、组织行为学、领导科学等方面的课程；此外，还要求学习教育规划、教育财政、教育评价、教育政策和教育法、教育督导、教育统计等科目。

从教育管理专业的培养过程来看，各国的普遍做法是：第一，招生时十分注重学员的背景，一般都要求具有本科学历并具有3—5年教育实践经验，然后才能进入硕士和博士阶段学习，因此教育

---

① J. Murphy & P. Hallinger, *Approaches to Administrative Training in Education*, Macmillan Publishing Co. Inc., 1987, p. 7.

管理系的毕业生年龄大都在四十岁左右；第二，在教学内容上强调联系教育实际，因此个案分析的方法在课堂上用得很多；第三，重视实践性环节，教师经常要求学员带着问题考察学校或教育管理部门；第四，经常请第一线的高水平教育行政人员到课堂上讲课。在欧美一些国家里，对于一些实践性较强的课程，如教育规划、教育财政等，任课教师往往只充当课程设计和组织者的角色。

实践证明，通过大学来培养教育行政人员是行之有效的途径，同时也是促使教育行政人员专业化的有力保证。国外的这一经验值得我们借鉴和学习。

二、教育领导者的知识结构

教育领导者应具有什么样的知识结构，这是由教育领导者的工作性质决定的。对于在教育行政机关任职的人来说，由于不直接同教学工作发生关系，因此应主要掌握管理学方面的知识以及与本部门工作有关的那些知识。例如，一个在教育规划部门工作的人，除了应对教育管理理论有一定了解外，重点还应学习财政、规划、统计方面的知识。然而对于广大的中小学校长来说，应具备什么样的知识结构却一直是一个有争议的问题，争议的焦点在于怎样看待校长的基本职责。

校长的基本职责是什么，对此历来有两种不同的观点：一种观点认为校长应成为学校教学工作的组织者和领导者，因此校长要深入课堂，把主要精力放在指导教学和提高课堂质量方面。另一种观点认为校长的主要任务是处理学校中的各类事务，所以应扮演一个"部门经理"的角色。① 我们姑且把这两种观点分别称为"教学派"

---

① 参见吴秀娟等编著：《中国校长工作新论》，辽宁人民出版社1996年版，第132页。

和"经理派"。从前一种观点出发，校长最佳的知识结构应首先是教育学、心理学和教学法的知识，其次才是管理学的知识。而从后一种观点出发，则校长主要应该了解和掌握管理学、组织理论、人际关系、教育政策和教育法等知识，至于有没有学科教学的知识背景并不重要。此外还有一种折中的观点，认为校长的职责并不限于一种，而是两者兼之，因此所有有关的知识都应该具备。这派观点虽然合理，但太富理想色彩，由于时间、精力等的限制，校长事实上很难使两者都做得同样出色。

从国外的一些调查来看，目前相当多的人倾向于认为，随着学校事务的日益复杂和多样化，校长首先应该把主要精力放在领导和组织学校日常事务方面，其次才去充当课堂教学的指导者的角色。事实上也是如此。一项关于小学校长时间分配的调查显示，小学校长们仅仅把他们17％的工作时间用于与教学有关的事情上，这其中只有8％的时间跟教学活动有关，7％的时间直接进入课堂指导观摩。[1] 另一项抽样调查也表明，虽然中学校长希望把领导教学放在学校工作首位，但在实际上却只能放到第四或第五位。[2] 在这样的情况下，校长们自然希望多掌握一些有助于提高管理能力的知识。美国曾就中学校长培训课程问题进行过一项全国性的调查，要求中学校长们把他们所学的11门课程按重要程度排序，结果排列顺序依此为：学校管理学、课程发展、学校法、教学督导、人际关系、中学校长学、学校财政预算、人事管理、领导学、社区关系、行政实习和专业经验。[3] 根据校长们的愿望，大学通常也把管理学

---

[1] J. Murphy, Barriers to Implementing the Instructional Leadership Role, *The Canadian Administrator*, 1987, 27: S.
[2] 参见［美］奥洛斯基等著，张彦杰等译：《今日教育管理》，春秋出版社1989年版，第78页。
[3] W. H. Roe and T. L. Drake, *The Principalship*, 1980, p. 24.

课程放在比较优先的地位。

国外中小学校长面临的问题,在我国学校也同样存在。当前,随着基础教育改革的不断发展,校长们所面对的问题越来越多样化,过去那种单单抓教学就能过得去的领导方式如今已难以奏效,校长们需要解决各种协调问题、资金问题、人事聘任问题、设备问题、规划问题以及过去从未碰到的许多问题。在这种情况下,校长所需要的知识结构当然应该以管理和教育行政类知识为主。我们认为,当前比较理想的校长知识结构应该由这样三大块来组成:第一是有关管理的基本理论,这包括组织理论、行为科学、管理心理学、管理史等;第二是教育行政方面的知识,包括教育政策法规、教育财政、教育规划、教育人事管理等;第三是与教学指导有关的知识,如教育学、教育心理学、教学法、教育研究方法等。这三块知识之间的比例以 3∶4∶3 为宜。由于过去我国中小学校长的培训较多注意教育学知识的学习,因此当前应重点弥补校长们在管理学和教育行政学方面的知识缺陷。从近年来各级教育行政部门下达的中小学校长培训计划来看,教育管理类科目的比重大大增加,这也从一个侧面证明,当前学习教育管理类知识对校长工作是何等迫切。

三、教育领导者的在职培训

苏联一位教育科学博士曾说过这样一段话:"依靠校长的经验和直觉在今天已经不足以解决问题了,要强化管理的过程,需要把学校管理转向科学的水平,而这就要求对学校的领导者进行专门的培训。"① 这段话充分反映了对教育领导者进行在职培训的重要性。

---

① 李霍甫:《八论苏联中小学管理》,载《外国中小学教育》1987 年第 6 期。

近几十年来，各国对教育领导者尤其是中小学校长的在职培训工作兴趣越来越浓，在职培训的多方面功能已被人们普遍承认。第一，它能及时传递教育改革和教育立法方面的信息；第二，它能帮助教育领导者贯彻国家的教育政策和法令；第三，它能帮助提高管理能力；第四，它可以在大学的管理理论与中小学的管理实践之间架起一座桥梁，弥补理论与实践之间的鸿沟。鉴于在职培训工作的重要意义，现在几乎全世界都在实施学校行政人员的在职培训计划。①

教育领导人员在职培训的内容在各国都很广泛，既有高度概括的理论知识，也有具体的实践知识。从来源看，有源于工业企业的管理科学，有国外引进的最新教育理论，也有国内总结的教改经验。各种内容在培训计划中一般仍采用大学教育管理专业的学科名称，如教育行政学、组织行为学、教育法等，但被组织成彼此分离、相对独立的知识片段，以便更能针对在职培训的特点。

在职培训的方式是灵活多变的。目前国外中小学校长的培训观念和手段深受哲学、心理学和行为主义思潮的影响，培训时十分注意向校长们灌输组织行为知识，并采纳行为科学的研究方式，注重调查、概念判断和逻辑实证分析。培训的组织者希望通过这样的培训方式，使行为科学成为管理教育行政部门和学校的基本理论依据。具体来说，国外较普遍采用的在职培训方式有下面几种：

（1）学习班。时间半天或一天，学习内容直接涉及校长们最关心的实际问题和教育行政的热门话题，特别注意实际问题的解决途径。

（2）学会。学会定期召开例会，集中讨论一两个专题，并注意讲解政府关于教育的新法令和新政策，开会时通常还要请一些专家

---

① 参见［瑞典］胡森等主编，中央教育科学研究所比较教育研究室编译：《简明国际教育百科全书·教育管理卷》，教育科学出版社1992年版。该书第125页对此有较详尽的描述。

学者作专题讲座和报告。

（3）研究班。这是一种松散型的组织，平时成员独立探讨，定期集中交流，重点讨论教育管理方面的问题。研究班常常以小组讨论、个案分析的形式进行，以提供一种相互信任、宽松和谐的学习气氛。

（4）系统讲授。系统讲授时间不定，可长可短。研究人员注意到，为保证讲授的效果，首先要使讲授内容新颖具体，能引起受训者的兴趣。其次要精心挑选讲授者，要求讲授者既通晓管理学理论，又具备学校管理实际经验，另外还要有较流畅的语言表达能力。

（5）评定中心。这种培训方式目前正越来越流行，它多为政府教育行政部门所办，目的是为经验不足的新任校长提供一个诊断问题、模拟操作、寻找对策的环境。评定中心很多设在高校，每期1—2周。中心要求学员集中训练并提供住宿条件，培训经费由政府承担。评定中心常用的教学方式有角色扮演、模拟练习、个案研究、公文处理等，有时也组织一些校际参观活动。

教育行政人员在职培训也碰到一些共性问题。研究人员发现，最常见的问题有：训练的针对性问题，衡量培训效果的标准问题，学术性教学与实习内容之间的不协调问题，教学人员缺乏学校工作经验的问题，对其他国家和地区教育行政情况了解不够的问题，等等。[1]

我国的教育行政培训工作长期以来也一直受到政府的重视。早在20世纪50年代初，中央就在《关于改进和发展中学教育的指示》中提出，对于学校领导干部，除在经常工作中通过检查工作、

---

[1] 参见［瑞典］胡森等主编，中央教育科学研究所比较教育研究室编译：《简明国际教育百科全书·教育管理卷》，教育科学出版社1992年版，第129页。

总结工作以及校长会议等方式予以提高外,各地应有计划地采取分批轮训的办法,提高他们的政治与业务水平。1955年,教育部还专门颁发文件,要求建立中央、省、地区三级教育领导干部培训网,用3—5年时间把全国的教育行政干部培训一遍。进入50年代后期,由于政治上的原因,我国的教育行政培训工作受到极大冲击。从70年代末80年代初起,这一工作才重新恢复正常。目前,各种各样针对中小学校长和教育行政人员的在职培训十分红火,培训内容也从过去的低学历培训转向诸如硕士课程班、校长高级研讨班这样的高学历、高层次培训。可以肯定,随着我国教育行政在职培训工作的日益普及和深入,我国教育行政干部队伍的理论修养和整体素质必将大大提高。

第六章
组织行为研究和教育行政

自从 20 世纪 50 年代行为科学兴起以后,研究、探索组织行为问题已成为管理学界的一种普遍趋势。受此影响,在教育管理学界,研究教育组织行为也成为一个热门话题。本章将重点讨论与教育行政关系密切的一些组织行为问题,并探讨组织行为的研究对于教育行政工作所带来的巨大指导意义。

第一节　决策

对组织中决策行为的关注首先是由当代管理学家西蒙倡导的。西蒙把决策看作管理的首要要素，认为组织就是一个决策系统，管理过程就是寻求合理决策的过程。西蒙的这些思想对决策理论的构建产生了重要的影响。教育行政工作离不开决策，因此，了解有关决策过程的理论，对每个教育行政工作者来说都是必要的。

一、关于决策过程的理论模式

关于决策过程有不少假设，其中较有影响的有最优策略模式和满意策略模式。

对于古典管理学家来说，组织决策是一种完全理性化的，为最大限度实现组织目标而寻求最优选择的过程。一些学者把这种观点看作决策理论的"最优策略模式"。[①] 根据最优策略模式，决策过程包括几个步骤：（1）确认问题；（2）确立目标；（3）提出所有可能的选择；（4）考虑每种选择的后果；（5）根据目标评估所有的选择；（6）挑选最优选择；（7）贯彻决定并予以评价。

对最优策略模式，很多学者持批评态度，认为这是一种理想化的、脱离实际的模式，因为它没有考虑组织在作决定时的种种局限因素。首先，组织环境的复杂性使得决策者不可能获得所有决策所需的信息。其次，决策者也不可能对所有可能的选择进行充分考虑，因为那样意味着几乎要用无限的资源、智慧、时间和能力去预

[①] W. K. Hoy & C. G. Miskel, *Educational Administration: Theory, Research and Practice*, Random House, 1978, p. 316.

见未来。最后，决策者也不可能拥有最优策略所要求的那种几近完美的智力、理性、知识和判断力。由于有这些限制，在大多数情况下，最优策略模式在实践中并没有多大指导价值。

与最优策略相比，西蒙等人提出的满意策略模式更符合实际情况。满意策略模式认为，在大多数情况下，人们只能要求满意的选择而不是最优的选择。正如马奇和西蒙所说：

> 人类大多数个人或组织的决策是要发现和挑选满意的选择，只有个别的情况是要去发现和挑选最优的选择。要求最优所需经历的若干程序，远比要求满意所需经历的程序复杂得多。比如，在一个干草堆里找一根最尖的针，与在干草堆里找一根用于缝纫已足够尖的针之间是有区别的。①

根据满意策略理论，决策过程可分为下面五个阶段：

（1）确定问题。决策过程的第一阶段首先是要确定组织中存在的问题，特别是那些与组织极不合拍的急需解决的问题。有不少管理者不愿正视问题，或千方百计掩饰问题，这就使得决策过程从一开始便遭受挫折，直接影响了后来的决策质量。

（2）分析现实中的困难。发现了问题，接着就要对问题进行细致分析和诊断，找到问题产生的原因以及影响问题的关键因素。在这一阶段，最重要的是要对问题的性质进行归纳分类，看看是常规性的问题还是非常规性的问题。不同性质的问题有着不同的解决途径。

（3）建立解决问题的标准。在这一阶段，决策者要考虑，什么是可接受的解决问题的标准。通常一个问题有许多种解决的标准，但有的虽然理想，却因条件限制做不到。决策者只能权衡利弊，根据现有条件，找到一个较为满意的标准，为下一步的决策奠定

---

① J. G. March & H. Simon, *Organizations*, John & Sons Inc., 1958, pp. 140-141.

基础。

（4）制订行动的计划或策略。这一阶段要做的事包括尽可能地列出各种解决问题的方案，对这些方案的后果进行预测分析，谨慎地尽可能考虑周到地从这些方案中选定一个可行的方案。

（5）落实行动计划。这是决策过程的最后阶段。在这一阶段，首先需要把行动计划进一步具体化；然后要通过种种交流、沟通的方式，让组织中每个成员对行动计划有充分的认识；接下来是落实行动计划，这时要有一定的监督控制机制；最后是对计划实施的结果进行评估。

作为一个完整的决策过程，大致上可以分成上面这么几个阶段。不过与最优策略模式相比，满意策略强调在决策过程的中间阶段，决策者通常不是从最优方案入手考虑问题，而是从可接受的较为满意的选择的角度思考问题的。由于最优选择受到种种限制，因此决策者实际上在考虑问题时先要给自己确定一个"临界线"，即考虑究竟问题要解决到什么程度，才能既被接受又切实可行，同时不违背组织的利益。在很多情况下，出于妥协和让步的需要，最满意的选择不得不被放弃。例如，上海某大学新建成一批教工公寓，在制定分房方案时，校长希望从新房源中拿出10％的房子，用以引进国外留学人才或校外人才。但在教职工代表大会上，10％的比例遭到代表们的拒绝，认为这损害了校内教师的利益。在反复权衡的基础上，最后学校房委会作出了5％的新房源留给校长引进人才的决定。这一决定显然是考虑了各种因素后的妥协的结果。这一例子也说明，在作决定时，理想与现实之间的矛盾对决策的过程能起巨大的牵制作用。认识这一点可能会使某些理想型的领导者感到难受，但他必须接受这一现实。

尽管满意策略模式对于组织包括教育组织的决策过程作了较为合理的描述，但在有些场合，如需要解决的问题过于复杂，不确定因素太多，其后果难以预料，而且也无法对其他选择进行试验或效果比较，在这种情况下，满意策略模式就无能为力了。例如学校经费有限，把有限的费用用于课程建设好呢还是购买电脑好，或用于校舍维修好？你无法在几种选择之间进行比较，因为它们性质不同，而且每种选择都存在不确定因素。如，购买电脑对教学效果的改进究竟有多大好处，谁也说不出来，你又无法在作决定前先试一试。针对类似这种举棋不定的情况，林德布洛姆（C. Lindblom）提出，最好的办法不是作理性决策，因为在作抉择时，甚至在此后的很长时间内都是无法知道"最优"的或"满意"的选择的，而是应该把它交给委员会去决策，以合法的方式去选择方案。这样一种决策的合理解释是，"A方案一定是最好的方案，因为委员会每个成员都选了它"①。

决策过程的理论假设对于教育组织中的决策行为有着积极的指导意义。从性质上讲，教育决策行为与其他决策行为并没有根本的不同。例如，教育决策行为也表现为一种阶段性的过程；在对教育问题作决策时，也要在最优还是满意之间作出选择。根据西蒙等人的理论，在满意策略的第二阶段，决策者应该对问题进行分析归类，看看是什么性质的问题，是常规性问题还是非常规性问题。对于大部分的常规性问题，通常依靠现有的组织机制和标准就能解决，只有少数非常规性的问题，才需要调整或修改现有的组织结构和章程。在学校里，由于传授知识活动本身所固有的稳定、保守性质，因此大部分的问题都属常规性的问题，通过程序化的决策机制就能解决。只有少数问题如学校重大改革问题、师资聘任问题等，才需要决策者通过新的途径和方式找到满意的解决方案。当然，对

---

① [美]马克·汉森著，冯大鸣等译：《教育管理与组织行为》，上海教育出版社1993年版，第35页。

于特别重大而复杂的问题，决策者应该发挥委员会和群体的作用，做到群策群力，民主决策，参与决策。

二、参与决策

与传统的管理理论相比，现代管理理论很看重群体的决策，把群体参与决策看作民主管理思想的一种体现。国外一些研究人员通过分组实验发现，凡是作决定时让员工参与决策的，员工的生产积极性和生产效率就高，反之就低。由此他们得出结论，参与决策的最大好处是能够消除组织成员的不信任感，克服不合作的阻力，从而达到提高士气和劳动积极性的目的。①

参与决策的重要性在教育行政管理领域也得到了充分的证明。研究人员总结了在教育系统进行的有关参与决策的实验，发现从这些实验中至少可以概括出以下几点结论：

(1) 能不能参与决策，是影响教工士气和对学校组织的热情的一个重要因素；

(2) 参与决策与教师对教学职业的满意度之间有着积极的联系；

(3) 在一般情况下教师都喜欢能让他们参与决策的校长；

(4) 教师不期望也不想参与每一个决策，事实上过多的参与跟过少的参与一样都会产生对组织的疏远感；

(5) 教师和管理者在参与决策中的作用需要根据问题的性质来决定；

(6) 参与决策的效果的好坏，跟领导者的素质和组织气氛有密

---

① L. Coch & J. R. French Jr., Overcoming Resistance to Change, *Human Relations*, 1, 1948, pp. 512-532.

切的关系。

参与决策虽然有着积极的意义，但管理者有时也会为此犯愁，最常见的问题是决策质量问题。团体参与决策后作出的决定，有时容易走极端，不是过于冒险，就是过于保守。造成这种现象的原因可能有几种：一是由于是共同决策，所以每个人所承担的失败的恐惧感和责任感大大减少；二是跟组织环境有关，在高度竞争的环境里，容易作出大胆冒险的决策，在无竞争的环境里，决策会趋于保守谨慎；三是与领导人的影响有关，如果领导人是个好走极端的人，容易引导团体成员作出极端的决定；四是团体成员对于存在问题的背景、潜在意义以及有关的信息认识不足。为了解决质量问题，领导者通常需要在参与决策的质量与可接受度之间作出抉择。

决策质量和可接受度是一对矛盾。既要使民主决策有较高的质量，又要使它被普遍接受，这常常很难做到。常常会出现这样的情况，大家都接受的方案领导不满意，领导认为是高质量的决定大家又不愿接受。出现这种情况时，就需要领导者去分析问题的性质，在质量与可接受度之间进行选择，并找到相应的解决方法。具体来说，决策质量与可接受度之间有四种组合，相应地可以采取四种对策：

（1）高质量低接受度问题。有些问题只与组织有关，而与职工无特定联系。这类问题的决策主要要追求决策质量，接受度不必过多考虑。例如学校从哪里买教材，教育设备如何维修，等等。这类问题只需领导或有关人员作决定就行了，不必让员工参与决策，否则反而浪费时间。

（2）高质量高接受度问题。有些问题跟单位利益和个人利益都紧密相关，决策质量和接受度都很重要。例如，教育行政机构的改革、教师聘任制的实施等，对于这类问题，一般采用两种决策方法：第一，由领导或专家进行决策，以保证决策质量，同时要加强宣传教育工作，让大家充分理解为什么要这样决策，以增加决策的可接受度；第二，群体参与决策，以保证可接受度，但为了同时确保决策质量，领导者要充分向群众提供有关信息，并切实组织好民主决策的整个过程。

（3）低质量低接受度问题。有些问题的决策与单位利益和职工利益都无关紧要，任何一种选择都可以。这类问题既不涉及决策质量，也不涉及可接受度问题。所以，把这种问题拿出来讨论，反而会引起无意义的争论，把简单问题复杂化。这类问题的解决办法最好是随机行事，根据具体情况定。

（4）低质量高接受度问题。许多问题与组织的利益无重大关系，其解决的办法也是多种多样的，如学校分房，可以由校长决定，也可以由教代会讨论决定。但是这些问题的决策涉及许多感情因素和执行者的利益，所以可接受度就成了主要因素。这类问题如果群体参与决策解决时，就容易被大家所接受，但对决策质量没有什么损害。

民主参与决策尽管存在种种不足，但在教育行政管理工作中仍必须坚持。实践证明，群众参与了的决策，虽然可能会影响决策的质量，却大大增加了可接受度，而可接受度增加所带来的效果，通常远远可以抵消由于质量降低所造成的损失。

三、认可区模式及其在学校中的应用

很多学校领导都认识到参与决策的重要性，却不知道在什么时候，在什么样的情况下让员工参与决策。布里奇斯（E. M. Bridges）等人提出的认可区（zone of acceptance）模式，就是为解决这一问

题而提出来的。①

所谓认可区，就是指在学校里，有些事情的决定作出后，用不着去征求教师意见，教师毫无疑问愿意接受并认可的（见图 6-1）。图 6-1 顶端小方框表示认可区域。哪些事情属于认可区范围呢？两个条件：一是与当事人没有利害关系，二是当事人没有这方面的专长来作出决定。例如，让一个体育教师来参与决策化学课程教改的事，他当然不愿意，因为这对他来说既无直接利害关系，又无相应的专业知识。对他来说，化学课改革就属认可区范围。在这个问题上无论作出什么决定，他都不会有异议，所以也就没有必要让他参与决策。

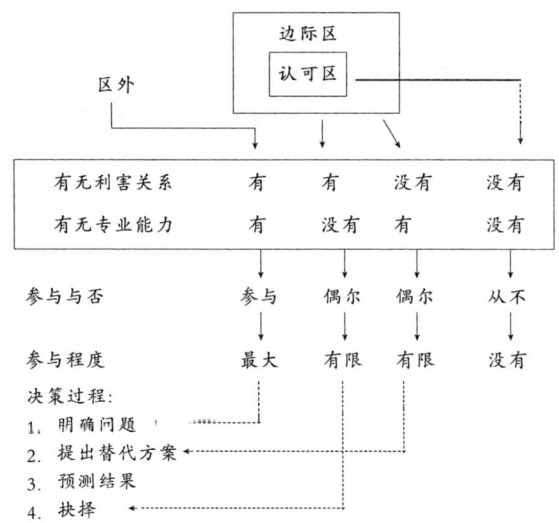

图 6-1　参与决策的认可区模式

---

① E. M. Bridges, A Model for Shared Decision-Making in the School Principal-ship, *Educational Administration Quarterly*, 3, 1967, pp. 49-61, 引自 W. K. Hoy & C. G. Miskel, *Educational Administration: Theory, Research and Practice*, Random House, 1978, pp. 338-344.

为了探讨什么时候参与决策是必要的，我们再来假设几种情形。如图6-1，第一种情形，与当事人既有利害关系，又有专业能力参与决策，这类事情毫无疑问，按照民主管理的原则，应该让他参与决策。我们可以把这类事情划到认可区外。如学校的奖金分配问题、聘任条件问题、评优标准问题等等。属于区外的问题，不仅要让当事人参与决策，而且要让他最大限度地参与决策，即最好在决策过程的一开始就让他参与决策。

第二种情形，与当事人有没有利害关系？有的，但他却没有能力去作出决定。如让一个文化程度不高的老校工去考虑学校长远发展规划问题。这类情况介于认可区和区外之间，属于边际区范围。对于这种情况要不要让他参与决策？因为毕竟也有利害关系，所以完全排除他参与决策是不妥的；但因其决策能力有限，所以参与程度也不得不受到限制。一般来说，可以在决策过程的最后阶段即选定方案阶段征求一下意见，以减少执行方案时可能遇到的阻力。如果不分青红皂白，拖着他最大限度地参与，只会引起其反感，并产生领导存心让自己出洋相的感觉。

第三种情形，与当事人没有利害关系，但他却有能力出谋划策。这类问题与上面第二种一样，也属边际区范围，也应该让当事人有限度地参与决策。这时可考虑从决策过程的第二阶段即提出方案的阶段让其参与，听听意见，这样可以提高决策的质量。

总之，参与决策的认可区模式告诉我们，即使参与决策，也要讲究方式方法，并不是任何情况下任何人都应该最大限度地参与决策，应该根据问题的性质来选择参与决策的对象和时机，以收到最好的参与决策效果。

四、参与决策过程中领导者的责任

民主参与决策,并不意味着领导可以放弃责任。首先,他要组织好讨论,认真倾听意见;其次,他应该是一名专家,知道得比别人多一点,这样才能及时提供讨论所需的有用信息和知识;最后,当群体讨论作出决定后,领导要敢于对决策的执行结果负责。领导主动承担责任,是因为他相信群体作出的决策更有成效,如果领导以"决定是大家作出的,出了问题大家负责"为借口推卸责任,那么民主决策就变得毫无意义。除了这些责任外,领导还应具备一些必要的参与决策的技能,如能使问题处于一种建设性的讨论状态,在讨论时不以权威自居,不轻易表态;遇到僵局时善于打破沉闷;善于在民主决策的过程中对问题进行概括、归纳和总结,以把握整个决策过程;等等。

第二节 沟通

一、沟通在教育行政工作中的意义

一个组织要想达到其目标,离不开组织成员的合作和协调,而要达到合作和协调,就必须依靠沟通。因此,沟通是一切组织最基本的现象和行为,正如西蒙所说:"没有沟通就没有组织。"[1] 研究

---

[1] H. A. Simon, *Administrative Behavior*, 1957, p. 154.

沟通，保持沟通渠道的简捷、畅通、经济，对于提高教育行政工作的效率具有十分重要的意义。

什么叫沟通？沟通就是信息的传递和交流。通过沟通，把一个人的思想、观念传递给他人，同时又有意无意地影响他人的认知过程，最终达到彼此间的了解并共同领悟其中的意义。① 沟通是人生的最主要的活动之一。据调查，一个人白天要花去其 70% 的时间用于沟通上，其中 9% 的时间用在写作上，16% 的时间用在阅读上，30% 的时间用在讲话上，45% 的时间用在听人讲话上。② 由此可见沟通活动无时不在。沟通不是单纯的信息传递，它不同于"传播"，它是通过"传"而求"通"，强调的是传送者与接受者之间通过反馈增进了解，分享其中的意义。比如，一个教师教小学生加减乘除计算，小学生懂了，会做习题了，教师和学生通过教学这一渠道把加减乘除这一信息沟通了；如果给小学生讲微积分，小学生听不懂，那么这只能说教师"传播"了信息，但并没有达到两者之间的沟通。

沟通在教育行政工作中起什么作用？具体来讲可以起以下一些作用。

首先，沟通保证教育行政活动得以进行。例如，合理的教育决策需要占有充分的信息资料，而占有资料的过程就是内外沟通的过程。决策作出以后，也要通过沟通把决策贯彻下去。教学管理、教育规划、教育督导等活动，也都离不开沟通。

其次，沟通促使不同的教育组织和教育对象之间互相了解，共同配合，以实现教育组织的目标，完成教育的任务。缺乏有效的沟通，有时会使得教育组织或教育对象之间产生隔阂，导致教育功能

---

① 参见徐木兰著：《行为科学与管理》，三民书局 1983 年版，第 140 页。
② S. E. Taylor, *Listening*, Washington, D.C.: NEA, 1964, p. 3.

异化。如校长希望以培养合格并有特长的学生作为办学目标，但教师却在为追求成绩排名而拼命加班加点，故意延长学生的学习时间。显然，在办学方向问题上，校领导与教师之间缺乏有效的沟通。

再次，沟通可以使上一级部门及时调整计划和策略，从而避免决策失误。20世纪90年代，我国各地曾普遍出现拖欠教师工资的情况。虽然产生这一现象的根源是多方面的，但其中一个很主要的原因就是上级部门对下面的财政筹措能力估计过高，仅仅根据上面的估计安排预算，缺乏与基层的有效沟通，结果造成有的地区教育经费平均亏空50%以上，严重影响了教育工作的正常进行。①

最后，沟通可以使教育行政部门和学校保持较高的士气和活力，这对于提高组织效率十分有益。一些研究人员曾发现，良好的沟通技巧在现代学校中已成为有效主管的必备条件，组织内良好的沟通关系提高了员工的工作热情和满意度，从而最终提高了组织的效率。

鉴于沟通对于教育行政工作的重要意义，因此有必要研究组织中的沟通行为。

二、有关沟通的一些理论研究

对于组织中的沟通行为，研究人员进行了大量的研究，这些研究对于揭示沟通的意义、性质和特点起了很大的作用。

一些学者对于沟通的层次作了分析②，认为人类的沟通行为可以分为七种层次：(1) 个人内部沟通，指个人内心对外界信息的处理，包括对信息的认知、理解、思考等内部独省的过程；(2) 人际沟通，即两个人之间的沟通行为，如谈心活动；(3) 小团体沟通，

---

① 参见王惠清：《当前农村教育经费管理上的问题及其对策》，载《湖南教育学院学报》1993年第1期。

② 参见徐木兰著：《行为科学与管理》，三民书局1983年版，第140页。

指 3 人以上、20 人以下的小团体成员面对面接触,如开会讨论等;(4) 公众沟通,指为某种目的而聚会,在会议公众面前的沟通活动,如演讲、表演、展览会等;(5) 组织沟通,指在大型的团体中进行的集体沟通行为;(6) 大众沟通,指通过大众媒介如报纸、电视等进行沟通活动,其特点是信息公开、及时,观众的反应不一;(7) 泛文化沟通,即文化交流,通常指国际不同文化的交流接触。沟通层次的不同,其活动方式、特点和性质等也会有所不同。

也有人从语言和非语言的角度对沟通进行分析,认为沟通无非是两种类型:一种是语言沟通,即运用语言文字传递信息;另一种是非语言沟通,即通过体态语言如姿势、表情、触摸行为、饰物等来传递信息。两种类型有相辅相成作用。

关于沟通的过程,很多人认为,沟通过程由传送者、信息、渠道、接收者、噪声、反馈等要素构成(见图 6-2)。沟通过程中所使用的语言其实是一种符号,符号本身没有固定意义,它只是一种工具而已,但它可以起到象征作用。由于参与沟通的人的经历、知识背景、生活习惯等的不同,因此这些符号对不同的人起到了不同的象征作用。为了达到有效的沟通,在交流时必须使用对方能够了解的符号,否则就变成各说各话,容易造成误解。

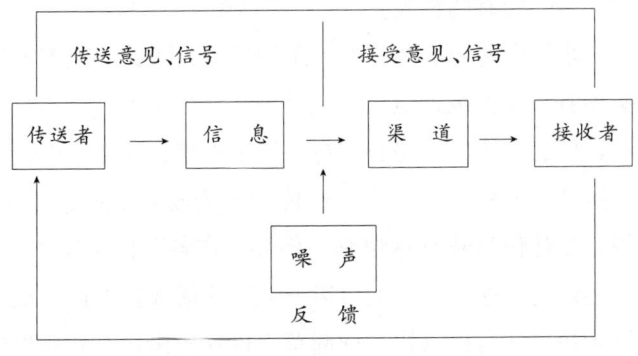

图 6-2　沟通过程模式

关于沟通的渠道，一般可分为纵向的沟通和横向的沟通，或者分为正式的沟通和非正式的沟通。纵向的沟通包括上情下达或下情上传。一般来说组织内上情下达的沟通渠道多而畅通，而下情上传的沟通渠道则易阻塞。横向沟通主要指员工之间的交流。无论纵向或横向的沟通，都有正式与非正式之分。所谓正式沟通指的是公开的并通常与组织利益相符的交流活动，如公文往来、召开会议等。而非正式沟通是指员工私下的交谈与传闻、谣言、小道消息等。最后一种沟通即非正式沟通最值得注意，因为一方面它较能反映员工的真实动机和心态，另一方面它往往会对组织利益带来损害。

三、有效沟通的原则

现代社会是信息社会，人们时时刻刻处在各种各样的交流、沟通环境之中。那么，如何促进交流和沟通？对此，巴纳德提出了以下三条原则：

第一，信息交流的渠道要为组织成员所了解。也就是说，每一个人都懂得，出了问题找谁。这就需要精确地规定每个人的职责和权力。这些职责和权力不仅他本人要了解，而且其他人也要了解。这样找起人来才能有的放矢。

第二，组织中每个成员都有一个明确的、正式的交流渠道，即每个人必须有一个上级，他向上级报告并接受命令。

第三，信息交流的线路必须尽可能地直接、简捷，以便加快信息交流的速度，并减少由于多渠道传递而造成的信息走样和扭曲。也就是说，要让信息开直达快车。例如，在各种信息交流形式中，依照由快到慢的顺序，大致上可以分成：面谈或打电话（最快）→写便条（较快）→写信（快）→起草文件（较慢）→起草报告（最慢）。作为管理者，应该根据具体情况，尽可能利用那些方便简捷的交流形式,以达到迅速沟通的目的。

除了上述原则外,为使沟通达到最满意的效果,研究人员还提出不少有益的建议。例如,沟通的环境气氛要安宁,尽量减少外来干扰,去掉噪声因素;机构规模庞大,宜定期举行集会,以达到上下水乳交融的境界;尽量制造反馈的渠道,给信息接受者充分的表达意见的机会;少用专门术语,用对方容易了解的简明语言,以增加传播的接纳性;尽量用具体化的语言,非用抽象语言的时候,则鼓励对方反馈,加深彼此的了解;沟通时不要采取居高临下的神气,应表现出尊重和平等的态度,以免破坏沟通气氛;要注意沟通时的姿态,说话的语调要自信、平静、肯定和有力,而不要迟疑或尖刻,音量要大到足以让人听清楚;沟通时目光要保持适当的接触,让对方有参与或受重视的感觉;培养正确的聆听方式,不要急躁和急于下判断;等等。①

四、克服沟通障碍,提高教育行政效率

早期的古典管理理论把沟通仅仅看作正式的、由上而下的,其目的在于推进对组织的控制,提高生产效率。人际关系理论出现以后,特别是当人际关系理论演变为行为科学理论以后,人们对沟通的关注开始转移到沟通过程中出现的"噪声"问题,即信息失真、走样、超载等,也即所谓沟通障碍问题。沟通障碍在很多情况下是由沟通双方的环境、地位以及社会心理的差异造成的。研究沟通障碍问题,对于提高教育行政工作效率有着积极的意义。

(一)纵向沟通中的失真现象

在教育行政系统,下行的沟通往往包括各种规定和指示,如教

---

① 参见徐木兰著:《行为科学与管理》,三民书局1983年版,第149—152页。

育政策、教学大纲、教师规范、学生守则等等。上行的沟通，则包括各种报告、汇报、情况说明等。然而，仔细注意一下就会发现，下行沟通和上行沟通中所使用的语词、语气是不同的。前者多用肯定性的语言，充满了命令式的语气；后者多用婉转性甚至模棱两可的语言，充满了请示式的语气。这种现象自然是沟通双方的地位差异造成的。根据研究人们发现，纵向沟通中的最主要障碍来自下级人员在信息传递过程中的主观加工或过滤行为，从而导致信息的失真。具体表现在以下三点：

（1）下级倾向于用取悦上级或报喜不报忧的方式汇报情况，从而导致信息失真；

（2）下级倾向于向上级报告他们希望上级知道的情况，同时向下级封锁他们不希望下属知道的信息；

（3）下级倾向于向上级反映同时也向下属传达有利于自己的信息，不反映或不传达于己不利的信息。

针对上述情况，任何一个从事教育行政工作的领导在接到来自下级或学校的工作汇报时，一定要注意具体分析，以剔除失真因素。必要时还应该去下面跑一跑，掌握第一手资料，为正确的决策打下基础。

（二）横向沟通——传闻和小道消息

团体成员之间的横向沟通容易造成信息走样，形成沟通障碍，因此很多组织不太鼓励组织中的横向沟通，害怕它所传递的信息与官方精神不符。横向沟通通常以传闻、小道消息、不负责任的背后议论等形式来表现。有人认为，当信息沿小道传递时，常常会出现三种变化："第一种变化是平均化，平均化即删除细节，简化背景和条件限制。第二种变化是强化，即喜欢对材料作生动的和戏剧性的处理，因为人总是设法使故事更动听、更有趣。信息经历的第三种变化是同化,也就是人对传闻修饰加工的倾向,以满足他们的需要。"① 为了克服横向沟通障碍,减少各种传闻和小道消息,最好的办法是增加组织的透明度,提高参与决策的力度,同时提供一些渠道,为员工反映情况创造便利。有些学校设立校长信箱,或校长定期出席教代会倾听教职工意见,这些措施显然会有助于克服横向沟通时遇到的障碍。

(三) 信息超载

信息超载指的是各种信息大量汇总到某一领导那里,使他难以应付,甚至不知所措。这种情况在教育行政机关常常会遇到。例如,教委主任或教育局长面对五花八门的请示、报告、文件、计划等,有时真不知哪一份材料该先处理,更谈不上去核实材料的准确性。信息超载会造成几种不良结果:(1) 失职,暂时忘了对某些重要信息的处理;(2) 决策失误,对失真的信息不经核实就作出决定;(3) 拖延,由于工作繁忙而未能及时答复;(4) 推诿,将应该由自己做的事推给其他人去做;(5) 抱怨,埋怨部下领导不力,样样事情都推到上面来。解决信息超载的途径是充分发挥组织机构的作用,在信息集中到最高领导层以前就先在某一部门中进行加工处理,把信息浓缩、概括成一些要点,然后再交上级部门决策。

---

① P. V. Lewis, *Organizational Communication: The Essence of Effective Management*, Columbus, OH: Grid Publishing Co., 1980, p. 65.

第三节 激励

一、激励的作用

激励是影响教职员工工作热情和士气的主要因素之一。每一个教育行政领导应该清楚地懂得,要使教育行政机构和学校成效显著,就必须抓住激励问题,把员工的动机有效地引向教育组织的目标上去。

什么是激励?就其词义来说,激励就是激发鼓励的意思。组织行为学中研究激励,就是要研究如何通过种种手段来激发人的动机,使人有一股内在的动力,朝向所期望的目标前进。由于激励行为关系到人的工作态度、士气和对工作的满意程度等因素,因此,很多管理心理学家对激励问题的研究抱有浓厚的兴趣。

激励的最根本作用在于调动人的潜在积极性,使之不断提高工作成效,出色地完成既定的任务。在教育管理过程中,既要依靠人力资源,又要依靠物力资源和财力资源,但其中最重要的还是要依靠人力资源,这是因为教育组织本质上是一种人—人系统型的组织,而不是人—物系统型的组织,人在教育组织中始终占据着主导地位。与包括教育者和被教育者在内的人相比,学校里的技术手段以及物力财力因素是次要的,它们对实现教育的目标只起到辅助的作用。教育史上有"教师中心说"和"儿童中心说"之分,虽然两者对于教师和学生在教育过程中应占什么地位有不同看法,但没有一方会荒谬地把教育的成功归结于人以外的其他因素。正因为教育过程是一种以人—人活动为主的过程,因此研究教育管理的人都认为,必须对激励行为给予特别的重视。

二、激励过程和需要层次

既然激励是人们朝向某一特定目标行动的倾向,那么教育管理人员在考虑本单位的激励问题时,就应该首先考虑这么一个问题:什么原因驱使行为?

从理论上分析(图6-3),激励过程首先是从个人需要开始的,也就是说,需要驱使行为,行为影响目标。这一过程的基本环节包括:(1)需要、愿望或期望;(2)行为;(3)目标;(4)反馈。

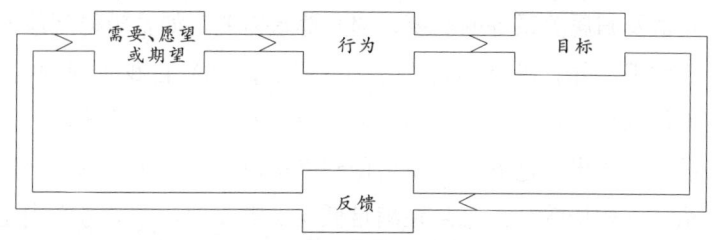

图6-3 基本激励过程①

在教育组织内部,教职员工们有着各种各样的需要、愿望和欲求,如有的希望得到晋升,有的希望在教学领域作出一番事业,有的希望对教育进行一番改革,等等。需要促使人们行动,行动导致的影响又反馈给本人,促使其不断调整自己的行为。激励过程虽在理论上一目了然,但在实际中却有很多不定成分:首先,人的动机只能猜测,无法看见,只能根据人的外在行为来判断动机;其次,动机、需要等的内容并非一成不变,而是经常因时因地而改变;最后,一种行动往往由多种需要所组成。如同样是当教师,有的人是为了有个既稳定又有寒暑假的工作,有的是

---

① [美]唐·赫尔雷革尔等著,余凯成等译:《组织行为学》,中国社会科学出版社1988年版,第432页。

喜欢与儿童打交道。同样是进行教育改革，有的校长希望以此改变学校的落后面貌，有的却希望通过改革扩大学校或自己的名声。动机和需要的多样性和复杂性，促使管理心理学家对人的需要问题作更深层次的思考。

在各种关于需要问题的研究中，最为流行的当属美国心理学家马斯洛（Maslow）的需要层次理论。马斯洛认为，人都有一套复杂的需要系统，它们可分为五大类：（1）生理需要，如对食物、水、空气、住房等的需要；（2）安全需要，如对人身安全、生活稳定以及免遭痛苦、威胁或疾病等的需要；（3）社交需要，如对友谊、爱情及归属关系等的需要；（4）尊重需要，如希望得到他人的尊重、赏识，并有机会得到晋升等的需要；（5）自我实现的需要，如在工作取得成就、自主性和创造性得以发挥后的心情体验等。马斯洛进一步指出，这五种需要由低到高排成一个层次系列，它们互相联系、互相依赖。人总是在满足低层次需要后，才会考虑满足高层次的需要，而一旦一种需要得到满足，它就不再是激励因素，另一种需要就会取而代之。在一般情况下，人总是同时存在多种的需要，这些需要综合起来影响人的行为。从马斯洛的上述理论中，我们可以得到一个最根本的启示，即人是被满足需要而激励起来的。研究激励行为，最主要的就是要研究如何满足人的各种需要的问题。

另一位心理学家奥尔德弗（C. P. Alderfer）认为，人的需求主要分为三种：生存需求、关系需求和成长需求。生存需求指人在衣食住行方面的需求，关系需求指搞好人际关系的需求，成长需求指个人在事业、前途方面得到发展的需求。将奥尔德弗的理论和马斯洛的理论对照起来（表6-1），我们可以看到两者之间的必然联系。

表 6-1　马斯洛和奥尔德弗的需要理论①

马斯洛	奥尔德弗
自我实现的需要 尊重需要	成长需求
社交需要 安全需要	关系需求
生理和物质需要	生存需求

美国学者麦克利兰（D. C. McClelland）通过对企业家成功之路的深入研究，提出了关于需要层次的另一种假设。他认为凡是事业成功的人主要具有三种需要，即成就需要、权力需要和合群的需要。这三种需要中，最重要的就是成就的需要。所谓成就的需要就是按高标准行事的愿望，或者是要在竞争环境中取胜的愿望。虽然每个人都有作出成就的动机，但真正有强烈事业心和成就欲的人只占总人口的 10% 左右。麦克利兰通过分析还认为，高成就者大都具有一些倾向性的特点，如不喜欢随波逐流或随遇而安，喜欢自己设置目标，以求有所作为；在选择目标时喜欢中等难度的目标，即通过艰苦努力能够实现的目标，而不愿选择那些极端困难的目标；喜欢能立即得到反馈的任务，而不愿从事那些反馈周期过长的任务；等等。如何提高成就激励，麦克利兰提出了一些办法，如要及时对成功给予反馈和奖励，提供成功者的榜样，把自己设想成一个成功者等。②

在我国，一些研究人员用需要理论分析我国教师、学生的需要

---

① [美] 罗斯·韦伯著，吴思华等译：《组织理论与管理》，长桥出版社 1979 年版，第 83 页。
② 参见 [美] 唐·赫尔雷格尔等著，余凯成等译：《组织行为学》，中国社会科学出版社 1988 年版，第 453 页。

结构，从中也发现了一些规律性的东西。① 例如，根据研究，我国大中小学学生的需要种类包括：生理和物质生活需要、安全与保障需要、交往和友谊需要、尊重与自尊需要、课外活动与精神生活需要、学习与成才需要等等。其中大学生、中学生和小学生在每一种需要种类上又表现出一定的差异性，这说明随着年龄的增长，学生对需要的认同也在发生变化。教师的需要跟学生的需要又有明显的不同。与学生需要结构相比，教师需要中社会性需要和成就需要的成分有所增加。教师十分看重社会对自己职业的态度，希望自己的工作得到社会的承认和重视。在成就需要方面，教师一般并不去追求有一番惊天动地的业绩，而希望获得由完成教学任务、取得较好教学效果和工作有所创新而带来的一种满足感。针对教师和学生这些需要的特点，教育管理人员应该在工作中积极寻找有效措施，从各种不同角度去激发动机，以提高师生的学习和工作的积极性。

三、赫茨伯格的双因素理论

什么因素会使员工对自己的工作感到满意并激发起动机，又是什么因素使得员工感到不满意和士气低落？对这一问题，通常的回答是：工资、工作条件、职业的稳定性、人事关系等等。人们认为，假如这些东西没有保障，员工就会感到不满；反之，则会感到满意，其工作积极性就能得到发挥。依照这一回答推断，满意和不满意就成为一条直线的两端，它们由相同的原因引起，一旦那些原因解决了，不满意就会转化为满意。譬如一个教师因工资低而对自

---

① 参见朱智贤主编：《中国青少年心理发展与教育》，中国卓越出版公司1990年版，第416—418页；黄希庭等主编：《大学生心理学》，上海人民出版社1988年版，第124页；熊川武著：《学校管理心理学》，华东师范大学出版社1996年版，第90—93页。

己工作不满，那么提高了他的工资，他就能从不满转变为满意，工作积极性也就随之被调动起来了。

对于上面这个表面看属于常识性的回答，美国人赫茨伯格（F. Herzberg）提出了截然不同的见解。他根据自己的大量的问卷调查发现，引起工人不满的因素是这一些，而引起工人满意的因素是那一些，也就是说，导致不满的原因跟导致满意的原因不是一回事。导致不满的因素通常跟工作的外部条件和工作环境有关，它们包括公司政策、行政管理、监督、与上下级的关系、工作条件、工资、地位、安全等；而导致满意的因素主要跟工作内容有关，它们包括工作本身具有挑战性，工作富有成就感，工作成绩能得到社会承认，要承担一定责任，在职业上能得到发展成长等（见表6-2）。赫茨伯格把前一类导致不满的因素称为保健因素，意思是只能预防疾病，不能医治疾病，并认为这一类因素即使改善了，也只能消除职工的不满，却不能相应地产生满意感，也不能导致积极性的提高。赫茨伯格把后一类因素称为激励因素，认为只有这些因素改善了，工人才会感到满意，他们的积极性和工作热情才会真正激发起来。

表6-2 赫茨伯格的双因素理论

保健因素	激励因素
公司政策和管理	成就
监督	认可
与上下级关系	工作自身
工作条件	责任感
工资	发展
地位、安全	成长

双因素理论想说明的问题是，工作条件、工资报酬等外在于工作内容的因素如果过糟，工人就会感到不满，不满当然会影响到工作情绪；如果条件改善了，工资提高了，不满感可以在一定程度上得到消除，但不能由此就导致满意感。真正要激发动机靠的是那些激励因素，即那些与工作内容本身有关的东西，像工作的挑战性、成就感等等。当然，这样看问题并不是说保健因素不重要。要使激励因素达到预期效果，必须使保健因素维持在一定水平上。例如，"不能使工资保持在教师认为是合理的水平上，或工作安全受到威胁，就会导致不满，使教师不愿去争取职业发展、作出成就和被认可的机会。所以，虽然保健因素本身不起激励作用（或不导致满意），但它们却是激励因素的先决条件"[①]。

赫茨伯格的双因素理论提出以后，招来了一些非议。如有人认为人是非常复杂的生物，当他对工作感到满意时并不等于生产率提高，而不满意时并不等于生产率降低，人因为种种原因可以在不满意的条件下达到高效率，赫茨伯格的理论仅仅研究了满意和不满意的动因，但没有进一步证实满意感与生产效率的关系。另一种批评主要针对赫茨伯格的研究方法，认为是他的研究方法导致作出这样的结论。因为按照人的一般心理状态，总是倾向于把工作中的好成果归功于自己，而把不满意和不佳的成绩归咎于外部条件和他人。虽然有这些非议，但20世纪六七十年代进行的很多管理实验都证实了赫茨伯格的理论，这说明双因素理论的确有着积极的参考价值。

赫茨伯格的双因素理论在教育管理研究中也得到充分的证明。例如，一些关于教师动机和满足感的研究发现，对教师来说，最重要的激励因素是成就感、工作内容本身、责任感以及发展的可能性等，而引起教师不满的因素有日常家务琐事、开会、监督不当、午

[①] R. G. Owens, *Organizational Behavior in Education*, 1991, p.115.

餐值日、令人不快的管理政策、与同事或父母的关系紧张等。提拔晋升在公司企业往往也是重要的激励因素之一，但对教师来说却并不很重要，这是因为，"教学作为一种职业所提供的提升机会很少。要是一个人希望在教学上有所发展，他就必须离开教学而去从事与教育有关的工作，如管理、视导和咨询"①。另一项研究调查了一百三十多个中学校长，发现校长们非常赞成双因素理论。调查者从研究中得出结论认为，显然，认可、成就感和晋升是激发校长工作的主要力量。因此，"对于那些希望创新、实验新的教育大纲、进行不同的教育探索的管理者，需要给予鼓励和支持，以使他们有更多的取得成就的机会"②。

在我国也有一些类似的研究。河北省两位教师曾就我国中小学教师的职业情感进行了一项问卷调查，他们的调查发现，"使我国中小学教师感到满意"的前五种因素依次为"与学生的关系""工作的意义和趣味""与同事的关系""工作成就""赏识、认可"，使教师不满意的五种因素依次为"工资收入""工作条件""检查监督""地位职务待遇""晋升职称或提干"。而在调动我国教师工作积极性方面，起作用较大的前五种因素依次为"工作成就""职责""工资收入""工作的意义和趣味""地位、职务、待遇"，起作用较小的五种因素依次为"与同事的关系""职务保障""与上级的关系""生活条件""检查、监督"。由此他们得出结论："（1）令教师满意的因素未必就是有激励价值的因素，而令教师不满意的因素未必就没有激励价值。（2）赫茨伯格关于激励因素和保健因素的划分只有相对意义，不可将之绝对化。"③ 这两位教师的研究，一方面

---

① ② R. G. Owens, *Organizational Behavior in Education*, Prentice Hall, 1991, pp. 117-118.

③ 石国兴、李晨英：《关于中小学教师职业情感的研究》，载《中小学管理》1998 年第 9 期。

说明由于各国间政治、经济、文化的不同所造成的教师对职业态度的不同，另一方面也说明双因素理论对我国教师激励问题的研究同样有着一定的借鉴意义。

如何从工作内容本身来提高员工的积极性，赫茨伯格为此提出了三条建议：第一，丰富工作，即重新设计工作，以便使工作更有兴趣，更富有挑战性，能获得责任感和成就感；第二，增加自主权，即让员工有更多的机会参与制定有关决策；第三，改变人事管理的重心，将传统的重合同、重制度的人事工作重心转移到重工作设计、重激励因素方面来。赫茨伯格的这几条建议，在欧美的一些国家实施后，大都收到了较好的效果。

四、激励理论在教育管理中的应用

激励理论如何在我国的教育管理实践中得到有效的运用？对此我国的一些研究人员也进行了有益的探索。[①] 他们认为，按照我国的实际情况，并借鉴西方的激励理论，可以相应设计出符合我国教育管理实际特点的激励模式。

首先，在我国的学校中，应该提倡同步激励论，即物质与精神同步激励理论。研究者认为，鉴于我国社会主义的特定历史条件以及经济基础、文化传统的制约，只有将物质与精神激励有机、同步地实施，使物质与精神激励都处于高值，才能取得最大的激励效果。相反，如果物质与精神两个维度中任何一个处于低值，就无法获得最佳的激励力量。为了做到同步激励，教育管理人员应该将精神激励与物质激励的各项措施同步实施。如在教师管理方面，我们

---

① 参见俞文钊：《激励理论在教育管理中的应用》，载《华东师范大学学报（教育科学版）》1990 年第 3 期。

既要强调对教师的高标准、严要求，强调教师队伍的精神文明建设，又要给教师多办实事，切实解决教师中多年来存在的诸多生活不便，为他们提供实实在在的实惠。只讲精神激励，没有相应的物质措施跟上，教师的积极性就无法持久；但只讲物质条件，忽视了正确的思想指导，也会走上一切向钱看的歧路。

其次，应该提倡公平分配，把公平分配当作我国教育管理中的一个重要的激励因素。由于我国经济发展水平还有限，相当一部分教师生活水平还比较低，因此，经济诱因在很长一段时间内仍然是一个重要的激励诱发因素。很多教职员工十分关心分配，希望自己的贡献能取得相应的报酬。如果满足了教师的这一愿望，他们的积极性就能得到充分发挥。相反，如果分配不合理的话，教师的积极性就会受到极大挫折。所谓公平分配，一是要破除分配中的平均主义和大锅饭，二是要防止分配上的差别过于悬殊。无论是无差别分配还是悬殊差别分配，都会引发不公正感。一旦有了不公正感，教师就会不安心教学，学生就会不安心学习。所以，教育管理人员应该研究教育中的公平分配问题，尽可能地制定出能为广大教职员工接受的比较合理的分配方案和分配差别比例。

最后，要深入分析教育工作中的激励因素和负激励因素，持续调动教职员工的积极性和创造性。如果我们把那些能调动积极性的因素称为激励因素，那么同样我们可以把挫伤积极性的因素称为负激励因素。激励因素和负激励因素好比是一个连续带的两端，它们可以相互转化。在很多情况下，一个本来是激励因素的东西，弄得不好却变成了负激励因素。例如，教师队伍中的职称评审工作，做得好是激励因素，做得不好就成了负激励因素。教育管理人员的责任，就是要正确区分哪些是激励因素，哪些是负激励因素，然后创造条件，促使负激励因素向激励因素转化。

第七章
教育政策

为什么要有教育政策？这是一个有着多种答案的问题。在教育决策层看来，教育政策是实现教育目标的指南，同时又是完成教育任务的策略和手段，因此要制定教育政策。在广大的教育行政人员看来，教育无政策，教育计划就无从制订，教育行政活动也无法开展，因此要研究教育政策。而对于具体从事学校管理工作的广大校长和学校领导来说，不了解教育政策，工作就可能出偏差，走弯路，甚至落得个好心做错事的结局，因此也要学习教育政策。不过，不管人们怎样看待这一问题，没有人会否认教育政策的重要性。本章将论述教育政策的基本含义和特性，分析教育政策的制定过程，并对我国的主要教育政策作些探讨。

第一节　教育政策概述

一、政策和教育政策

何谓政策？同社会科学的许多基本概念一样，学术界对此并无定论。以下是学者们对政策的不同定义：

政策是达成某种目的而支配其行动的原理。(K. E. Boulding)

政策是一个人或团体或政府在一个具有障碍的环境与机会中所提出的一种行动纲领，意在利用机会，克服困难，以实现预定目标或目的。(C. Friedrick et al.)

政策乃一行为者或一组行为者在处理一问题或其他所关注的事项时，所提出的一种具有目的性的行动路线或纲领。(J. E. Anderson)

政策是泛指任何一种行政的指导原则，或是一种提纲挈领的预定计划，或是对某些问题所采取的观点和立场。(朱汇森)

政策是管理者为了未来行动所设立的基础和范围，它反映了管理者对组织的员工、顾客与所有者活动的意向。（龚平邦）①

由于对什么是政策看法不同，因此关于政策所包含的要素的理解也不同。有的人如西蒙认为，政策的要素有二：一为组织所制定的规则，意在限制部属自由裁定权；二为必须由最高当局正式宣布。② 也有的人认为政策包括五项要素：第一，有一个或一组特定

---

① 参见瞿立鹤著：《教育行政》，茂昌图书有限公司 1992 年版，第 126—127 页。

② Herbert A. Simon, *Administrative Behavior, A Study of Decision-Making Processes in Administrative Organization*, 1957, p. 59.

目标;第二,有一个拟定的方针;第三,有一个已经选定的行动路线;第四,要由当局宣布意旨及执行方法;第五,执行。①

从政策推演到教育政策,我们不难发现,教育界对教育政策的理解相对来说较为一致。如有的教材把教育政策解释为"一个政党或国家为实现一定历史时期的教育任务而制定的行动准则"②。也有的认为教育政策是"针对教育工作的目标、途径和方法的总体规定,是国家或政党为实现教育目标而制定的行政准则"③。较详细的解释有:"教育政策是教育行政当局针对目前社会需求和学生愿望而形成之问题及未来发展之趋势,依据国家教育宗旨与法令规章,确定方针,规划方案,经由法定程序,公布实施,以为行政部门或教育机构执行之准则。"④

虽然对教育政策的理解有所不同,但从上面的各种解释中我们依然可以找到一些共同点:第一,教育政策是一种行动的准则,也就是说,它不是一种很具体的解决特定问题的方法,而是一种行动纲领或路线,它要解决的是较重大的并带有普遍性的问题;第二,教育政策有明显的针对性,它是为教育目标服务的,没有目标就无所谓教育政策,当然有了目标没有政策,目标也无从实现;第三,教育政策一般由较高的决策层制定,如国家、政党、教育行政当局等;第四,教育政策从制定到公布到实施都要依照一定的程序。按照这样的理解,本书把教育政策定义为:国家较高决策层为实现教育目标并依照一定程序而制定的教育事务的行动纲领和准则。

---

① A. Ranney (ed.), *Political Science and Public Policy*, Chicago: Markhan, 1968, pp. 3-22.
② 罗宏述等主编:《教育政策法规》,科学普及出版社 1992 年版,第 8 页。
③ 萧宗六、贺乐凡主编:《中国教育行政学》,人民教育出版社 1996 年版,第 294 页。
④ 瞿立鹤著:《教育行政》,茂昌图书有限公司 1992 年版,第 127—128 页。

二、教育政策的特性

为了进一步认识教育政策,我们有必要对教育政策的特性作一些分析。根据教育政策的形成以及它的地位和功能,我们可以发现,教育政策通常具有以下一些特性。

(一)教育政策都以一定的价值观念为基础

在社会科学领域,所有的知识都直接和间接地体现着某种价值观念。所谓价值观念,在这里主要指一些基本的意识形态准则,以及对于利益优先顺序上的选择。例如,我国推行的教育方针,明显不同于西方资本主义国家推行的教育方针。对于人性,对于教育本质以及对于教育功能的不同看法,肯定也会对教育政策的制定产生某种影响。

(二)教育政策在一定程度上反映了人们对教育规律的认识

教育规律是指教育这一社会现象的内在的必然联系,这种联系在一定条件下会经常出现并发生作用。任何一项教育政策都在某种程度上体现了人们对教育规律的认识。例如,确保教育优先发展的政策,包含了人们对教育周期性较长的规律的认识。完全违背教育规律的教育政策是不可取的,因为它将使教育政策的制定丧失任何意义,但要使教育政策完全反映教育规律,也不是件容易的事,因为这要受到各种条件的制约,如客观物质条件的制约,一个民族思想文化传统的制约,对教育规律的认识上的局限性的制约等。因此,我们只能说教育政策在一定程度上反映了教育的规律。

(三)一项较为成熟的教育政策,往往体现了教育科学的研究成果

教育科学是由一系列概念和原理组成的理论体系,它揭示了教育现象的产生和发展规律,反映了人们对教育现象的认识能力。教

育科学的研究，为教育政策的制定提供了有利条件。如关于人的个性发展的研究，为制定人的德智体全面发展的教育方针奠定了理论基础。人才预测的研究，也为职业技术教育政策的出台提供了条件。当然，正确的教育政策反过来也能促进教育科学的发展。因此，教育政策与教育科学之间的关系，应该是一种相互依存的关系。不过，教育政策和教育科学的关系如果处理不好，也会导致两种异常的情况：一是将两者完全画等号，使教育科学成为"政策演绎学""政策注释学"，教育政策取代了教育科学的研究；① 二是将两者完全脱离，造成出台的政策或是缺少科学的依据，经不起历史的检验，或是政策脱离实际，无法有效地推动教育事业的发展。

（四）教育政策有效与否，要通过教育实践来检验

虽然教育政策是教育实践的依据和指挥棒，规定着教育实践的方向、步骤，但与此同时，教育政策也要受到教育实践的检验。任何一项教育政策是优是劣，不依靠人的主观评判，而只能由实践作出回答。当然，问题可能不这么简单，两者之间的关系也许要比这复杂得多。如有些教育政策在实践中行不通，不等于这种政策就是错误的，只是一时还缺乏必要的执行条件和基础罢了。比如，在高校推行"宽进严出"的政策，肯定要比我国现在的"严进宽出"的状况好得多，但这一政策在现阶段就难以实施，因为缺少必要的辅助条件。

（五）教育政策与其他公共政策互相交织，互相作用

现代国家已形成一个庞大而复杂的政策系统。在这一系统中，凡与社会公共生活和公共利益有关的政策，都属于公共政策，如人

---

① "在教育学中往往以教育政策来代替教育规律和原则，这是教育学的缺点之一。"见［苏］奥戈罗德尼科夫：《从斯大林的〈苏联社会主义经济问题〉这一著作的观点看教育学问题》，载瞿葆奎主编：《教育学文集·苏联教育改革》上册，人民教育出版社 1993 年版，第 610 页。

口政策、环境政策、公共福利政策、社会分配政策、住房政策、医疗政策、教育政策等等。显然，教育政策与其他公共政策常常交织在一起，相互制约，相互影响。离开了其他公共政策，教育政策就难以单一发挥作用。例如，职业技术教育政策的实施，就要受到人口政策、劳动人事政策、社会用工政策等的影响和制约。所以，教育政策的推广实施是一项系统工程，越是影响面大的教育政策，就越需要其他社会政策给予支持和配套。

全面认识教育政策的这些特性和特征，对于我们进一步理解教育政策的意义及科学制定教育政策的重要性是极有帮助的。

三、教育政策领域最为关注的问题

近二三十年来，教育政策领域里讨论最多、关注最集中的话题是什么？大概有以下一些方面：

（1）教育发展与经济发展的关系。是推行教育先行、教育优先发展的政策，还是强调教育发展要与经济的发展相适应，这一直是一个困扰很多国家尤其是发展中国家的政策性问题。虽然教育投资是影响经济发展的一个重要因素，但由于教育投资与经济增长之间合乎规律的联系是什么还远未被弄清楚，因而使得决策者们常常在先发展经济还是先发展教育的抉择面前举棋不定。

（2）教育事权的分配问题。一个国家的教育事权，是掌握在中央或省（州）一级政府手中好，还是掌握在地方部门手中好，换句话说，是集中管理教育好，还是分权、分散管理教育好，这也一直是一个悬而未决的政策问题。有的国家采取了集权管理的模式，另一些国家采取了分权管理的模式。有人说集权管理效果好，也有人说分权管理效率高。另有些人认为最好把两者结合起来。但不管怎样，从战后很多国家教育上一会儿集中管理、一会儿分权管理的周期性波动来看，显然这一政策性问题还远没有解决好。

（3）大众教育还是精英教育。教育上是强调教育机会均等、推行大众教育政策，还是强调早出人才、施行精英教育政策，对此长期以来一直有不同看法。在我国，最能反映这一问题的就是要不要办重点中小学。教育上的很多其他问题，如学生负担过重、统考制度、择校生问题等，实际上都和这一政策取向有关。

（4）优先发展高等教育还是优先发展中小学教育。对于发展中国家来说，是把有限的教育经费优先用于发展高等教育，还是对中小学教育多投入，这也是一个需要认真考虑的问题。

（5）中学阶段着重实施普通教育还是大力发展职业技术教育问题。

（6）在公共教育已经有了一定规模的情况下，是继续坚持发展公立学校还是提倡兴办民办学校或私立学校问题。

（7）当教育政策与其他政策发生矛盾时，强调教育本身的需要还是照顾其他方面的利益。常常出现这样的情况，一项教育政策的推广，与其他政策发生了冲突，在这种情况下，是优先强调教育的需要，还是强调兼顾其他政策和利益，这也是一个颇为棘手的问题。例如，根据《中华人民共和国义务教育法》的规定，学龄儿童应该就近入学。如果严格实施这一规定，那么数量庞大的流动人口子女的教育问题就应该就地解决，然而这跟现行的人口政策、户籍政策、公共福利政策、市政发展政策等会产生冲突。如何解决两者之间的矛盾，需要仔细加以考虑。

（8）教育政策与教育改革的关系。教育改革往往与教育政策的制定密切相关，一项新的教育政策的颁布常常就意味着一场教育改革的开始。然而，教育政策有时带有很浓的唯意志论的色彩，其结果是政策推动下的改革有时缺乏现实条件和基础。在这种情况下，是继续维护政策，强行推动改革，还是考虑实际条件，重新修订政策？这个问题处理不好，不是改革走样，就是改革受到抵制，或是出现政策管政策，实际却没有任何改革的现象。

上述各项问题，都属教育政策领域的热点问题，它们直接影响到教育政策的有效贯彻，并且对整个教育事业的发展起到举足轻重的作用。虽然围绕这些问题的争论无论在哪个国家都难以有绝对结论，但因为这些问题关系重大，故长期以来人们还是一直孜孜不倦地试图从理论上作出科学的解释。

第二节　教育政策的制定

国外一位专门研究公共政策问题的专家提出了一个很有趣的问题，他说我们往往对某些事情的决定有所了解，但我们却很少知道为什么要首先考虑并决定这些事情，它们是怎样引起决策官员的注意的？为什么有些事情虽然很重要，却从来没有排上最高决策层的议事日程？而有些事情本来一直不被关注，一夜之间却突然上升为首选问题，以至于为此专门制定了有关政策？究竟什么因素决定了事情的"突然凸起"或"悄然逝去"？[①] 这位专家所提的问题，实际上就是要求我们不但要考虑政策本身的内容及价值，还要研究政策本身是如何产生的，也就是要研究政策制定的过程。

[①] John W. Kingdon, *Agendas*, *Alternatives*, *and Public Policies*, Harper Collins Publishers, 1984, p. vii.

一、影响教育政策制定的因素

讨论教育政策的制定过程,首先要考虑有哪些因素会影响教育政策的制定。一般来说,有三大方面的因素会对教育政策的制定产生影响:环境因素、利益因素、价值因素。

(一)环境因素

指的是教育活动所赖以进行的环境。教育活动不可能在真空中实施,它必然要依赖于一定的外部环境。在影响教育活动的环境因素中,最主要的有政治、经济、科技发展、人口、地理、自然资源等。其中政治因素是指国家或地区的政治制度。不同的政治制度会导致不同的政治理念,不同的政治理念又会产生不同的制定政策的思想基础。在我国,社会主义制度决定了我们将马列主义的政治理念来作为制定教育政策的思想基础。而在其他国家,则将其不同的政治信仰、社会哲学和宗教信念,来作为其政策制定的思想基础。经济因素指的是经济制度和经济实力,这是教育政策制定最主要的物质基础。教育政策的基本构思、框架、程度和方向,归根结底要受到经济发展因素的制约。例如,在当前我国市场经济大发展的格局中,一些以前在计划经济体制下被认为是完全合理的教育政策,可能就要受到重新审视和检验。人口因素对教育政策的制定也至关重要。义务教育、教育资源分配、教育机会均等、师资培养、学校布局等方面的政策,都要受到所在国家人口状况的制约。其他如国家科技发展的水平、地理条件、自然资源情况等,都是教育政策制定的制约要素。

(二)利益因素

主要涉及决定教育政策的人、组织和各种利益集团。不管是谁,凡是参与制定教育政策的都有可能对教育政策发生影响。有的时候，外部环境因素没有变，而一些本来不被人关注的教育问题却被提上了议事日程，并为此制定了若干政策。在这种情况下，往往是参与决定教育政策的人或利益集团的构成发生了变化。参与制定政策的人或组织有其特有的知识背景、经验和利益倾向，同时又要受到外在种种利益和关系的制约，这使其在讨论和决定教育政策时无法采取超然的态度，而不得不以某一利益集团代表的身份出现在教育决策过程之中，对政策的制定发挥作用。

（三）价值因素

主要包括文化传统、思维方式、舆论导向等。文化传统对教育政策制定的影响是显而易见的。例如，美国传统上是文化和教育多元化的国家，因此推行一种大一统的单一的教学和课程政策，在美国人心目中是不可想象的。我国民族文化中历来有重视德育、提倡德才兼备的传统，在教育政策上就反映为从古到今都提倡培养道德自律、品行兼优的人才。另外，西方重分析和东方重归纳的思维习惯，也会对教育政策的形成产生作用。社会舆论则通过大众媒介反映广大群众的呼声和价值取向。社会舆论一旦形成，对教育政策制定的影响是十分巨大的，在某些场合甚至会产生决定性的影响。如我国的素质教育，在很大程度上就是对社会舆论对学生负担过重极为不满的一种应答和反思。社会舆论所反映和关注的热点问题，往往会列入政策制定的议事日程，作为优先问题加以解决，所以社会舆论实际上对政策制定起到了一种推动作用，它常常会促成某项重大政策的出台。

除了上述主要影响因素外，还有一些因素也会对教育政策的形成起到作用，如宗教信仰、民族气质和心理特点、已有的法律制度、大众对教育的习惯看法、信息搜集和整理的水平等等。所有这些因素，都是我们在教育政策制定中需要认真对待和仔细考虑的。

二、教育政策的种类和制定机关

教育政策的种类大致可以分为总政策、基本政策和具体政策三种。其中总政策就是一个国家的总的教育方针，如我国的教育总政策在《中国教育改革和发展纲要》以及《中华人民共和国教育法》中表达得很清楚：教育必须为社会主义现代化建设服务，必须与生产劳动相结合，培养德、智、体等方面全面发展的社会主义事业的建设者和接班人。基本政策是对教育工作具有普遍指导意义的那些政策，它们涉及范围较广，数量也较多。我国的基本教育政策包括：教育优先发展的政策，普及义务教育的政策，增加教育投入的政策，中央宏观调控和地方自主管理相结合的政策，国家办学为主、社会参与办学来共同发展教育的政策，提高教师待遇的政策，发展职业技术教育的政策，等等。具体的教育政策是针对教育工作的某一方面而制定的，它的内容较具体，涉及的领域也更细更广，如我国的民办教师政策，派遣留学生政策，高校收费政策，高校毕业生分配政策，义务教育阶段实行就近入学政策，发展残疾人教育政策，发展师范教育政策，支持贫困地区教育发展政策，等等。所有这些政策，构成了一个庞大的教育政策体系，保证了我国教育事业沿着规范健康的轨道顺利发展。

一个国家尤其是一个教育大国的教育政策体系庞大而复杂，因此，制定教育政策的机关也不尽相同。一般说来，在单一政体的国家，教育总政策是由国家的最高权力机关或执政党制定的，如我国的教育总政策由中共中央制定；教育基本政策可由国家最高权力机关或执政党制定，也可由国家教育行政机关制定；教育的具体政策则由中央或地方的教育行政部门制定。而在联邦政体的国家，情况会有所不同，这表现在：（1）可能没有教育的总政策，或是即使有教育总政策，但对下面的教育部门没有实质性的约束力；（2）很多教育的基本政策由地方政府或地方教育行政部门制定；（3）各种利益团体对教育政策的制定影响较大；（4）由于利益和信息表达的多元化，意见不易统一，因此较重视专家委员会的作用，期望通过专家委员会的周密调查来为教育决策提供依据。然而不管是什么政体的国家，也不管由什么机关制定教育政策，由于现代教育事业的规模越来越大，牵一发而动全身，人们都把决策的科学化和民主化作为教育政策制定的最基本前提。如我国20世纪80年代中期决定改革教育体制，党中央经过反复论证，召开多次座谈会，大量听取专家学者和教师意见，最后才通过了教育政策的纲领性文件《中共中央关于教育体制改革的决定》，从而为我国20世纪80年代后期和整个90年代教育大发展奠定了极为坚实的理论基础。

三、教育政策制定的模式

严格地说，并没有专门的制定政策的模式，包括制定教育政策的模式。制定政策实际上就是较高层次的决策，即对某个或某一组较为重要的问题作出带有指导意义的决定。所以政策制定的模式，实际上也就是决策的模式。

关于政策制定的技术和方法，政策学家们提出了种种不同的模式。在这些模式中，影响较大的有理性模式、渐进模式、综合审视模式、政治协商模式、精英模式等。下面把这些模式简单地介绍一下。

（一）理性模式

也称科学决策模式，这是以追求最佳的政策和最好的解决方法为目标的决策模式。实施这一模式的顺序是：政策制定者全面掌握决策所需信息→客观和尽可能量化地分析信息→提出各种解决方案→对每一方案进行关于利弊及实施后果的评估→选出最佳方案。这一模式假定,决策中的每一步骤都是出于理性考虑的,因此最后的抉择一定是最科学和最合理的。以教育为例,一个国家教育资源总是有限的,而人民对教育的需求是无止境的,因此按照理性决策模式,国家在分配教育资源时,就必须制定一个能使教育资源得到最大限度利用的教育政策。从理论上讲,理性模式是以选优方法为基础的,因而也是最理想的模式,但在实际应用这一模式时,也存在很多可能的困难:第一,许多政策问题都是新问题,决策者难以全面把握与此有关的信息和知识。第二,所谓最佳或最优的标准是什么,难以确定。倘若社会中许多价值彼此冲突,根本就没有一个可共同接受的最佳标准,那么决策如何进行?如我国的重点学校制度,有人说是最大限度地利用了教育资源,有人说是教育上的机会不均。这里究竟是以合理利用教育资源为最佳标准,还是以教育机会均等为最佳标准,显然因性质不同是无法比较的。第三,并不是所有的知识和问题都是确定性和可以量化的,很多问题常常难以准确地界定。第四,许多问题的解决可以有多种可行方案,如果把所有方案的优缺点、利益、影响和效果都一一分析,决策者是否有这么多的时间、精力以及决策所需的知识、能力?而且决策的成本支出是否太大?第五,非理想因素的影响,特别是在涉及民族、宗教、文化等问题时,理性决策就会受到很大限制。所有这些困难,是运用理性模式时不得不考虑到的。实际上在许多场合,政策制定开始时,决策者采用理性模式以求得最佳的解决办法,但到最后阶段,由于各种因素的影响,决策者不得不放弃最佳办法而改用满意并实用的办法。在教育政策制定过程中,我们就常常可以看到这种情形。

(二)渐进模式

也称连续有限比较模式。在政策制定过程中,常常会遇到这样的问题,即这一问题所涉及的内容非常复杂,后果也难以预料,而且其中存在很多利益冲突。在这种情况下,有学者提出,最适当的决策模式应该是渐进模式,而不是理性模式。① 所谓渐进模式,就是提倡制定政策时只对过去的政策作局部的调整和修改,使新政策成为过去政策的延伸和发展,而不是全面更替过去的政策。这一理论的依据是,越复杂的问题就越难预测其后果,考虑这类问题如果完全不顾以前政策而采用有重大创新的政策,则很难得到大众的支持,弄得不好还会产生很多消极作用。因此,最好的方法是,遇到问题,对现有政策进行局部的小范围调整,使其在现有政策基础上实现渐进发展,以适应形势变化的需要。也就是说,将创新活动仅限于"边缘改变"(marginal change)(图 7-1)。这样做的好处是:第一,决策者不必去设计和评估所有的政策方案,只需看那些与现行政策有关的方案就可以了,这样可大大简化决策过程;第二,决策者只要分析现有环境与可能选择的方案之间的差异就行了,不必对问题的性质、目标作全方位考虑,这样时间和精力上可节省很多;第三,不必像实施新政策那样花费大量成本去做宣传解释工作;第四,实施时心理阻碍较小,可接受度较高。总之,这是一种稳妥发展、循序渐进的决策模式。当然,这种模式也有其不足,表现有二:第一,如果人们对现行政策普遍不满,强烈要求激烈变革,渐进模式的效果就会大打折扣;第二,如果遇到一个全新的问题,没有现成的解决方案供参考,渐进模式也就无从谈起。所以,渐进模式适用于稳定的和变化较缓的社会环境,而不适用于急速变迁的社会环境。

---

① W. K. Hoy & C. G. Miskel, *Educational Administration: Theory, Research and Practice* (3rd ed.), Random House, 1987, pp. 329-331.

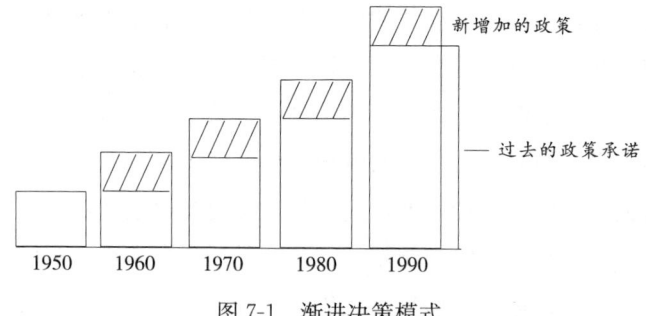

图 7-1　渐进决策模式

（三）综合审视模式

这一模式由社会学家埃祖尼提出，他认为可以将理性模式和渐进模式两者结合起来应用，即先运用理性模式去观察分析一般性的政策要素，分清主次，选取重点，然后运用渐进模式来探讨决策者认为必须仔细调查的特殊项目或方案。这样决策者既可避免忽略基本的政策目标，又可保证对最重要的问题作深入的科学分析。由此可见，综合审视模式试图结合理性模式和渐进模式两者的长处，根据政策环境来灵活运用决策方法，以保证政策制定的质量。

（四）政治协商模式

也称团体解决模式，即决策者在制定政策时，广泛听取各政党、团体和社会阶层的意见，注意协调各种不同群体的利益关系，在达成妥协谅解的基础上作出决定。一般在制定涉及多方面问题和多种目标的政策时，这种方法采用得较多。如美国联邦教育部在20世纪六七十年代制定黑人儿童教育机会均等、双语教学等政策时，都是采用这种方法。实际上，这样出台的政策是政治妥协的结果。

（五）精英模式

提出这一模式的人认为，普通公众对政策问题缺乏兴趣，也很少向政府提出政策性的要求，对政策制定的过程了解得也很少，所以政策实际上反映的是担当统治责任的精英的偏好和价值观念，政府只是在执行精英已经决定的政策而已。虽然精英总是只有少数人组成,但依据少数人观点制定的政策并非一定会违背大众利益,精英往往自认为担负着为公众谋福利的重任,所以在制定政策时有可能考虑公众的利益。精英模式从社会实际现象出发,承认少数统治阶层对社会政治、经济、文化的巨大影响力以及在制定政策过程中所起的决定性作用。不过,由于教育问题关系到千家万户,再加上现代社会公众民主参与意识的增强,因此至少在教育领域,精英模式的应用价值是值得怀疑的。

除了上述模式外,还有其他一些制定政策的模式,如强调政策制定主要是政府机关有组织的活动的组织模式,强调制定政策时应对其他国家和地区的同类情况进行比较研究的类比模式等。虽然这些模式都是一般的政策制定模式,但对于教育政策的制定都有一定参考价值。

四、教育政策制定的程序

虽然有种种不同的模式,然而就一般情形而言,制定教育政策还是有一个大致的程序的,这一程序可以分成五个步骤,即发现问题、分析问题、形成政策目标和思想、拟定政策方案、确定政策并予以颁布。

(一)发现问题

发现问题是政策制定的第一步。教育领域存在着形形色色的问题,但并不是所有的问题都是政策问题。究竟哪些是或者应当成为政策性问题,就需要决策者去发现和确认。有的时候,发现问题并非难事,如某个教育问题已影响到相当一部分人利益,成为社会舆论或群众议论的中心,这说明这类问题有可能成为政策问题。我国高校实行收费制度后,部分学生因交不起学费而被迫辍学,舆论对此议论纷纷。一些银行部门为此设计了学生贷款项目，后来政府出台了若干政策来解决此类问题。此外，某些突发事件也会立即引起政府的关注，成为政策问题。但在另外一些场合，发现政策问题并非易事：很多问题隐而不露，不易引起关注；也有些问题错综复杂，不易认清；还有些问题则因政府人员忙于公务，无暇过问。为从一般教育问题中过滤出政策问题，不少政府部门都设有教育政策研究所（室），其主要任务就是发现和筛选问题。如在我国，中央和省级部门都设有教育政策研究室，此外还有设在高校的政策咨询机构。在国外，一些著名的综合性大学也都设有教育政策研究中心。这些机构为政府制定教育政策起着非常重要的作用。

（二）分析问题

发现问题后，并不意味着这些问题就自然而然上升到政策领域，进入政策制定的议事日程。这当中还需要一个过渡步骤，即分析问题。需要分析的问题包括：所发现的问题是属于哪一类性质的？仅仅是教育内部的问题还是教育内外部都涉及的问题？是全国性的问题还是地区性的问题？是属于体制性问题还是属于局部技术性问题？等等。为弄清这些问题，就需要大量占有信息资料，并对这些信息资料进行充分的剖析和评估。如同前一步骤一样，各类智囊咨询机构在这一过程中起着十分关键的作用。

（三）形成政策目标和思想

一旦问题被确认和仔细评估后，它就正式进入政策议程。也就是说，政府已认为该问题重要，有必要采取有效措施加以解决。这时要做的事情就是形成政策目标和思想，也就是考虑该问题在政策目标层次上应解决到什么程度，解决问题的指导思想是什么。有些教育问题，如义务教育阶段学生收费问题，从理想的角度以及国外的经验来看，完全免费显然最能推动义务教育的进程，但我国由于种种条件特别是经济条件的限制，只能在政策目标层次上确定一个原则：免收学费，但不排除适当收取杂费。所以，在形成政策目标的过程中，既要考虑理想状态，又要考虑实际可行，这样才能避免在下一步骤即政策方案设计中走弯路。

（四）拟定政策方案

有了明确的政策目标，便可以开始设计政策方案。根据前面介绍的一些政策制定模式，可以设计一种方案，也可以设计多种方案。条件具备，可以采用理想模式，选择最优方案；条件不成熟，或不想引起太大震动，可以采用渐进模式，在原有的政策基础上适当调整和修改一些内容；也可以将两种模式结合起来（即采用综合模式）考虑方案。不管是一种方案还是多种方案，都需要对方案的结果予以周密的预测和评估，尽可能考虑到会出现的问题及相应的解决措施。

（五）确定政策并予以颁布

在充分论证政策方案的基础上，接下来就是最终确定政策并予以颁布实施。这是政策制定的最后一道程序，一般是由政府高层或决策部门来完成这道程序。一旦政策正式出台，政策制定阶段便宣告结束，以后就进入性质不同的另一个阶段即政策实施阶段。

第三节　教育政策的实施

教育政策制定出来以后，就进入最重要的环节即教育政策实施的环节。什么是政策实施？政策实施就是政策实施者依据政策要求并通过积极行动实现政策目标和方案的过程。美国学者艾利森提出："在达到政策目标的过程中，方案确定的功能只占10%，而其余 90% 取决于有效的执行。"① 可见政策实施的重要性。只有通过政策的实施，才能检验出政策是否正确或质量如何，并且为后继政策的制定提供依据。在实施教育政策的过程中，如同制定教育政策一样，也有很多问题值得我们探讨和研究。

一、影响教育政策实施的因素

在实际生活中，我们经常看到，并不是任何教育政策都能得到有效的实施，有些政策被成功地推广下去，有些则只能被勉强推行，还有一些实在贯彻不下去，只得中途夭折。显然，一定有些因素在影响着教育政策的实施。

首要因素当然是看政策本身是否科学和合理。符合教育规律，也反映了大多数人的教育愿望，并且也具备了实施的条件，这可以看作衡量教育政策是否科学与合理的三大标准。违背教育规律的政策是不科学的教育政策；而不能反映大多数人的教育愿望，或虽然反映了大多数人的教育愿望，但是缺少实施的条件，则可以被视为不合理的教育政策。不科学、不合理的教育政策，注定难以得到有效实施。

对政策的宣传解释工作也是我们必须考虑的因素之一。有些政策本身制定得没有错，但由于缺乏认真细致的宣传解释工作，使得群众对政策不了解、不认同，甚至因达不成共识而采取抵制态度，这样当然要影响到政策的实施。例如，20 世纪 90 年代以前，我国教育界及广大家长长期以来已习惯于通过小学毕业统考来选择中学这么一种升学制度，要取消升学考试，实施就近入学，如果没有大量的解释工作，很难设想人们会自觉执行这一政策。正因为如此，

---

① 转引自《中国行政管理》1991 年第 11 期，第 38 页。

有的政策学者将认同政策、达成共识视为实施政策的基本原则之一。①

政策的实施不是自然而然的过程,需要去精心组织和安排,因此组织因素对政策的实施至关重要。西方学术界关于政策实施的途径有两大学派,其中一派就是组织理论学派。这一学派认为政策要被有效地实施,组织是关键,因为任何政策都是通过机关组织来执行的,只有研究组织,才能真正理解政策实施的本质。就像这一学派的代表人物斯诺(C. P. Snowe)和特里林(L. Terelin)所指出的那样:"只有了解组织是怎样工作的,才能理解所要执行的政策,也才能知道它在执行中是如何被调整和塑造的。"② 政策实施的组织工作头绪繁多,如落实普及义务教育政策,组织工作就要包括确定实施义务教育的机构,制定实施义务教育的方案,落实有关实施计划,明确监督机构等。因此,组织因素又可被视为政策实施的核心因素。

另一个重要因素是环境因素。任何教育政策的施行都要受到所处环境的制约。适宜的社会环境无疑有助于政策的推行,反之,不良的社会环境必然有碍于政策的顺利实施。例如,在我国过去高度集中的计划经济体制环境下,提倡多渠道、多形式办学肯定困难重重,因为没有适合的政治土壤和气候。在诸多环境因素中,最重要的是政治环境和经济环境,其次是文化和人的社会心理等环境。

配备实施政策所需资源也是不得不考虑的事情。这里所说的资源包括人力资源、财物资源和信息资源等。政策推行的效果如何,在很大程度上取决于推行者所能得到的资源条件。资源配备充足,

---

① 参见曹俊汉著:《公共政策》,三民书局1990年版,第277页。
②《美国社会规划执行的组织模型》,载美国《公共政策杂志》第26卷第2期。

政策推行就有了基础；反之，即使有了理想的政策，也只能望洋兴叹。那种只给政策不给资源的"政策"，要么导致政策的夭折，要么等于逼着执行者为硬凑政策所需的资源而采取种种扭曲的手段，到头来还是政策本身受到损害。

适当的监督机制也是保证政策实施的主要因素。在实际的政策实施过程中，往往由于种种原因，如认识上的差异、利益之间的差别、把握尺寸的轻重等，造成政策目标的偏离和具体政策内容的走样，这样就需要有一个强有力的监督机制，来保证政策的全面贯彻和落实。

以上这些因素，只有当它们共同有机协调地发挥作用时，教育政策的有效实施才有了可靠保证。缺少其中任何一种因素，都会对政策实施造成妨碍。

二、关于政策实施过程的理论分析

早期的政策学者把主要研究精力集中在政策形成方面，较少去考虑政策实施问题。但后来人们从政策失败的教训中发现，很多政策目标得不到如期实现，实际上与政策的实施有很大关系。美国联邦政府 20 世纪五六十年代曾推行不少教育政策，如课程改革政策、扶持贫困家庭儿童就学政策、回到基础教育政策等，尽管这些教育政策精心设计，但效果并不理想，有些被迫以失败告终。究其原因，主要还是实施方面的问题。因此，进入 20 世纪 70 年代后，政策学者们开始关注起政策的实施问题，试图从理论上分析和阐述政策实施的过程。

米尔布里和麦克拉夫林等人尝试从政策实施者与政策接受者（受影响者）在执行政策过程中的相互变化关系角度，分析政策实施的过程。他们的理论被称为"调适说"。他们认为，政策实施的过程，实际上就是实施者与接受者之间就目标和手段作相互调节适应的过程。这种相互调节适应有四种反映：(1) 实施者与接受者之间彼此的需求和观点往往并不一致，双方必须各自作出让步和妥协，找到一个两者都能接受的实施方式，政策才能被有效地实施；(2) 政策实施者的目标和手段应富有弹性，能因环境因素及接受者要求的改变而变化；(3) 这一调适过程是彼此处于平等地位的双向交流过程，并非通常所说的"上令下行"的单向流程；(4) 接受者的利益、价值与观点仍将反馈到政策上，以致左右政策实施者的利益、价值与观点。麦克拉夫林等由此得出结论，成功的政策有赖于成功的政策实施，而成功的政策实施则有赖于实施者与接受者双方行为的调适成功。①

D. S. 范米特和 C. E. 范霍恩等人的研究被称为"互动说"。② 他们认为，政策实施过程实际上是一些相关因素的变化和互动的结果，这些相关因素包括：政策的标准与目标，政策资源，组织的沟通情况，实施机关的特性，经济、社会与政治条件，实施者的意向等。这些因素相互之间的变化和随之而来的互动结果，决定了政策实施的效果。此外，他们的研究还发现，政策变动与目标共识之间的不同搭配，会直接影响到政策实施的效果，即：

(1) 政策变动越小，目标共识越高，则执行效果越成功；

(2) 政策变动越大，目标共识越低，则执行效果越不明显；

(3) 政策变动越大，目标共识越高，则执行效果高；

(4) 政策变动越小，目标共识越低，则执行效果低。③

由这四种组合情况可以清楚地看到，目标共识程度的大小对政策的实施发生了直接的影响，这里实际上也构成了一种互动关系。

尤金·巴德克（Eugene Bardach）把政策实施过程视为一种比

---

① ② 转引自曹俊汉著：《公共政策》，三民书局 1990 年版，第 247—249、243—245 页。

③ 参见袁振国主编：《教育政策学》，江苏教育出版社 1996 年版，第 185 页。

赛赛局，提出了"赛局说"（game）的理论。他认为，政策实施好比是一场赛局，有利害关系的各方按照一定的规则行动，每方都为使自己能在斗争中获胜，根据他方所采取的策略和手段来决定或选择自己的最佳应对方法。在发生冲突时，每方都是力求得到最大的收获，并把损失减少到最低限度。① 在这场赛局中，基本构成要素包括：政策执行者即"竞赛者"，利害关系，策略与战术，竞赛的资源，竞赛规则即取胜的条件，公平竞赛的规则，信息沟通状况，所得结果的不稳定程度等。它们之间的相互牵制和影响，使得政策实施过程成为一个极为复杂的动态过程，这其中最常见的赛局格式有四种：政策资源遭到分散的政策执行，政策目标发生偏离的政策执行，执行机关面临各种窘境的政策执行，执行资源出现浪费的政策执行。总之，赛局说一是强调有多种因素在牵制政策的实施，二是强调在实施过程中实施者对策略和战术的运用。

1978年，马丁·雷恩（Martin Rein）和弗兰西斯·F.拉宾诺维茨（Francis F. Rabinovitz）提出了政策实施的"循环说"理论。他们把政策实施分为三个阶段：（1）拟定纲领阶段；（2）资源分配阶段；（3）监督阶段。他们认为这三个阶段不是单向流动的，而是一个相互循环的过程。另外在政策实施的每一个阶段，还必须遵循三项原则：（1）合法原则，即实施者必须遵从法律法规行事；（2）理性原则，即实施者必须同意政策是"理性"的，即道德上正当，行政上可行，行动上合理；（3）共识原则，即实施者在有争议的问题上必须达成共识，这样才能顺利执行政策。循环说揭示政策实施过程不是一次性而是多次循环性的特点，并提出了相应的实施原则，这对我们认识政策实施过程是有一定启发的。

---

① 参见兰秉洁、刁田丁主编：《政策学》，中国统计出版社1994年版，第179页。

以上政策学者关于政策实施过程的各种描述，对于我们从理论上认识政策实施的过程显然是有帮助的，对于我们实际落实教育政策也是颇有指导意义的。

三、教育政策实施中经常遇到的问题

在落实教育政策的过程中，种种原因导致产生一些问题，使得教育政策的推行受到严重干扰或损害。

一个问题是政策偏离，即实际的做法与本来的政策完全背道而驰，弃本来政策而不顾。如大力发展成人教育是我国的基本教育政策之一，《中国教育改革和发展纲要》中提出，要给成人学历教育创造条件，"不具备颁发学历文凭的各种成人教育机构，可以发给毕业生写实性学习证书；毕业生要取得国家承认的学历文凭，可以参加国家组织的文凭考试或自学考试"[1]。但在实际生活中我们却常常可以看到，一些不具备条件的成人教育机构在招生广告上赫然宣称，可以授予国家承认的学历文凭。这些学校的做法，显然偏离了原有的成人教育政策。

另一个问题是政策表面化，即政策只是在执行过程中被宣传一通，而未被进一步转化为操作性的具体措施，使政策问题依然存在，甚至更加严重。比如说，为了纠正学生负担过重的现象，我们大力提倡素质教育，但在推行这一政策的过程中，一些地区和学校片面地以为素质教育就是多开一些活动课。结果，各类电脑课、科技课以及艺术课倒是开了出来，但原有的其他学科的知识内容却丝毫没有被精简，只是时间上有所压缩。其后果是，学生的学习负担

---

[1]《中国教育改革和发展纲要》，载国家教育委员会办公厅编：《中国教育改革和发展文献选编》，人民教育出版社1993年版，第10页。

不但没有减轻，反而比以前更重了。这种情况的出现，表明素质教育的目标在这些地区和学校还仅停留在表面上，远没有在教育实践中得到贯彻落实。

再有一个问题是政策扩大化，即政策在执行过程中被附加了不恰当的内容，使政策的调控对象、范围、力度以及目标超越了原定政策的要求。在这一方面，无论在政治上还是在教育上，在我们国家都有过深刻的教训。"文革"期间广大教师被当成专政的对象，就是政策扩大化的明显例子。

政策缺损也是常见的问题之一，即一项完整的政策在实施时，只有部分被贯彻，其余则被抛弃，使政策内容残缺不全。例如，当前我国普遍在中小学推行校长负责制，目的是为了使校长有职有权，更好地担当起管理学校的重任。然而，少数校长以为校长负责制就是校长说了算，以致出现独断专行的情况。但是，《中共中央关于教育体制改革的决定》在谈到校长负责制时却是这样说的："学校逐步实行校长负责制，有条件的学校要设立由校长支持的、人数不多的、有威信的校务委员会，作为审议机构。要建立和健全以教师为主体的教职工代表大会制度，加强民主管理和民主监督。"[1] 如果在执行校长负责制的时候迟迟不成立作为审议机构的校务委员会，或成立了也把它抛在一边，就会形成政策缺损的局面。

还有就是政策替换问题，即政策在实施过程中表面上与原政策一致，而实际上却采用另外一种做法来取而代之，也就是人们经常所讲的上有政策，下有对策。这样的例子在教育领域也是屡见不鲜。在招生、办班、学生收费等事情上，我们都能见到这种情形。

---

[1]《中共中央关于教育体制改革的决定》，载国家教育委员会政策研究室编：《教育体制改革文献选编》，教育科学出版社 1985 年版，第 15 页。

为什么会出现以上这些问题？原因是很复杂的，最主要的原因可能有这么几种：(1) 政策本身的缺陷，如目标要求太高，目标过于抽象笼统，目标没法转换成操作方案等；(2) 政策宣传解释不够；(3) 政策资源投入不足，致使政策实施缺乏必要的物质条件；(4) 对政策实施环境估计不足；(5) 政策实施者的认识偏差或能力不足；(6) 政策制定者、实施者、接受者之间出现利益冲突；(7) 实施过程中协调不力；(8) 缺少有效的监督机制。消除这些原因绝非轻而易举，需要在主观和客观上做很多事情，如进一步完善政策本身，做好宣传解释工作，在资源投入上肯下功夫，注意化解不同阶层的利益冲突，健全监督机制等。此外，还要花大力气加强对教育政策的研究，使得教育政策从决策到贯彻实施都真正实现科学化。

第四节 我国现阶段部分教育政策分析

我国现阶段有哪些主要的教育政策？它们对教育工作有哪些影响？我们扼要分析如下。

一、教育方针

教育方针是国家根据政治、经济和社会发展的要求提出来的一定时期的教育工作的总方向和总目标，是教育工作的根本指导思想，也是我国教育的总政策。我国现阶段的教育方针，在《中华人民共和国教育法》中得到明确阐述："教育必须为社会主义现代化建设服务，必须与生产劳动相结合，培养德、智、体等方面全面发展的社会主义事业的建设者和接班人。"

在我国近代教育史上，一向有制定教育方针的传统。最早如1906 年，清政府提出"忠君、尊孔、尚公、尚武、尚实"的教育方针；1912 年，著名教育家蔡元培担任南京临时政府教育总长，发表《对于教育方针之意见》，提出"注重道德教育，以实利教育、军国民教育辅之，更以美感教育完成其道德"的教育方针。新中国建立以后，曾先后提出"德智体全面发展"和"教育为无产阶级政治服务，教育与生产劳动相结合"等教育方针。所有这些教育方针，对当时中国教育的发展都起了一定的指导作用，也为后人制定教育方针提供了借鉴。

我国现阶段的教育方针与 20 世纪 50 年代的相比，更强调为经济建设服务。一方面，这一方针在一定程度上纠正了过去那种把教育作为政治的附庸的不正常做法，另一方面又强调了培养的是社会主义事业的建设者和接班人，较为符合我国现阶段的历史状况，也能够为社会各方接受。可以预见，在今后相当长的一段历史时期内，或许在我国整个社会主义初级阶段内，这一方针都将成为我国教育发展的总方向和总目标。

二、确保教育事业优先发展

20 世纪 90 年代后，我国政府曾在多种场合提出"教育事业优先发展"的思想，如党的十四大明确提出："必须把教育摆在优先发展的战略地位，努力提高全民族的思想道德和科学文化水平，这是实现我国现代化的根本大计。"《中国教育改革和发展纲要》再次重申了这一基本政策。《中华人民共和国教育法》则把这一政策上升为法律，规定："教育是社会主义现代化建设的基础，国家保障教育事业优先发展。"由此可见,教育事业优先发展已经成为我国的一项基本国策。

确定教育事业优先发展的政策,是现代社会发展的必然趋势,是人类文明进步的前提条件。在当今时代,教育的重要性以及它的战略地位已经越来越被人们所承认。首先,在提高全民族的素质和培养建设所需的各类人才方面,教育所起的作用是任何其他力量不能替代的;其次,在传播科技和文化知识方面,社会历来把教育作为最主要的工具和手段;最后,在研究和开发新技术方面,教育又一向是最重要的生力军,我国从事基础科学研究的70%的技术力量集中在高校系统。因此,能不能把教育事业放在优先发展的战略地位,并不仅仅是重视不重视教育的问题,而且是关系到一个国家或社会要不要生存、发展和进步的问题。

当然,教育事业优先发展并不是一句空洞的口号,它必须在全方位真正体现出来。为落实这一政策,需要在经费保证、人员配备、社会支持等方面做很多事情。此外,一定要破除在少数人心目中根深蒂固的"先经济、后教育"的思想,因为这一思想本身就是与教育优先发展的政策背道而驰的。还有,如果仅在口头上承认教育优先发展,但在实践中却采取先经济、后教育的做法,那么教育就永远无法优先发展。为了真正做到教育优先发展而不是流于形式,有关部门有必要在经费、设备、人员配备、社会支持等方面制定出一些切实可行的指标,并公布于众,以此来衡量并监督这一政策的落实。

三、增加教育投入

为实现教育优先发展的目标,最根本的保障是增加教育投入。作为一项重要的教育政策,"增加教育投入"也多次被写入政府的政策文件之中，如《中共中央关于教育体制改革的决定》《中国教育改革和发展纲要》等都有记载。

贯彻这一政策的具体途径，根据《中国教育改革和发展纲要》的精神，应包括下列几点：第一，中央和地方政府教育拨款的增长要高于财政经常性收入的增长；第二，生均教育经费要逐步增长；第三，逐步提高国家财政性教育经费支出占国民生产总值的比例，20 世纪末达到 4%；第四，国家财政支出中教育经费所占的比例平均不低于 15%；第五，乡（镇）财政收入主要用于发展教育；第六，除适当提高教育费附加外，地方政府可开征其他用于教育的税或费；第七，提高非义务教育阶段学生的学费标准；第八，大力发展校办产业；第九，鼓励社会各方捐资助学；第十，运用金融信贷手段支持教育；等等。

2012 年，全国财政性教育经费支出达 2.2 万亿元，首次实现国家财政性教育经费支出占国内生产总值 4% 的目标。

四、普及义务教育，实现义务教育均衡发展

世界上近两百个国家和地区中，绝大多数都在中小学阶段实施义务教育，只是年限长短不一而已，长的 12 年，短的 5 年。我国则自 1986 年起实施九年义务教育。2000 年，我国实现了基本普及九年义务教育和基本扫除青壮年文盲的战略目标；2011 年，我国全面完成普及九年义务教育和扫除青壮年文盲的战略任务。

2010 年，党中央、国务院召开第四次全国教育工作会议，印发《国家中长期教育改革和发展规划纲要（2010—2020 年）》，提出 2010—2020 年我国义务教育改革发展的目标、任务和举措，重点在于促进义务教育的均衡发展。义务教育均衡发展是关系国家和民族长远发展的重大战略，也是关系教育事业科学发展的迫切需要。目前，我国已经明确促进义务教育均衡发展的时间表和路线图，各地因地制宜，全力行动，力争用十年左右的时间，再打一次均衡发展的攻坚战，基本实现义务教育均衡发展的战略目标。

五、改革教育体制

改革教育体制，在很大程度上就是合理分配教育事权。根据《中国教育改革和发展纲要》的精神，教育体制改革最主要的就是要改革包得过多、统得过死的体制，真正建立起与社会主义市场经济体制相适应的教育新体制。总的目标是要将中央的宏观调控与地方的实际负责结合起来，在中央和地方之间合理分配教育事权。具体来说，高等教育实行中央和省（自治区、直辖市）两级管理体制，以省（自治区、直辖市）管理为主，中央只管少数起示范作用的高校；中等和中等以下教育则由地方政府管理，国家只规定教育的大政方针和基本标准，其他的教育事权都交给地方；在中小学，则实行校长负责制。因此，与以往高度集中的教育体制相比，现在实行的实际上是一种以"权力下放"为基本要义的教育新体制。当然，实施这一新体制绝不是一帆风顺的，事权分配的背后实际上是利益的再分配。如何在中央和地方之间达到适当的利益平衡，这其中还有很多理论和实际的问题有待探讨。

六、多种形式办学

为适应社会主义市场经济发展的需要，现在从中央到地方都在提倡搞多种形式办学，以搞活办学机制。显然，多元化办学已经成为一项毋庸置疑的教育政策。落实这一政策，关键是改变政府包揽办学的格局，逐步形成以政府办学为主体、社会各界共同办学的局面。国家鼓励、支持社会团体和公民个人依法办学,发展各种民办学校、私立学校,并提倡各界人士捐资助学。政府为什么推行这一政策?目的是多方面的:一可以减轻国家在教育上的财政负担,吸引更多有识之士投身于教育事业;二可以弥补现有公立学校之不足,迎合了社会上一部分人的需要;三可以与公立学校形成某种适度竞争,促使后者进一步改善办学条件,提高办学质量。实践证明,推行这一政策是完全正确的,民办学校的创办,确实对我国教育的发展起了积极的推动作用。当然,在另一方面,多种形式办学也不可避免地带来一些问题,如一部分民办学校管理不到位,也有一部分公众对民办学校印象不太好,认为这些学校是以营利为目的,甚至把民办学校说成是"贵族学校",等等。对于这些问题,当务之急是要制定有关的教育法律,用法律来指导和规范多样化办学工作。只有这样,才能避免回到过去那种"一放就乱,一乱就收,一收就死"的老路上,并使这一政策能长期积极、稳妥地得到推广。

七、发展高等教育

大力发展高等教育是我国一向遵循的教育政策。当前发展高等教育,走的是以内涵发展为主的道路,即控制高校总数,努力提高办学效益。在具体措施上,一方面进一步扩大高校的办学自主权,使高校在招生、专业调整、机构设置、人事任免、经费使用、职称评定、工资分配以及国际交流等方面有较大的决策权;另一方面大力改革招生和毕业生分配制度,即招生实行收费制度,毕业生采取"自主择业"制度。另外还要大力发展和完善研究生教育。目前在发展高等教育的过程中也出现了一些问题,如专业设置的合理性问题,一些贫困家庭学生上不起学的问题,办学经费严重不足问题等,解决这些问题,还需要相应的配套措施。

八、发展职业技术教育和成人教育

发展职业技术教育的政策实际上从 20 世纪 80 年代改革中等教育结构时就开始推行了。到现在为止,各类职业技术学校已在我国有相当规模。随着今后职业技术教育的发展,"先培训、后就业"将成为一种制度。成人教育主要是大力发展岗位培训和继续教育,以适应经济建设、社会发展和从业人员的实际需要。

九、提高教师社会地位和待遇

党的十一届三中全会以来,中央政府在多次政策性文件中重申了提高教师社会地位和待遇的政策,甚至还在《中华人民共和国教育法》和《中华人民共和国教师法》中写入有关条款,要使教师的平均工资水平不低于或者高于国家公务员的平均工资水平。其他提高教师待遇的措施还有:改善教师住房条件,解决教师的医疗问题,适当提高中小学教师的退休金比例,改善国家补助、集体支付工资的中小学教师的待遇等。从近年来的情况来看,教师的社会地位和生活待遇的确有所提高,这对稳定教师队伍、促进教育事业的发展起到了积极的作用。不过,要真正吸引大量优秀人才进入教师队伍,乐于教育,安心教育,在这方面还有很多工作要做。

十、发展少数民族教育和残疾人教育

发展少数民族教育的政策措施包括:逐步增加少数民族教育经费,在国家安排的少数民族地区各项补助费及其他扶贫资金中划出一定比例发展民族教育,对自愿到边疆地区工作的大中专毕业生给予一定优惠政策，组织内地和边疆民族地区进行对口教育支援，发展高等院校中的民族教育专业，等等。残疾人教育政策的主要内容有：把残疾人教育作为教育事业的组成部分，保证并逐步增加残疾人教育经费；开办残疾人学校或普通学校招收残疾人入学；鼓励社会力量捐资助学；对残疾人学校及其校办产业给予扶持和优惠；发展高等师范学校中的特殊教育专业；对在残疾人学校任教的教师给予特殊教育津贴；等等。

第八章
教育法制

在现代社会中，以法管教、依法治校已成为促进当今世界教育发展的一大保障。本章将从教育立法和教育执法的角度，对教育法律的性质、内容、对教育行政管理工作所起的作用以及在执法过程中遇到的问题等作一简单分析。

第一节　教育立法

一、一些基本概念的界定

在认识教育立法活动的意义的时候，通常首先要对一些基本的概念如法律、法规、规章等作些界定。一般来说，法律、法规等都有广、狭两种含义。广义的法律、法规实际上就是所有法律规范的总称。在《中华人民共和国宪法》和正式出版的《中华人民共和国法规汇编》中，都能找到类似从广义上使用这些术语的例子。① 狭义的法律、法规等则不同，它们都有特定的含义。其中，狭义的法律在我国通常指全国人大及其常委会制定的规范性文件；狭义的法规又称行政法规，是指由我国最高行政机关即国务院制定和颁布的行政规范性文件；而规章则指国务院各部委制定和颁布的行政规范性文件。依此类推还有地方性法规和地方性规章。前者指地方国家权力机关（主要是省级人大）制定和颁布的规范性文件，后者指地方人民政府制定和颁布的规范性文件。教育立法包括以下几种：

（1）教育法律。全国人大及其常委会制定并颁布的教育方面的规范性文件。

（2）教育法规（或称教育行政法规）。国务院制定并颁布的教育规范性文件。

（3）教育规章（或称教育行政规章）。国务院各部委制定并颁布的教育规范性文件。

（4）地方性教育法规。地方人大（主要是省级人大）制定并颁布的教育规范性文件。

---

① 参见周旺生著：《立法学》，北京大学出版社1988年版，第264页。

（5）地方性教育规章。地方各级人民政府制定并颁布的教育规范性文件。

二、教育立法为什么能兴起

教育立法为什么能兴起？在人类漫长的学校教育活动中，很长一段时期内，人们很少专门针对学校教育而制定大量的法律，然而教育活动照样进行。为什么在最近一两百年，特别是进入20世纪以来，各国突然对教育立法发生了兴趣，特意为学校教育工作制定了大量的法律法规？难道今天的教育与以往的教育有什么本质的不同，以至非要用法律法规来约束，才能保障这一活动的顺利实施？

对于这些问题，我们可以从几个方面来认识。首先，也许是最重要的原因，是现代教育规模化、复杂化。我们都知道，资本主义社会以前的学校，规模狭小，在校人数有限，教学形式杂乱，既没有统一的教学计划和大纲，也没有严密和系统的学校组织制度。处在这样一种状态下的教育过程，自然就没有多少规范化、有序化的要求。进入资本主义社会后，随着大工业的发展，对劳动力素质的要求越来越高，由此导致教育普及运动的兴起，教育得到了迅猛的发展。这表现在学校规模迅速扩大了，教育的组织形式日益多样化，出现了从学前到成人的多层教育体系。学校教育的日常活动也趋向于复杂化，对于课程的编制、教材的设计、入学、升学、招生、考试、教师资格要求、学校设备配置等，人们都提出了比过去高得多的要求和标准。显然，面对日益庞大的教育体系和趋向复杂的学校教育过程，需要有一个规范化和有序化的管理，而要达到这一目的，单靠少数校长或教师的个人努力是远远不够的。由此人们就想到能否通过制定教育法律的形式，来规范和调节学校教育的活动，保证现代教育能持续稳定地发展。就这样，教育法律便随着时代的需要应运而生了。

其次一个原因是现代社会法制观念增强，国家也需要运用法律武器来达到社会法治化的目的。封建社会的基本特征之一是人治，皇权至高无上，法律在社会中所起的作用和所涉及的范围极其有限。进入现代工业社会以后，随着生产力的发展以及自然经济向商品经济的转换，人们的平等观念、权利观念和法律至上的观念大大加强，反映在教育上，人人都有受教育权利的思想空前深入人心。观念上的转变，促使国家走上法治化的道路，于是立法和执法成为一种普遍的社会现象。在这种背景下，教育作为一种常见的社会活动，自然也应该顺应潮流，通过教育立法和执法，使整个教育活动纳入国家法治化的体系之中。

再有一个原因是为克服普及教育过程中所遇到的阻力。在各国教育立法的过程中，差不多最早制定的都是普及教育的法令，这说明普及教育对现代社会发展至关重要。然而，最初的普及教育并非一帆风顺。大量廉价而易于管理的童工的存在，加上教育回报本身所具有的长期和间接的性质，使得众多的工厂主并不乐于积极响应所在国政府的普及教育的号召。为了克服普及教育的阻力，各国政府在有远见的政治家的热心倡导下，不得不借助法律的手段，把受教育作为国民的基本义务规定下来，于是就有了形形色色的义务教育法令。而为了实现义务教育的目标，单有义务教育法还不够，还需要其他相应的教育法律来配套。这样，以普及义务教育的法令为开端，其他教育法令也就被陆续制定出来。

可能还有其他一些原因，但上述原因无疑是最主要的。由此可见，教育立法之兴起，是社会生产力发展、学校规模扩大、平等法治观念增强以及普及教育的推行的最终结果，是时代发展的综合性产物。

三、教育立法的意义及局限

教育立法的实质就是用法律来控制教育。由于法律从其性质上讲是国家认定并体现国家统治阶级意志且依靠国家强制力来保证实施的行为规范的总和,因此,教育立法实际上就是国家通过法律手段来对本国的教育加以控制。

教育立法的意义何在?第一,它能保证国家的教育目标和政策得到有效贯彻。任何国家都有其特定的教育目标和政策。它们中有些通过宣传动员便能得以贯彻,但也有些或因其过于抽象,或因其过于理性而无法具体实施,这时就需要将这些目标和政策尽可能地转化为法律以利于落实。例如,20世纪50年代末,苏联人造地球卫星上天,震动美国朝野,美国政府迅速制定了尽快提高美国学校教育质量的战略目标。与此同时,为从制度上和财政上配合这一目标的实现,美国国会通过了《国防教育法》。又如,我国从20世纪80年代起开始改革教育管理体制,政府强调以后对教育的领导主要以宏观调控为主。如何做到宏观调控,也需要相应的教育法律来加以说明,于是就有了后来的《中华人民共和国义务教育法》《中华人民共和国教育法》等教育法律。

第二,它能为教育事业的管理和发展提供保障机制。国家管理和发展教育的手段很多,但教育立法无疑是各种手段中最重要和最有效的。

第三,它能规范教育领域中的人的行为。教育、教学活动中存在着各种各样的社会关系,也存在着各种行为交流。通过教育立法就能建立起一个健全规范的教育秩序。

第四,它能调节教育机构与其外部的关系。现代教育是一种开放性的活动,学校也是一个开放的系统。作为社会系统中的一部分，教育机构无时无刻不在与外界发生着各种联系。为了使教育机构尤其是学校同周围世界能保持平衡互利的关系，需要有相应的教育法律来提供保障。

尽管教育立法意义重大，但是也不应该忘记它本身的局限性。法律控制教育的局限性表现在以下几个方面：

第一，教育活动中存在种种行为关系，教育法只是调整这些关系的方法之一。除了教育法以外，参与调整这些关系的还有其他社会规范形式，如道德、习惯、宗教、纪律等。虽然教育法对调整教育领域中的行为关系十分重要，但教育过程中并不是所有的行为关系都能够用教育法来调节的，如教学方法的选择、教师威信的树立、幼儿学习习惯的培养、课堂纪律的维持等。所以，法律控制教育不可能是全方位的，只能是有条件的、部分的。

第二，教育法在教育活动中的作用范围也是有限的。教育过程与其他一些社会活动过程有一点区别，即这一过程更多涉及人的智力、认识能力、思想、信仰等因素，也就是说，这一过程依靠人的心智成分的比重特别大。而对于人的心智活动，教育法的作用就极为有限了。例如，不可能用法律手段逼迫儿童领会一个新的数学概念，也无法靠教育法强求教师认同校长心目中的办学目标。对于法律所规定的社会关系之外的问题，如心智方面的问题，试图用法律手段加以解决，不仅不能得到应有效果，反而会导致心智的损害。

第三，教育活动千姿百态，具体而丰富，而教育法律作为一种规范体系，其内容必然是抽象的、概括的和确定性的，这样，教育法律在处理教育问题时在涵盖性和适应性方面就不可避免受到一定限制。如同古希腊思想家亚里士多德所认为的，由于法律影响具有一般性和普遍性，所以就会给解决特殊案件带来困难。① 在教育活

---

① J. W. Harris, *Legal Philosophies*, London: Butterworths, 1980, pp. 4-5.

动中，类似这样的例子也是举不胜举的。

第四，尽管有了教育立法，但是，如果缺乏具有良好的法律素质和职业道德的教育人员，以及必要的物质条件，教育立法也不可能充分发挥其应有的作用。没有法治的文化环境，法律的作用必然受到限制。

四、教育立法的历史演变

（一）国外教育立法的历史演变

教育立法从无到有，从零星分散到广泛综合，在国外经历了一个漫长的历史过程。这一过程大致可分三个阶段：早期教育立法阶段、以普及义务教育为核心内容的教育立法阶段以及综合教育立法阶段。

将学校教育的有关事项用法规形式加以约束和规范，这种做法实际上在古代就有了。早在公元2世纪，古印度就出现了由政府颁布的《教育法规》（Dharma）。法规详细规定了古印度婆罗门教学校的制度及管理原则和方法，对师生的义务和职责也有明确规定。例如，规定学生必须衣着朴素，尊重师长，教师必须品行端正，亲近学生。在古希腊，公元前6世纪的《梭伦法》中也有很多与教育有关的规定，如规定了开学及放假时间、教员的责任、学校的规模、教育的对象和方式，还规定国家为战争遗孤支付学费等。到了中世纪，欧洲封建教会也针对教会学校的管理制定了若干法规。文艺复兴以后，欧洲的某些国家开始颁布强迫教育的法令。如在16世纪的宗教改革运动中，德国新教领袖马丁·路德号召政府广设学校。在他的影响下，德国各公国先后颁布了14项学校法令，推行初等教育，并把受教育与服兵役、纳税并列为国民应尽的三大义务。美国马萨诸塞州也于建国前的1647年颁布过名为《老骗子撒旦法》的教育法令，要求市镇当局按规定设立读写学校或文法学校。这一法律被人称为"美洲公立学校体系的基础"①。总的来看，从古代到 18 世纪至 19 世纪现代工业制度建立以前的漫长时间内，国外的教育立法基本处在零星分散的阶段。这一时期虽有一些教育法令，但它们所涉及的内容和范围很有限，并未真正对学校教育产生普遍影响，因此还称不上是现代意义上的教育立法。

18 世纪至 19 世纪，随着现代大工业生产的兴起，教育与生产劳动的关系开始紧密起来。一方面，现代大工业生产需要有一定知识和技能的熟练工人，因此就迫切需要普及教育；另一方面，大工业发展的本身也为教育普及创造了客观条件。在这种背景下，欧洲国家纷纷开始制定普及教育的法律，如德国有 1763 年的《普鲁士初级学校法令》，英国有 1870 年的《初等教育法》，法国有 1833 年的《基佐法案》、1848 年的《卡诺法案》和 1881 年、1882 年的《费里法案》，美国有 1852 年马萨诸塞州的《强迫义务教育法》和 1853 年纽约州的《强迫义务教育法》，日本有 1872 年的《学制令》、1886 年的《学校令》等。这些普及教育的法令一般都包括四方面的内容：接受教育的年龄范围、年限、教育程度、对不送儿童入学的父母给予处罚的规定。年龄范围一般为 5—6 岁入学，一直学到 12—13 岁，年限一般为 7—8 年，教育程度以初等教育为主，处罚措施包括罚款、拘役、监禁等。为了真正落实义务教育，很多教育法令还有相应的义务教育免费的条款。从整体上看，18 世纪至 19 世纪国外的教育立法主要以普及义务教育的内容为主，强制性、免费教育和建立公共教育制度是这一时期制定普及教育法规的三个主要的原则。

---

① S. E. Frost, *Philosophical Foundations of Western Education*, Charles E. Merrill Publishing Co., 1966, p. 255.

进入 20 世纪以来，尤其是二次大战结束以后，国外的教育立法进入了一个综合立法的阶段。这一时期出现了一批比较有影响的教育法律，如法国的《郎之万-瓦隆法案》（1947）、《戴高乐教育法令》（1959），英国的《1944 年教育法》《1976 年教育法》，德国的《汉堡协定》（1964）、《职业教育法》（1969），美国的《史密斯-休斯法案》（1917）、《国防教育法》（1958），日本的《教育基本法》（1947）、《学校教育法》（1947），苏联的《统一劳动学校规程》（1918）、《国民教育立法纲要》（1973），俄罗斯的《联邦教育法》（1992），墨西哥的《联邦教育法》（1944），巴西的《教育方针和基础法》（1961），匈牙利的《教育制度法》（1973）等。归纳起来，这一时期各国的教育立法表现出以下显著特点：第一，各国政府普遍加强了对教育的干预和控制，纷纷建立和健全了各级教育行政部门，这使得教育立法的工作更为规范和有序化；第二，教育法规的数量大大增加，而且其内容和范围已不限于义务教育方面，中等教育、高等教育、职业教育甚至社会教育等都列入教育立法的范围，从而为教育的全面法治化奠定了基础；第三，为了更好地协调各项教育法律关系，很多国家制定了教育基本法或具有基本法性质的学校总法，因而在这些国家形成了以教育基本法为核心，以其他教育部门法为辅助内容的完整的教育法律体系；第四，义务教育法的内容得到进一步充实，这表现在义务教育的年限延长了，由原来的 7—8 年延长到 11—12 年，此外义务教育的管理、经费投入、教师保证等方面的内容也更为具体和完善。

（二）我国教育立法的历史演变

我国古代只有帝王制定的教育制度，而无现代意义的教育法律。1840 年鸦片战争后，受西方文化教育思潮的影响，大约从 19 世纪末起，我国开始陆续制定有关的教育法律。

19 世纪末，在洋务运动和变法维新运动的冲击下，我国兴起了教育史上的第一次教育立法高潮。1898 年，光绪皇帝受维新思想的影响，发布了几十条命令，其中不少涉及文化教育的改革，如废除八股取士制，举办京师大学堂，将各类书院一律改为学堂，兴办农学，筹设医学堂等。20 世纪初，清政府又公布了《钦定学堂章程》和《奏定学堂章程》，对各级各类学校的立学宗旨、教育年限、管理体制、教员任用标准等作出明确规定。这可以说是中国历史上第一部系统的学校教育制度方面的法规。设立学部（1905 年）后，又陆续制定了《学部官制》《劝学所章程》《视学官章程》《女子小学堂章程》《强迫教育章程》等。这其中特别值得一提的是《强迫教育章程》（1906），该章程规定，广设学堂，儿童七岁必须入学，否则"罪其父母"，还要根据学童多少来定教育行政官员之功过。这算得上是中国历史上第一部强迫教育的法令。

我国历史上第二次教育立法的高潮，始于 20 世纪初到 30 年代中期。1911 年的辛亥革命后，民国政府制定了较多的教育法令。如 1912 年颁布的《小学校令》《中学校令》《师范教育令》《专门学校令》《实业学校令》《大学令》《学校管理规程》等。这些法令对教育的宗旨、学校教育的体制、学习年限、课程设置等都作出了具体规定。南京国民政府成立后，也于 20 年代末到 30 年代中期制定了大量的教育法规，如《小学法》《小学规程》《中学法》《中学规程》《大学组织法》《大学规程》《专科学校组织法》《师范学校法》《职业学校法》等。民国时期制定的这些教育法规，总体来看比较系统和完整，它们对于消除封建教育影响，发展现代学校制度起了一定的作用。

新中国成立以后，我国的教育立法工作走过了一条曲折而不平坦的道路。从新中国成立直到"文化大革命"结束前夕，我国的教育立法工作实际上一直没有正常开展起来。尤其是"文化大革命"的十年，教育法治建设受到严重损害。出现这种现象，既有深刻的社会经济根源和传统的法律文化的影响,也有我们对于法律职能的不当理解和实践上的偏差。① 一直到十一届三中全会以后,我国的教育法治建设才真正受到重视。从 20 世纪 80 年代中期以来,经国家最高权力机关通过并颁布的教育法律已有数项,如《中华人民共和国学位条例》《中华人民共和国义务教育法》《中华人民共和国未成年人保护法》《中华人民共和国教师法》《中华人民共和国教育法》《中华人民共和国职业教育法》等。另外,国务院和国家教委也为落实上述教育法律制定了大量教育行政法规和规章,一批新的教育法律也在拟定之中。可以说从 20 世纪 80 年代起,我们又迎来了我国历史上第三次教育立法的高潮。

五、我国现行教育立法体制

立法体制通常包括立法权限的划分、立法权的归属、立法机关的设置等内容,但其中最主要的是立法权限的划分。一个国家采用哪种立法体制,并不取决于人们的主观意志,而是取决于一系列的客观因素,如国情、国家政体形式等。目前我国法学界把世界较流行的立法体制分为单一的立法体制、复合的立法体制、制衡的立法体制、特殊的立法体制等几种形式。②

我国现行的立法体制是什么形式?法学界迄今对此莫衷一是。有一级立法体制说、两级立法体制说、多级或多层次立法体制说,还有人认为我国现行的是中央统一领导和适当分权的、多级并存、多类结合的立法体制。③ 实际上,立法体制的确认,主要还是与对"立法"这一概念的广义或狭义理解有关。如同"法律"一词一样,

---

① 参见劳凯声著:《教育法论》,江苏教育出版社 1993 年版,第 88 页。
② 参见周旺生著:《立法学》,北京大学出版社 1988 年版,第 253 页。
③ 参见沈宗灵主编:《法理学》,上海人民出版社 1990 年版,第 165 页。

"立法"的概念也有广义和狭义两种不同的理解。广义的立法,是泛指有关的国家机关依照法定权限和程序制定各种具有不同法律效力的规范性文件的活动。在我国,它既包括全国人大及其常委会制定规范性文件(即狭义的法律)的活动,也包括国务院、地方人大及地方各级行政机关制定法规、规定、决议等规范性文件(即广义的法律)的活动。狭义的立法,则专指全国人大及其常委会的立法活动。① 因此,如果狭义地理解立法,那么我国的立法体制就比较接近于一级立法体制;如果广义地看待立法,我国的立法体制就更接近于多级并存、多类结合的立法体制。联系教育立法的情况也是如此。如果狭义地理解教育法,那么可能得出我国是一级教育立法体制的结论;如果认为我国的教育法体系应把教育法律(狭义)、教育行政法规、教育规章、地方性教育法规、地方性教育规章等都包括在内,那么实际上就蕴含着我国是多级并存、多类结合的教育立法体制的观点。从目前情况看,我国的教育法研究队伍中似乎持后一种观点的人居多。

六、教育法的种类和立法原则

从世界各国的教育立法情况看,教育法按照其涉及的内容及形式,可分成以下几种类型:

(1)宪法。虽然宪法不是专门的教育法律,但几乎大部分国家的宪法都对本国教育的性质、地位等作了原则性说明,因此也就成为指导教育的根本性法律文件。

(2)教育基本法。很多国家除了宪法外,还制定了教育基本

---

① 参见成有信主编:《教育法学概论》,湖北教育出版社1996年版,第57—58页。

法，以全面阐述教育的性质、目的、组织形式和基本原则。教育基本法作为各类教育法的母法，其地位仅次于宪法。我国的《中华人民共和国教育法》、日本的《教育基本法》等就属于这类法律。

（3）教育行政方面的法律。旨在阐明各级教育行政机构的组织形式、权限分配、隶属关系等，如日本的《文部省设置法》。

（4）学校系统方面的法律。这主要依教育层次或学校性质而定，可分成初等教育法（或小学法）、中等教育法（或中学法）、高等教育法（或大学法）、职业教育法、私立学校法、成人教育法等种类。它们对各类学校的性质、任务、入学条件、学习年限、课程设置等作出说明。

（5）教育人员方面的法律。主要是对从事教育工作的人员的资格、条件、待遇等作出规定，以保证教育人员的质量，如我国的《中华人民共和国教师法》。

（6）教育投入方面的法律。主要对教育经费的来源、分配和使用等予以说明，如美国的《经济机会法》、日本的《义务教育国库负担法》等。

（7）教育后勤设施方面的法律。如美国的《儿童营养法》。

各国有各国特殊的政治经济条件和历史背景。因此，各国的教育立法原则也有所不同，有的突出教育法的阶级性，有的强调教育法的中立性和民主性，宣称教育活动不受党派、政治势力的影响。有的国家重申教育由国家统一举办，有的则强调办教育主要是地方的事情。尽管立法原则各不相同，但从大多数国家的情况来看，至少有一些原则已被各国教育界所普遍接受，这就是：（1）教育立法必须符合宪法，违反宪法的教育法无效；（2）教育机会均等，人人有受教育的权利；（3）义务教育阶段免费入学；（4）教育与宗教分离，不得利用学校灌输宗教教义；（5）教育使用本国语。

第二节　教育执法

一、教育执法的含义、性质、内容和作用

什么是教育执法？教育执法就是运用一切手段，包括行政手段或法律手段，来实施教育法律的活动。具体来说，它包括：(1) 教育行政机关按照其应有的职责推行教育法的活动；(2) 学校师生员工贯彻落实教育法，依法治校的活动；(3) 学生家庭、公民以及社会组织监督教育法落实情况的活动；(4) 司法机关审理、处罚和制裁违反教育法律的活动。这当中最主要的是教育行政机关和学校的教育执法活动。

从性质上讲，教育执法首先是一种体现国家意志力的行为表现。我们都知道，法的本质是掌握国家政权的阶级意志的表现，而教育法则体现了掌握政权的阶级在培养人方面的意志。因此，执行教育法，实际上就是在代表国家的意志去培养人、塑造人。其次，教育执法是一种规范性的活动。法律是用来调节人们之间的行为规范的，因此教育执法实际上就是在肯定教育领域哪些行为是符合法律规范的，可以做的，哪些行为是不符法律规范的，必须禁止的。再次，教育执法也同其他领域执法一样，具有一定强制性的色彩。最后，教育执法的主体和客体呈多元化特征。这是因为在现代社会中，教育已发展成一种全社会的事业，教育法的实施不仅是学校内部的事，也是政府、教育行政机关、学生家长甚至社会每一普通公民的事；同样，所有这些组织和个人也都可能成为教育法律规范所约束的对象。如教育法律中不得招用童工、不得侵占学校场地等的规定，就是针对学校以外的公私营企业、组织或有关社会团体提出来的。

教育执法的内容，大致可以分为三项：一是推行教育法规的实施，即依照有关教育法的规定，直接规范学校师生、政府机关以及社会其他组织或个人在教育活动中的行为，确保教育法所规定的各项教育权利和义务得到落实；二是对教育守法状况进行监督检查。担任监督检查任务的主体，可以是多方面的，可以有党和政府机关的监督、教育行政部门的监督、学校行政的监督、教师和学生的监督，也可以依靠司法监督、社会监督等；三是对违反教育法的行为依法追究法律责任，这一点将在后面予以详细论述。

教育执法的作用，通常表现在以下几个方面：第一，增强教育法规的"法实效"。所谓法实效，就是"法律在社会生活中得到贯彻实施的实际程度或法律规范对人们作出相应行为时约束力的强度"①。人们常常感叹教育法规的法实效低，违反教育法规的行为大量存在并得不到及时制止。如何解决这一问题，除了在教育法的制定中尽可能操作性强一些外，更主要的，还是要通过反复的教育执法实践，在实践中体现法律的效力。第二，实现教育法治的目标。教育法治的目标应包含两方面的内容，一有完备的教育法律体系，二有完善的教育执法活动，两者是相互联系在一起的。第三，增强公民的教育法律意识。新中国成立后相当长时间内，我国的教育立法工作基本处于停滞状态，因此公民的教育法律意识普遍比较淡薄。通过大力推行教育执法活动，就能提高公民的教育守法和执法意识。第四，为教育立法工作提供经验。教育上的有些问题，可能在立法时不被注意，到了执法阶段，问题才被暴露。发现了问题，就能为立法工作提供反馈意见，从而有助于改善和提高教育立法的质量。

---

① 萧宗六、贺乐凡主编：《中国教育行政学》，人民教育出版社1996年版，第324页。

二、教育执法的效力原则

在教育执法的过程中，通常必须考虑法律的效力原则。这些原则主要包括四方面的内容。

（一）高层法优于低层法

一个国家的法律体系，依据制定机关的层次高低，在效力上也有所不同。处在最高位的是宪法，凡与宪法相抵触的法律一概无效。宪法以下是其他基本法、单项法等，如我国的《中华人民共和国教育法》《中华人民共和国义务教育法》《中华人民共和国教师法》等。再往下是行政法规、规章以及地方性的法规和规章。地方性的教育法规如和国家的教育法规相抵触，也可宣布无效。

（二）后定法优于前制法

形式上具有同等效力的法规，当内容上互相发生矛盾时，以在时间上后制定的法规为有效。按惯例，在这种情况下，要修改或废除以前制定的法规。

（三）特别法优于普通法

在执行具有一般内容的法规时，即使是同一件事，假如把特定的人、地区、场合等作为特别法处理，则应优先于一般法规。一般法规只有在同特别法不发生矛盾时，才能适用。如有的国家既有国家公务员法，又有教育公务员法，显然后者对前者而言属特别法，在效力上要优于前者。

（四）法律不溯既往

法律不溯既往，是指法律公布后所发生的事件方具有合法效力，在此以前已经终结了的事实，不得适用新法。也就是说，新法是规范未来行为的，而非规范过去的行为。①

三、教育执法过程中权利和义务关系的认定

法律关系就是法律规范所确认和调整的人们之间的权利义务关系。为保障教育执法工作的顺利进行，认清教育活动中的权利义务关系至关重要。而在与教育有关的权利义务关系中，最主要的是学生、教师、学校等的权利义务问题。

学生作为教育活动的主体，应依法享有自己的权利并履行义务，这一点现已成为人们的普遍共识。尤其是尊重学生权利的问题，目前已成为检验社会是否进步的一个重要标志。从世界各国的教育立法情况来看，学生在教育活动中的权利一般可表现为：受教育和教育机会均等，可使用教育、教学设施设备和图书资料，可获得奖学金、助学金以及其他社会福利基金以完成学业，参与学校的民主管理，当受到教师或学校不公正的评价、处理或被剥夺学习权利时可以为自己辩护、申诉等。而学生的义务一般包括：应接受义务教育；遵守有关法律、法规以及社会公共准则；尊重教师，遵守校纪校规；努力学习，完成规定的学业等。

教师的权利通常表现为：指导教育教学，评定学生行为及学业成绩，发表个人的学术观点，在职培训和提高，参与学校的民主管理，取得合理报酬、待遇及带薪休假等。教师的义务为：遵纪守法，为人师表；认真贯彻教学大纲，完成教育教学任务；指导、教育和管理学生；不断提高自身业务水平等。

学校的权利和义务，在《中华人民共和国教育法》中也有所规定。学校的权利包括：按照章程自主管理，组织实施教育教学活

---

① 参见瞿立鹤著：《教育行政》，茂昌图书有限公司1992年版，第178页。

动，招收学生或其他受教育者并对其进行学籍管理、表彰或处分，聘任教职员工并实施奖励或处分，管理、使用本单位的设施和经费，拒绝其他组织和个人对教育活动的非法干涉等。学校的义务包括：遵守法律法规；贯彻国家的教育方针，执行国家的教育教学标准，保证教育质量；维护受教育者及教职员工的合法权益；依法接受社会监督等。

认清了上述各项权利和义务，就能在教育执法过程中规范行为，依法办事，促使教育行政管理工作从人治走向法治。

四、对违反教育法律行为的处理

（一）违反教育法律所要承担的责任形式

教育法律责任既是教育法内容的重要组成部分，又是保证教育法律规范得以实施的必要条件。教育法律责任通常有三种形式，即行政法律责任、民事法律责任和刑事法律责任。三种形式既可运用在不同的教育法律中，也可体现在同一部教育法律中，如《中华人民共和国义务教育法》就涉及上述三种形式。从实际情况看，三种形式中最普遍的要属行政法律责任。这是因为，教育活动中涉及的法律关系，如学校与国家的关系、学校与教育行政部门的关系、学校与教师的关系等，很多都属行政法律关系，故当违反有关规定时要承担相应的行政法律责任。民事法律责任主要在处理学生伤亡事故，或学校与外部组织及个人发生纠纷时碰到，在实际教学领域碰到不多。刑事法律责任除涉及重大失职或故意伤害外，一般也不多见。必须说明的是，三种责任之间常常有可能因行为人行为后果的程度而发生转换。如教师体罚学生，有可能仅受到行政处分，但伤害较严重，就有可能转为承担民事责任，甚至被追究刑事责任。另外，值得注意的是，在许多强调司法独立的国家，常常还会追究教育领域的违宪责任。所谓违宪责任,就是依据宪法的特殊规定对违宪行为人所追究的一种法律责任。由于宪法中不少内容与教育活动有关,因此当一个公民感到自己受宪法保护的权利受到侵犯时,他就有权求助于法院,希望法院宣布有关组织或行为人的行为违宪并无效,从而保护自己的利益。如日本发生的"教科书诉讼案"中,原东京教育大学教授家永三郎1984年提出"教科书审定违反宪法",要求国家给予赔偿并纠正违宪行为,就是一例。美国也常常发生学生及学生家长控告学校或学区教育委员会的行为违宪的案例。当然,法院宣布违宪后,给违宪人最终的处理也往往是行政或民事的处罚。

(二) 违反教育法律的种种表现

规定教育法律责任,是为了对违法行为给予制裁。什么是违法行为?这就要看教育法律关系的主体,即有关的人或组织是否履行了教育法律规定的义务,是否侵犯了他人的权利。也就是说,看教育法律关系主体的行为是否与法律所要保护的社会关系一致,不一致就可被认为是违法。以下是教育活动中违法行为的种种表现。

与义务教育有关的:(1) 不送适龄儿童入学;(2) 雇用童工;(3) 剥夺儿童的受教育权利;(4) 侵吞、克扣或挪用义务教育经费;(5) 体罚或变相体罚学生;(6) 损害或侵占教育设施、场地,或擅自将教育设施出租或挪作他用;(7) 扰乱教学秩序,殴打教育教学人员;(8) 利用宗教进行妨碍义务教育实施的活动;(9) 故意不完成教育教学任务,给教育教学工作造成损失等。

与学校或作为学校法定代表人的校长有关的:(1) 违反学校设置规定,未经批准开办或关闭学校;(2) 违反规定,乱招生,乱办班,乱发文凭;(3) 使用不合格的教师;(4) 不按规定的教学大纲组织教学;(5) 毕业生达不到质量要求;(6) 违反教育经费的使用规定;(7) 使用危房或不当设施进行教育教学活动;(8) 不经批准擅自停课、停学等。

与教师有关的：（1）不履行教师聘约，不完成教育教学任务；（2）不尊重学生人格，侮辱和体罚学生；（3）品行不端，不能做到为人师表；（4）工作责任心不强，管理不善，致使学生的身心受到伤害；（5）对学生的错误行为放任不管等。

与学生有关的：（1）无故旷课、停学；（2）行为不端，品行不良；（3）不遵守所在学校的管理规则；（4）不听从教育人员的正确劝告，坚持错误，屡教不改；（5）考试作弊；（6）故意不完成学业等。

与教育行政部门有关的：（1）侵吞、克扣、挪用教育经费；（2）拖欠教师工资；（3）不按规定要求批准开办或关闭学校；（4）不按规定要求任命或选聘学校行政领导；（5）不履行教育督导、督学任务等。

以上属于最一般的教育违法现象。然而，由于政治文化背景不同，在实际执法时对违法行为的认定可能有所不同，如有的国家允许适当体罚的存在。另外，学校或教师要不要为教学无能而承担责任，近年来在教育法学界也有争论。一些国家陆续出现了由于学校或教师的教育过失或教学无能，导致学生学习能力未达到平均水平，学生因此在升学和就业方面发生困难，故而状告学校的案例。[①] 为了确保教育质量，有的国家作出了若干法律规定。如1992年《俄罗斯联邦教育法》规定，教育机构必须为其毕业生的教育质量差而承担法律责任，国家经评估确认后，有权对该教育机构提出起诉，要求其补偿在其他教育机构再培养这些毕业生所需的费用。这表明随着公民法律意识的增强，教育法律责任的范围今后有可能

[①] 参见 Reeta Verma 著，王斌华译：《教育过失》，载《外国教育资料》1997年第5期。

进一步扩大。

（三）谁来处理教育违法行为和谁来承担责任

谁来处理教育违法行为？毫无疑问，学校和教育行政部门有权处理教育违法行为。凡属行政责任范围内的事，一般由学校或教育行政部门处理。但超出行政范围的事情，就有可能由法院系统出面解决。有些国家大量的教育纠纷都由法院出面审理，甚至连一些教育行政纠纷也由行政法院解决。另外，针对青少年的违法行为或侵犯青少年合法权益的行为，可设专门的法庭。如英国的少年法庭专门审理儿童违反就学法令的案件，日本的家庭法院则专门审理违反学校教育法，侵害少年儿童受教育权的案件。[①] 我国也有一些地区设立了少年法庭，负责审理青少年违法案件。

谁来对教育违法行为负责？承担教育法律责任的主体，可以是个人，也可以是学校组织，甚至可能是政府。就个人而言，学校行政领导、教师、学生、学生家长等有可能为自己的违法行为承担责任，如学生违反校纪校规，家长不送子女入学，教师侮辱学生人格等。学校组织的违法行为，通常由学校法定代表人负责。在大多数情况下，学校法定代表人都由校长担任。根据《中华人民共和国教育法》规定，学校乱收费，乱办班，乱发文凭，就要追究学校法定代表人的责任。政府责任主要是指受国家委托管理教育的各级教育行政部门以及主管教育的政府机构所要承担的责任，如教育主管部门不认真履行国家教育政策，挪用教育经费，侵犯学校或教师的权益，就有可能承担法律责任。

（四）违反教育法律行为的处罚方式

违反教育法律行为的处罚方式，依违法行为的主体及违法行为

[①] 参见西安交通大学教育法律责任课题组报告：《国外教育法律责任概览》，内部资料，1990年。

的性质而不同。对于包括教育行政主管、校长、教师、学生及学生家长在内的个人，处罚方式可依其行为分成警告、记过、撤职、降级、开除公职或学籍、取消毕业资格、通报批评、罚款、经济赔偿、追究民事或刑事责任等。对于学校的违反行为，较多采用取缔、封闭、限期改正、通报、取消招生权和发放文凭权、撤换学校行政领导、罚款、赔偿等处罚形式。另外，同一违法行为，在不同国家处罚力度会有所不同。如对于违反义务教育法所要求的强迫就学制度，我国一般以行政处罚为主，但在有的国家，就要求家长承担民事甚至刑事责任。如在英国，不送子女入学的家长就有可能被判以监禁。在韩国，凡不按照规定及时关闭不合法学校，或违反大学入学资格规定而招收不合格学生，或不按规定非法授予学位的，有关责任人将被处以一年以下监禁或100万韩元的罚款。显然，执法力度上的差异，对教育执法的效果会产生直接的影响，一般来说执法越严，效果越好。在另一方面，我们也必须看到，教育法律中所规定的很多行为规范属于意向性、倡导性的，实施这些内容主要靠宣传教育，并没有针对这些行为规范制定相应的法律责任。正因为如此，在教育执法过程中要特别重视教育法的宣传教育工作，力求做到宣传教育为主，处罚为辅。

五、影响教育执法效果的因素

20世纪90年代，随着我国法学研究的发展，法学界提出了要研究法律效果的问题。① 实际上这一问题也是教育执法过程中迫切需要考虑的一个问题。由于种种原因，目前我国教育执法的现状是

---

① 参见王子琳主编：《法律社会学》，吉林大学出版社1991年版，第14—15页。

不能令人满意的。鉴于有法不依、执法不严、违法不究的情况大量存在,有必要探讨一下究竟有哪些因素在影响教育执法的效果。

(一) 立法技术方面的因素

要使教育执法达到令人满意的效果,前提条件是有一个较为严密而完备的教育法律体系。这就不能不涉及立法技术的问题。立法技术常常可能出现三方面的问题:一是法律本身不够严密。这表现在措辞不当、含糊,容易使人产生歧义。二是对权利义务规范得不够全面。我国现有的教育法律,对教师和学生的权利义务规定得较具体明确,但对其他有关组织和个人的权利和义务,规定得就不够明确,有的甚至没有规定。另外,对相当多的义务没有相应的法律责任约束。三是操作性不强。英国战后的教育基本法《巴特勒法》规定:

> 家长必须保证儿童按规定在学校中注册,否则就视为违法;但如果经过准假或下列原因而未到校上课,则不得认为该儿童是未按规定上学:(1) 因病或不可抗力的原因未能到校;(2) 在为参加该儿童家长所属的宗教团体组织的宗教礼拜而专门安排的日子未到校;(3) 家长能证明学校不在儿童可以从家里步行到校的距离之内,而且地方教育当局在接送儿童往返学校的交通车辆,或在校内或在学校附近供应儿童膳宿,或使儿童转至离家较近学校注册上学等方面未能作出妥善的安排。[①]

应该说这样制定已经十分具体了,但为避免对某些词产生误解,紧接着这部教育法又作了进一步的说明:

> 本条使用的关于任何学校的"准假"一词,系指学校校长、董事或所有者授权的人准许的请假,而"步行到校的距

[①] 转引自《外国教育基本法选编》,中共中央党校出版社1989年版,第366—367页。

离"一词,是指现有的最近路线,对未满 8 岁的儿童来说为 2 英里的距离,对其他儿童则为 3 英里的距离。①

规定得如此具有操作性,执法时自然不会有多少歧义发生。如果教育法制定得过于原则,过于笼统,则必然影响到可操作的一面,对执法的效果带来不利影响。

(二)地区间的不平衡因素

在调整教育社会关系的过程中,教育法不是孤立地发挥作用的,它还会受到主观的和客观的因素的影响。例如,我国地域辽阔,地区与地区之间经济和文化发展极不平衡,这就会对教育执法的效果产生影响。具体反映在,同是一部教育法,在有的地区推行起来比较容易,有的地区就差些。实际上,像我国这样一个人口众多、地区发展又极不平衡的国家,是不能指望一部教育法在任何地区都产生相同效果的。为了充分考虑地区因素,就必须在加强中央立法的同时,重视地方立法,做到统一规范与因地制宜相结合。

(三)责任追究中的障碍因素

教育执法的主要内容之一,就是对违反教育法规的行为追究法律责任。然而在实际执法过程中,确实存在着一些障碍因素,并由此导致教育执法的不力。这些障碍因素包括:(1)由上往下地追究违法行为较为顺利,而由下朝上地追究则较为困难。例如,教育行政部门根据教育法规定,必须为学校教育的顺利进行提供必要的条件和设施,但由于某种原因,教育行政部门未能履行这项法定义务而成为责任的承担者时,学校或普通公众是很难追究其责任的。有的学者把这种现象称为"责任追究的行政因素障碍"。(2)不可抗力的因素,即不能预见、不能避免并不能克服的客观情况。教育活

---

① 转引自《外国教育基本法选编》,中共中央党校出版社 1989 年版,第 366—367 页。

动中的责任追究，一般适用的是过错（故意或过失）责任归责原则，也就是说必须在主观或客观上有故意过错或过失过错的行为，才谈得上责任的追究；如果是因不可抗力而造成法律规范无法履行的，则可免除责任，这也就有可能成为执法障碍。① 例如，《中华人民共和国教育法》第三十条规定，必须保证学校教育教学质量，但如果学生毕业后不具备相应的学业能力，就很难去追究学校的责任。因为你很难解释清楚学校有哪些过错，并且这些过错是否为直接导致学生学业不佳的原因。有些国家出现过学生因成绩不佳而向法院状告学校的案例，但没有胜诉，原因就在于此。(3) 实现立法的条件不具备。教育法规定，教育行政部门要为教育的实施提供必要的经费和其他设备条件，但受国家财力或有关政策的限制，有关部门无法或只是部分履行了这一规定，对这种责任也就难以追究，以致造成执法的障碍。

分析影响教育执法效果的因素，有助于我们加深对教育执法过程的理解，同时也可有的放矢地去寻找解决这一问题的方案，从而使教育执法工作从整体上提高一个层次。

第三节　完善我国教育法制工作的思考

为了进一步完善我国的教育法制工作，有些问题我们还可作些深入思考。

---

① E. T. Connors, *Educational Tort Liability and Malpractice*, 1981, p. 23.

一、进一步健全我国的教育法体系

有一个较为健全而严密的教育法规体系，是全面实现教育法制的前提条件。目前我国已出台《中华人民共和国教育法》《中华人民共和国义务教育法》《中华人民共和国教师法》《中华人民共和国职业教育法》《中华人民共和国未成年人保护法》等多项教育法律，其他教育行政法规、规章也很多，这比起过去没有教育法律的年代来，已是长足的进步，但这还远远不够。我们的教育法规体系规模还嫌狭小，数量也嫌不足，尤其是教育的单项法律，很多还没出台，致使教育的众多领域，如教育投入、各级教育行政机构的组建和职权范围、高等教育的体制和建设、社会教育、在校学生意外伤亡事故的预防和处理等，至今还无法可依、无章可循。实际上，对我们这样一个近三亿教育人口的教育大国来说，为协调各级各类教育的发展，有二三十部教育单项法也不嫌多。尽管我们的教育执法工作还不得力，但这些年的教育实践告诉我们，有法总比没法好，没法就根本谈不上执法。所以，我国的立法机关应加速教育立法工作的进程，力争早日出台一批迫切需要并有广泛影响力的教育法律。

二、重视对教育立法技术的研究

要使教育法律体系严密而完备，必须考虑教育立法的技术。目前我国这方面的研究还很薄弱，一些重要的问题缺少细致的探讨。例如，我国的教育法体系框架究竟该怎样设计？中央立法和地方立法之间如何求得协调和平衡？如何增加教育法的严密性和法律效力？过去有一种观点认为教育法不应制定得过于具体，应原则一些。结果倒是原则了，但具体执行起来却歧义纷生，难以操作。那么，我国的教育法究竟制定得笼统、原则些好，还是制定得具体些好？怎样制定才有利于在实践中具体操作？诸如此类问题，都需要认真分析研究。可以肯定的是，法律本身制定得不严谨、不具体，必然会影响执法过程，使教育法成为"软法"，给执法带来障碍。所以，有必要从内容和形式上对教育立法的技术进行深入探讨，以便为教育执法工作打下良好基础。

三、进一步提倡司法介入

过去很多人认为，教育法从其性质上讲属行政法范畴，所以教育的执法、监督与责任追究在行政范围内解决就行了，没必要通过法院解决。实际上这是一种误解。教育法所调整的社会关系，很多确属行政关系，但也有不少超出了行政关系范围，仅仅通过行政渠道解决不了。退一步讲，即使是属行政关系的问题，也不仅仅只能在行政系统内部解决，必要时也可由法院出面干预。例如，目前我国仍有为数不少的处在义务教育年龄段的失学儿童，家长由于种种原因，特别是经济方面的原因，不愿让子女读完全部的义务教育课程。遇到这种情况，很多国家规定，学校有权向法院起诉，追究学生监护人的法律责任。而在我国，法院审理类似案例的极少，学校也不认为这种事可告到法院，大家都觉得这类事情只能在教育系统内部解决，致使学生流失情况长期得不到缓解。这就说明，学生流失问题单靠行政部门出面解决是有局限性的。很多教育违法行为，在国外有可能要承担刑事责任，而在我国只追究行政责任，行政解决不了便束手无策了。把教育法单纯看成是行政法的一部分，显然不利于严肃执法，如果有更多的司法介入，教育法的执法力度和威慑性就会大大增强。

四、开展国外教育司法判例的研究

国外不少国家,特别是教育法律较完备的经济发达国家,在教育执法和司法方面积累了很多宝贵经验,也有很多值得借鉴的教育判例。如在美国和日本,有些著名的教育判例深刻揭示了教育的本质、特性和过程,对教育的发展产生了深远的影响。过去我们较多注重教育法理的研究,对国外实际判例的研究重视不够,结果给人一种印象,教育法的研究似乎只是一种思辨的、纯理论的研究。实际上,教育法对于教育行政管理工作的作用,并不仅仅是一种理论指导的作用,更重要的是它能直接用于教育实践,是一种看得见、摸得着的东西,通过许许多多的实际案例和判例就能够充分反映它的真谛。只有这样看待教育法,我们的思路才会开阔,执法能力才能得到增强,教育法在教育行政管理过程中的作用才能真正得以体现。

第九章
教育人事行政

教育人事行政的对象往往难以确定，有的说主要指教师，有的说应该是校长和教师，还有的说还应包括教育行政机关的人员。本章所论及的教育人事行政，主要指对普通教育人员即教师的管理。之所以这样安排，原因是，学校教师通常占整个教育者队伍的绝大多数，对他们实施有效管理，是教育人事行政工作的重中之重。至于教育行政机关的工作人员，其性质在我国已明确规定属于国家公务员，对他们的管理，与对政府其他机构的公务员的管理没有多大区别，故没有必要在教育行政学中专门加以讨论。至于对校长的管理，在本书第五章中已有所涉及，所以也不列入本章的讨论范围。在本章中，我们将要分析人事行政的含义、教师的专业特点、教师的人事管理业务、教师的培训与职业成熟等问题。

第一节 人事行政的含义

人事行政是行政管理活动中一项不可缺少的内容，它主要涉及机构和组织中的人的事务，也正因为此，它是"教育行政运作过程中最为艰困的行政行为"①。人是有智慧、思想、感情、性格的社会动物。处理人的事务，显然要比处理财务、设施等问题复杂得多。与那些高度依靠非人力资源的活动领域（如计算机行业）相比，人事活动在大量使用劳动力的部门（如教育部门）意义要重要得多。

人事行政最根本的任务就是处理组织中的与人的关系，实现对人员的管理。赫伯特·西蒙曾说过："从广义上说，一切行政活动都是人事行政，因为行政所要研究的问题就是人的关系及行为。一般所说的人事行政是狭义的人事行政，即指组织中工作人员的选用、升迁、调转、降免、退休、训练、薪金、卫生、安全和福利等事项。"② 从工作环节来讲，人事行政通常包括三个环节：招聘合适的人员；通过各种人员管理手段，促使在职人员协调工作；为有关人员退出机构作出安排。换句话说，人事行政就是安排组织机构中人员的就职、在职和退职工作。

在相当长的时期内，由于组织规模有限，人事行政并未引起重视，人们也从不把有关人的事务归并到一个专门的部门。进入20世纪后，随着组织机构的日益扩大和行政管理知识的日益丰富，人事行政才开始成为管理活动中的一个专项事务，人们对此的研究也

---

① 瞿立鹤著：《教育行政》，茂昌图书有限公司1992年版，第431页。
② 转引自张德信、李兆光主编：《现代行政学》，红旗出版社1993年版，第195页。

开始重视起来。所以,"人事行政是 20 世纪才出现的事物"①。

人事行政是一项与法律、政策密切相关的工作。有人把它看作一种"法制化的管理",也就是说,这项工作的整个过程必须在法律、法规和政策指导下进行。很多学者曾倾向于把人事政策和人事管理区分开来,认为前者属于政府部门或立法机构的事情,后者则应由为实现政策意图而特意任命的人事部门或行政人员负责,这样分开负责可以杜绝人事工作中出现的某些弊端。然而在实际上,这一点很难做到,因为人事主管人员通常会参与人事政策和计划的制定工作。为减少人事工作中出现的弊端,专家们认为,最好的办法是有关的政策必须具有充分的透明度,尤其是有关人员招聘、在职和退职的政策更应如此。②此外,也可以通过某些集体代表会议的形式,如学校中的教职工代表大会,监督人事活动的合法性。

教育人事行政活动的重要性,主要体现在以下几方面:第一,它对搞好教育行政管理工作起着举足轻重的作用。从对一所学校的有效管理来说,无非依靠两个最基本的因素——人力和财力。两者之间,显然人力起着更为重要的作用。很多成功校长的经验表明,学校中选人、用人得当,真正做到了人尽其才,整个教育行政管理工作就能取得事半功倍的效果。第二,它能稳定教师队伍。在很多国家尤其是发展中国家,虽然政府和社会都希望适当提高教师的社会地位,但由于经济发展水平所限,教师的经济待遇充其量也只能达到社会的中等水平,这导致很多优秀人才难以进入教育职业,已进入的一有机会也想外流。在这样一种背景之下,通过有效的人事行政活动,就能对稳定教师队伍发挥巨大影响。第三,它能最大限度地调动教职员工的工作积极性。人事工作从对人的录用、考核、

---

① ②[瑞典]胡森等主编,中央教育科学研究所比较教育研究室编译:《简明国际教育百科全书·教育管理卷》,教育科学出版社 1992 年版,第 353、356 页。

奖励、提拔一直到辞退，都有一整套的制度、手段和方法，它们其实就是用人的学问。掌握了这套学问，就能把教职工的内在潜力充分挖掘出来，从而大大改善学校的气氛和活力，最终实现教育组织的目标。正因为人事行政有这样一种功能，所以国外一些教育管理学的著作更倾向于用"人员开发"（personnel exploitation）一词来代替"人事行政"（personnel administration）。①

第二节　教师的工作性质和专业地位

一、教师的工作性质

研究对教师的管理，首先必须对教师的工作性质及专业地位有所了解。教师的工作性质在我国通常被称为教师劳动的特点。我们应从教师工作本身出发进行探索，不应想当然地进行主观判断。例如，有人说教师劳动的特点之一是"创造性"，这并不准确。教师的劳动同其他劳动一样，可以是创造性的，也可以是非创造性的。很多教师喜欢模仿他人的教学经验、方法进行教学，不喜欢创新。这未尝不可，而且常常也能收到较好效果。这说明创造性并非教师工作的原有特性。然而从另一方面来说，教师工作确实有其特性，不分析这些特性，对教师的管理就会等同于对其他行业人员的管理，这样就收不到良好的管理效果。例如，很多校长主张学校要有

---

① 参见［美］奥洛斯基等著，张彦杰等译：《今日教育管理》，春秋出版社1989年版，第89页。

严格的常规管理程序，却不知道在学校中对教师的教育活动管得越严，教师的个性就越受束缚，培养的学生也就越无个性可言。这些校长的做法，就是因为不了解教师工作性质的缘故。

（一）从劳动形态讲，教师工作是一种脑力劳动，而且这种劳动是无法很快转化为物化形式的"精神产品"的

其他形式的脑力劳动（如作家、艺术家、科学家、社会科学家等），能通过自己的劳动将成果转化为某项精神产品（如小说、电影、科技发明、论文等），而教师却做不到这一点，因为教师面对的学生是活生生的人，不是"精神产品"。正因为这样，教师劳动的效果远较其他脑力劳动（例如医生、律师的劳动）难以测定，更无法精确评价。通常将考试作为一种测定手段，用以检查教师劳动的效果，这种做法实际上会把人引入歧途。教师工作的这一性质，决定了无论在哪个国家，吃"大锅饭"的现象在教育界始终无法避免。

（二）从劳动主体来讲，教师工作是一种以个体的独立劳动为主的职业

教师好比是学校中的"个体户"，从备课、讲课、辅导、批改作业到找学生谈话，都是以个体形式出现的。教师可以集体学习，但理解、领会则是个体的；教师可以集体备课，但钻研、消化也是个体的。课堂教学的效果，更是取决于教师个人的自我调节和技巧发挥。当然，学校中也要讲协调，但这种协调是以尊重个体的独立劳动为前提的。所以，"管理上如果在空间、时间上以集体的形式将教师活动统死，将不利于提高教师劳动的质量和效率。……管理上越尊重这种个体形式，就越有可能取得实质上的集体协同的效果"①。

---

① 李旷、潘源深：《教师劳动的一般特点》，载《教育研究》1985 年第 7 期。

（三）从时空角度讲，教师工作具有极大的弹性

虽然教师的上下课有时间限制，教育活动的场所也有限定，但在具体掌握上，却表现出很大的灵活性。备课、批改作业可以用上一两个小时，也可只花上十分钟。同样的教材，可用一节课讲完，也可讲几节课。对学生的教育工作，可只限于学校，也可扩展到学校以外，如对学生进行家访。教师工作的这一特点，决定了对教师的劳动制度管理方面也应具有一定弹性，这样才能充分调动起教师的工作积极性。

（四）从社会角色角度讲，教师工作是一种以个人示范作用为主导的工作

其他的一些工作，如医生、律师、会计师、建筑师等，主要以其专门技术作为工作的基础，社会对其个人的道德规范要求并不十分苛刻，但教师工作则明显不同。当教师在履行其传道、授业职责时，个人的道德规范往往会对其教学效果产生极大影响。因此，社会上在提倡"尊师重教"的同时，也历来看重教师本人的品质素养，要求教师的言行起表率作用。此特性导致学校管理者在日常的学校管理中，也不得不对教师的个人形象以及个人的自觉自律提出一定要求。

（五）教师工作的效果极易受社会的影响，尤其是受其服务对象——学生的家庭的影响

家庭环境能对孩子的学习、品德形成产生重大影响，这种影响甚至超过学校。此外，社会舆论、社区背景等也会对教师工作产生种种影响。这一特性导致，教师工作要想获得良好效果，十分不易，必须依靠社会的配合；学校管理者除了管好校内事情之外，还必须注重协调与社会的关系。

二、教师的专业地位

如果说国内学术界较多讨论教师劳动特点的话，那么在国外，人们更多热衷研究教师的专业地位问题。随着生产力的发展，社会上形成不少专门的行业，一些以往不被认为是专业的行业，也在设法专业化。这样一方面可以提高该行业的社会地位，另一方面也可以借专业化的过程，改善工作环境，增强工作效率。

什么是专业（profession）？国外有些学者认为，所谓专业，是指需要专门技术的职业。当一群人经过较长期的训练，从事这一职业，为社会提供某项专门性的服务时，这群人就构成了"专业人员"。英国人霍伊尔（Eric Hoyle）曾列举了有关专业的十项特征：

（1）专业一般是一项必需的社会服务；

（2）这种服务不能靠常规的操作，而必须由专业人员按情况作出判断与措施；

（3）为此，专业人员必须掌握某方面的系统知识；

（4）此类的系统知识，一般需要通过高等教育才能获得；

（5）由于工作的非常规性特点，专业人员必须有足够的自主权，方能提供有效的服务；

（6）为此，专业人员往往有自己的专业组织，并且往往以守则的形式规定专业内部的操守；

（7）专业人员还因此必须经过长时间的专业训练，这类训练也包括专业价值观的修养；

（8）专业价值观的核心，是以服务对象的利益为上；

（9）由于专业的非常规操作性质，因此专业人员通常应该对有关的政策有足够的影响力；

（10）由于以上种种理由，专业人员通常拥有较高的社会地位，且获得较高的社会报酬。①

将这些特征综合起来，大致可以归纳出构成"专业"的八大要素，即完整的知识系统、长期的培养训练、严格的资格证书、较大的自主权力、不断的在职进修、健全的专业组织、良好的职业道德、较高的社会地位。

显然，医生、律师等职业符合专业的特点：他们的工作都是一种社会服务；从事这项工作需经过较长时期的训练，并有严格的资格证书；他们在为当事人提供服务的时候有较大的自主权，可根据情况随机应变，无须依靠常规操作，也很少受行政、压力、金钱等的左右；他们有自己特有的职业道德和纪律，并因此受到社会的信任和尊重；他们有自己的专业团体；他们的工作能取得较高的报酬；等等。

教师的工作是不是一种专业？教师是不是专业人员？长期以来人们对这一问题一直有着不同的看法。的确，从很多方面来看，教师的工作是一种专业，例如当教师要经过一定的培训；须获得教师资格证书；教师完全是为学生服务的；在教学时教师要灵活机智，根据具体教育对象进行教学；教师在执行教学任务时有较大的自主权，校长的指令或家长的要求都无法延伸到具体的课堂活动；教师一般都具有敬业精神，注重职业道德和为人师表等。正因为这样，联合国教科文组织 1966 年在巴黎召开的"关于教师地位问题的政府间特别会议"（Special Intergovernmental Conference on the Status of Teachers）上，专门通过了一份报告，即《关于教师地位之建议》（Recommendation Concerning the Status of Teachers）。报告

---

① 转引自程介明等著：《教育行政》，香港公开进修学院出版社 1997 年版，第 330 页。

提出，教学应被视为一种专业，教师的工作具有专业性质。①

然而也有人不赞同上述观点，认为与医生、律师等职业比，教师的工作还算不上是一种严格的专业。这是因为：教师所需的培训时间不是很长，教师的资格证书不是很难获得，教师的专业自主权也有限，教师的社会地位和工资报酬也不很高，等等。所以，教师工作"仅在非营利服务这一点上符合专门职业的标准，在专业技术和长期训练、特别的才能与素质这一点上，还逊色于其他专门职业。教师的工作只能作为准专业"②，或是介于专业与非专业之间的"半专业"（semi-profession）③。当然，如果努力实行专业化，严格资格证书制度，教师工作完全有可能在未来成为一种"全专业"（full-profession）。

三、教育专业人员与教育行政管理人员之间的关系

讨论教师工作的专业性问题，是为了引出另一个与管理有关的问题，即如何处理教师与教育行政人员的关系。如果我们承认教师工作是一种专业，即便是"半专业"，那么根据现有的管理学研究，专业人员与行政人员之间不可避免会常常产生工作上的冲突。凡是专业人员多的地方，行政管理人员总会觉得工作难办。这是因为，专业人员总希望通过自己训练有素的知识和判断力，在自己的职责范围内有较大的自主权，能独立开展工作，不受外界或行政的干

---

① UNESCO, *Recommendation Concerning the Status of Teachers*, Paris, 1966.

② ［日］筑波大学教育学研究会编，钟启泉译：《现代教育学基础》，上海教育出版社1986年版，第443页。

③ A. Etzioni (ed.), *The Semi-Professions and Their Organization*, The Free Press, 1969, p. v.

预。这样一来，专业人员就免不了和组织的科层等级制度发生矛盾，对行政人员所施加的控制和管理，他们也会持一种反对态度，就像科温（R. G. Corwin）所描绘的那样：

> 专业人员……拒绝接受这样的原则，即其工作必须总是接受管理者的监督和外行的控制。由于所受的训练，来自同事的压力，对当事人的奉献精神等原因，有专业倾向的人总认为，自己有足够的能力控制其工作。因此，他有时就可以明确表现出对上级的不顺从，以便增进自己的熟练程度，维持当事人的利益标准，特别是当危害学生最大利益的情形发生时。①

教师与教育行政人员发生冲突的情形在学校也经常发生。一些专家注意到，学校的等级结构与教师的专业态度之间时常存在紧张气氛。例如，很多学校要求教师上课前要有精心准备的教案，然而相当部分教师认为，上课的好坏不在于教案，而在于经验和技巧，教案好不等于课上得好，因此他们公开站出来抵制学校的规定，并由此造成教师与学校行政之间的紧张气氛。针对这种情况，专家们建议，最好的方法是塑造一个"平等模式的集体"，让教育人员在教学过程中享有自主权，允许他们按自己选择的方式组织教学。

> 每个教师都有权去发展教育内容，只要他或她感到这样才能使课堂最舒畅、最能获得成功。我认为只要能取得好的结果，就应该给他们较大自主权。如果突然这种方式发生故障，或是学生有什么意外，这时才是管理者起作用的时候了。②

专业人员和行政人员的关系有时还会表现出另一种特征，当遇到具体问题的时候，专业人员往往首先对自己的专业技术负责，其次才考虑对组织负责。也就是说，他们忠于专业甚于忠于组织。我

---

① ② M. Hanson, *Educational Administration and Organizational Behavior*, Allyn and Bacon, 1991, pp. 100, 101.

们常常在一些正直的教师那里看到，当他们感觉学生的利益受损害时，他们首先考虑的是对学生负责，保护学生的利益，哪怕这种保护有可能影响学校的利益。所以，真正的专业人员对组织都只是"有条件地"承担义务，条件便是组织的决定不能与自己的专业判断相冲突。有人预言，教育事业越来越复杂，导致教师得到的训练会越来越多，而训练越多，对自己的专业角色就会越有信心，由此造成的专业与组织的冲突的可能性也会越来越大。鉴于这一情形，研究人员提出以下三条建议①，旨在减少冲突，协调专业人员与组织之间的关系。

第一，适当改变组织结构的形式。将一个组织的内部结构分成两种形式，一种是"封闭和惩罚为主的结构"，另一种是"开放和人际关系为主的结构"。前者专门处理组织中例行的事务和活动，制定行政决策；后者专门处理组织中的专业事务和活动，制定专业决策。在前一种结构中，行政管理人员起决定性作用；在后一种结构中，专业人员起决定性作用，通过这来减少专业人员与行政人员之间的摩擦。

第二，为取得专业人员全心全意的合作，最好请他们参加决策。很多专业人员不仅希望在自己的专业天地中享有自主权，而且也期望他们的见解在更大范围的政策制定中得到重视。通过参与决策，无疑能赢得专业人员对组织的好感，从而增加凝聚力，有利于实施组织的目标。

第三，委派专业教育工作者担任学校行政职务。现在由专业人员担任学校领导已是常见的事，这样做有许多好处，如他们可以比外行的行政人员更了解专业人员的需要，在处理专业问题上会更有

---

① 参见［瑞典］胡森等主编，中央教育科学研究所比较教育研究室编译：《简明国际教育百科全书·教育管理卷》，教育科学出版社1992年版，第54—56页。

办法，能在专业与科层结构之间起到润滑作用等。当然，这样做也会遇到困难，一旦这些人员碰到专业与科层结构的矛盾——这种情况是会常常发生的——他们就会因其身份而面临痛苦的选择：服从专业还是服从组织。这时就会导致一种角色冲突。不过在一般情况下，在学校这样的组织中，内行管理内行总比外行管理内行效果要好。

除了上述建议外，国内也有人提出，根据教师的职业特点，也为减少教师与学校行政的摩擦，在教师管理中还应做到：在刚性管理和柔性管理中，一般以柔性管理为主；在权力管理和参与管理中，一般以参与管理为主；在定量管理和定性管理中，一般以定性管理为主。① 这一主张倒也不失为教师管理的有效策略。

第三节　教师人事行政业务

"对教员的行政管理效果好坏，取决于如何来理解教员这一职务。"② 这话不错，然而承认教师工作是一种专业，不等于教师的潜力就能充分发挥出来。不通过具体的教师人事行政业务，学校工作依然不能取得满意效果。所谓教师人事行政业务，就是为实现学校目标，通过各种人事管理手段对教师所实行的制度化管理。它通常包括资格审定、录用、聘任、考核、奖惩、工资、辞退、劳保福

---

① 参见吴志宏主编：《中小学管理比较》，上海教育出版社1998年版，第125—126页。
② ［日］久下荣志郎著，李兆田等译：《现代教育行政学》，教育科学出版社1981年版，第132页。

利、退休等，下面分别予以简单介绍。

一、资格审定

为了确保教师职业的专门化，必须对试图进入教育行业的人进行资格审定。在这方面，国际上通行的做法是实行教师专业资格证书制度。大多数发达国家都有严格的教师专业资格证书制度，一般都要求求职人员具有大学本科学历，并接受过教育专业训练，获得必要的证书，然后方能进入教育人才市场。许多发展中国家也正在朝这方面努力。在我国，有关教师的资格审定主要通过两种方式进行：一是学历审定方式，二是考核审定方式。

学历审定方式，是指将学历作为从事教育工作的前提条件，凡未达到规定学历者，不得进入教育行业。根据1993年颁布的《中华人民共和国教师法》规定，取得我国教师资格所应具备的相应学历为：

（1）取得幼儿园教师资格，应当具备幼儿师范学校毕业及其以上学历；

（2）取得小学教师资格，应当具备中等师范学校毕业及其以上学历；

（3）取得初级中学教师资格，应当具备高等师范专科学校或者其他大学专科毕业及其以上学历；

（4）取得高级中学或中专、技校教师资格，应当具备高等师范院校本科或者其他大学本科毕业及其以上学历；

（5）取得高等学校教师资格，应当具备研究生或者大学本科毕业学历；

（6）取得成人教育教师资格，应当按照成人教育的层次类别，分别具备高等、中等学校毕业及其以上学历。

从我国目前实施情况来看，学历审定正在朝高学历发展，即小学教师开始谋求大学专科程度，初中教师力求大学本科程度，高中教师则学习研究生课程。虽然政府现在还没有对此作出严格规定，但这种发展对于提高我国教师资格证书制度的质量，改进教师队伍的素质，无疑是极其可喜的现象。

考核审定方式，主要是对由于历史原因已进入学校系统，但还未具备国家规定学历的教师所进行的一种通过考核取得合格证书的制度。根据国家教委规定，我国于20世纪80年代中期为在职中小学教师设立了两种合格证书，即"教材教法考试合格证书"和"专业合格证书"。教师只要通过这两种证书考核，就能获得相应的合格证书，同时意味着具备了在中小学任教的资格。应该说这一制度在当时为提高教师队伍质量起到了积极作用，但目前随着我国学历审定方式的日益完善，类似这样考核审定方式的作用已逐渐被淡化。

二、录用

录用教师的方式多种多样，各国有各国的做法。我国以前在计划经济模式下，中小学教师的录用主要通过教育行政部门和组织人事部门的派遣和调配，将师范院校毕业生按计划直接分到中小学任教，或是从其他部门抽调人员进入学校系统。近些年来，随着市场经济体制的建立，教师的录用方式开始灵活起来，双向选择的招聘形式成了主流。师范院校毕业生可以选择学校，学校也可以决定是否录用，学校的录用自主权明显增大。除了师范院校毕业生外，其他类型的高等院校毕业生也有到中学任教的。此外，跨省、市招聘在职教师目前也很流行，这对教师队伍的必要流动起了一定作用。就具体的招聘录用过程来讲，一般可分成初步筛选、核查、面谈、测试、最终筛选、作出决定等环节。招聘时除须检查教育教学能力外，还要设法了解候选人的文化背景、业余爱好、兴趣等，因为这可以使学校生活更加丰富多彩。至于在录用政策方面，学校行政主管必须掌握好下列几点：

（1）候选人是否已获得取得教师资格所应具备的相应学历。

（2）已被剥夺政治权利，或故意犯罪受到有期徒刑以上刑事处罚的，不得录用。

（3）取得教师资格的人员首次任教时，应有一段试用期。

（4）经医院证明有精神病者，不宜录用。

（5）经有关部门查证属行为不检有损师道者，不该录用。

（6）教育人员录用，一般不须经过类似国家公务员性质的考试，但学校可组织应聘者试教或进行其他形式的教学测试。

（7）根据《中华人民共和国教师法》规定，不同层次的教师资格认定，由不同的部门负责，即幼儿园、小学、初级中学的教师资格，由县级教育行政部门认定；高中教师由县级教育行政部门审查，报上一级教育行政部门认定；高等学校的教师资格由国务院教育行政部门、省级政府教育行政部门，或其委托的高等学校认定。

（8）教师资格证书在全国范围内适用，各省、市教育部门和学校在录用人员时应相互承认候选人已取得的教师资格。

三、聘任

候选人一经录用，即成为见习或正式的教育人员。根据国家有关规定，教育单位应逐步实行教师聘任制。教师聘任一般分成两种形式，一种是工作聘任，另一种是职务聘任。工作聘任指在录用过程快要结束的时候，由录用人员和学校签订一份工作聘任合同，明确工作的性质、范围和要求，双方的权利义务，录用者的薪金及福利条件，违约后的责任等，以便为就职者的今后工作提供一种法律的保障。职务聘任又称专业技术职务聘任，这主要是为已经在职的教师提供一种专业技术背景。在我国教育系统，目前采用的是四级聘任制度，即在中小学，教师的职务聘任分成高级教师、一级教师、二级教师、三级教师四种；在大学，则分成助教、讲师、副教授、教授四种。以上两种聘任形式中，后一种聘任已实行多年，并已取得一定经验；但前一种聘任则推广得很不够，也不够规范。如果说以前我国因教师社会地位不高，导致工作聘任制度难以真正落实的话，那么现在随着教师地位的逐渐改善，这种聘任制度也应尽快完善起来，以便从法律上保护就职者和用人单位双方的利益。

四、考核

考核是教育行政机关和学校主管人员对教职员工的品行、工作态度、业务水平、工作实绩等进行的考察记录。其目的在于：作为教师奖惩、晋升、调资等的依据；从考核中挖掘人才；了解教师职业发展的成熟度，为改进今后工作提供方向；为以后的教师培训进修提供参考。教育界很多人承认，虽然考核是学校人事工作的基本任务之一，但这项任务却是人事工作中最棘手的。首先，要准确地判断教师的工作表现是很不容易的。其次，如何把考核的结果委婉地、建设性地告诉教师，同时又不致引起后者的不满和不快，这非常困难。① 最后，由于教师的工作性质所定，在学校中建立一套科学而实用的教师考核指标也非常之难。从目前情况来看，中小学用得最多的考核方式有四种：学校行政主管对教师的考核，包括学期

---

① 参见程介明等著：《教育行政》，香港公开进修学院出版社1997年版，第171页。

考核和学年考核；教师的自我考核；教师之间的相互考核；学生对教师的考评。无论哪种考核，都可采取口头考评和书面考评的形式。为使学校中的考核真正收到效果，还必须注意几点事项：要有适当的考核项目和标准；要以充分的事实资料为依据；要具有相当的信度和效度；考核结果须能作量的比较；决定考核成绩须经过适当程序；考核的结论，特别是书面的结论，一般宜粗不宜细，对实绩要充分肯定，对缺点不宜过分指责，除非是重大的原则问题，这样才能取得激励和促进的作用。

五、奖惩

奖励和处分，是人事考核工作的自然延续。奖励的方式很多，有精神的奖励，也有物质的奖励。目前由于校长负责制的推行，加上校园经济的兴起，学校在经费使用方面有了一定的自主权，大多数的奖励都和奖金发放制度联系了起来。将奖励与奖金挂起钩来，既有积极的一面，也有消极的一面。积极的一面在于，表扬了先进，体现了多劳多得的分配原则；消极的一面在于，使学校的工作带上浓厚的功利色彩，培养了斤斤计较的习惯，从长远来看不利于敬业精神的养成。国外很多国家对教师的奖励并不跟奖金挂钩，而是与正常的加薪制度发生联系。这是否更有助于敬业精神的形成，值得研究。为使奖励取得较好效果，在实施奖励时须注意四点：（1）要及时奖励。这不仅可发挥奖励的功效，更可提高教师对奖励的重视程度。逾期或迟来的奖励不仅会失去奖励的意义，还会使人感到奖励的多余，甚至对奖励产生漠视的心理。（2）奖励要配合教职工的愿望和需要。人的愿望和需要是其行为表现的动机，如奖励符合了人的愿望和需要，则表示该行为已得到酬报，就可激发教职工产生更高层次的需求，为学校作出更大贡献。如奖励不能符合愿望和需要，教师就会觉得其努力并未获得应有酬报，于是就会失望，影响工作情绪。(3) 奖励的程度要与教职工的贡献相当。(4) 应根据人的不同需要给予不同形式的奖励。①

处分往往跟没有尽到责任有关，包括职务的责任和道义的责任。如果教育人员没有履行规定的义务，他就有可能受到惩戒或处分。在实施处分前，一定要分清行为人未履行应尽的义务是故意所致，还是过失所致。如果是过失所致，只要未造成严重后果，一般给予批评教育即可。如果是故意所致，并已造成一定后果或影响，则可考虑给予处分。处分的依据通常有几点：(1) 有违反教育法律的行为；(2) 没有履行有关的义务或有怠工行为；(3) 有与教师称号不相符的行为表现。处分的种类可分为警告、记过、扣除奖金、撤职、停职等。

六、工资

工资的确定和发放也是人事工作的内容之一。关于教师工资的确定，各国有各国的标准和原则。这些标准和原则从一个侧面反映了国家的经济发展水平以及社会对教育工作的重视程度。就整体而言，大多数国家的社会舆论和政府的政策都支持把教师的工资保持在一个不太低的，或者说中等偏上的水平上。

做好与工资有关的人事工作，其意义是显而易见的。从心理学的观点看，工资是引发工作动机的诱因之一，也是对工作的一种回报。对于每一个教职工来说，个人所得工资的价值是多方面的：它是工作与责任的象征，是地位与资历的象征，意味着个人生活水准

---

① 参见邓仕敏编著：《人事管理心理》，万源财经资讯公司1984年版，第159页。

的高低，可以消除不满的心理。所以，如果以为教师都是知识分子，看重的是精神的追求，而对工资待遇不会看得很重，则实在有失偏颇。不可否认，很多教职工恰恰是通过工资多少来评判社会及学校对自己的认同态度的。

在我国，各级各类学校的教职工目前实行的是以职务工资为主要内容的结构工资制度，其标准是根据我国经济发展水平和按劳分配的原则确定的。自20世纪80年代中期国家确定了教师工资构成的基本形式之后，虽然工资数额有了一定增长，但基本的形式并未发生变化。这种结构工资制度由四个部分组成，即基础工资、职务等级工资、各类津贴和奖励工资。

基础工资是结构工资中固定不变的部分，用以维持教师的最低生活。目前我国各级教职人员所享有的基础工资，大致上是相等的。

职务等级工资是结构工资的主要部分，它是按教师的技术职务等级（即通常所说的四个系列的职称）确定的，每一技术职务又分设若干等级的工资标准。这之间，职务主要体现能力和责任的大小，等级主要体现年功的不同。职务提升，工资相应增加；职务不提升，可按年功贡献和实际工作业绩正常增加工资。如果教师同时又担任行政职务，也可根据具体情况依照行政等级系列确定工资标准。

各类津贴包括工龄津贴、教龄津贴、地区补助、书报费、物价补贴、午餐补贴等。这部分的工资有些是国家统一规定的，有些是依据不同地区、不同学校分别确定的。由于这部分工资的发放灵活性较大，因此在不同地区、不同学校之间会出现较大差异。

奖励工资主要根据教育人员的贡献大小发放。如获得特级教师称号的中小学教师，可在职务工资基础上，另发特级教师津贴；在中小学担任班主任的，可另发班主任津贴；教师超课时的，可发放超课时酬金等。

总的来看，影响我国教师工资的因素主要有四个：（1）接受教育的程度（即学历）越高，工资越高；（2）从事教育工作的年限越长，工资越高；（3）教学能力越强，所承担责任越大，工资越高；（4）学校所处地区的生活费用越高，工资越高。当然，这些因素对教师工资的影响在其他国家也基本上是相似的。

除了工资以外，类似奖金这样的隐性收入目前也成了学校行政不得不考虑的事情。在发放奖金时，必须考虑有关的条件：第一，教职员在本地所能保持的生活水准。如果单靠工资只能保持很低的生活水准，则须考虑增加奖金发放的力度。第二，同行奖金水准，即其他学校的奖金情况。如本校奖金与其他学校相比定得太低，不利于队伍稳定；但定得太高，又会增加学校的负担，而且定高后降下来非常困难。最适中的方法是比周围学校的平均水平略高一些。第三，学校财力负担能力，这自然是不言而喻的。第四，教师的人力供需情况。当人员非常紧张时，奖金幅度应高些，反之则可略低些。第五，需能激发员工的工作情绪。支付奖金的目的，不只在维护教师的生活，还需消除他们的不满心理，进而使其感到有某种程度的满足。因此，学校中层干部或骨干教师的奖金发放，应超过一般教职工，使前者感受到其工作与责任的重要性，以促使其为组织作出更大贡献。

七、辞退

在以前计划经济体制下，我国教育人员的辞退在教育人事行政活动中并不显眼，因为很少有人从教育界辞退或被辞退，除非他在某一方面有了不可饶恕的过失。现在随着社会主义市场经济模式的建立和人才市场日趋开放，人员辞退成了常见现象。所以，教育行政人员也有必要对此引起重视。

辞退包括主动辞职,也包括单位对个人的终止聘用。辞职是指教育人员主动提出离开学校,另谋职业。一般情况下,辞职应先由本人提出申请,说明理由,学校可对该人员进行劝说和挽留,如劝说无效,应同意其要求,并在规定时间内办妥有关手续。辞职过程应按有关审批程序进行,对国家规定服务期的大中专毕业生,必须完成服务期方可辞职。与单位签有合同的,还须执行合同的有关规定,如合同有违约责任规定的,学校可按规定收取一定的补偿费。除了个人的主动辞职外,学校也可对有关人员终止聘用,予以辞退。不过,在当前社会保障体系不十分健全,教育法制建设也有待加强的情况下,学校辞退教师必须十分慎重。首先,整个辞退过程必须符合现有的法定程序,如需先由校长提出书面意见,并经学校领导集体讨论,同时征求校工会的意见,最后报上级教育部门批准。其次,在辞退过程中,必须给当事人充分的申诉机会,必要时可在一定范围内召开听证会,让当事人和学校陈述各自理由,然后由有关方面作出裁决。

八、劳保福利

劳保福利,系指为维护职工身心健康,安定其生活,在工资以外所采取的其他福利措施。在很多情况下,教师所发生的有关健康与生活问题,并非工资制度所能单独解决,这时就需要在工资以外,再采取若干补救措施,这就是劳保福利。特别是当人遇到挫折、疾病或重大不幸时,劳保福利的作用便会表现得非常明显。按规定落实教育人员的劳保福利,也是教育人事行政的内容之一。在我国,国家为稳定教师队伍,提高其社会地位,规定了若干福利措施。学校行政人员有责任将这些措施予以落实。以下是教师所能享受的主要福利待遇。

（1）公费医疗。在我国，各级各类正式教职员工实行公费医疗制度，教职工因病门诊、住院所需诊疗费、药费、手术费、住院费等，主要由国家承担。

（2）病假。教职员工经医疗机构证明，可以请病假。病假在两个月内，工资照发。病假超过两个月的，从第三个月起，如工龄十年以上，工资照发，工龄不满十年的，发90％。病假超过六个月的，从第七个月起，根据工龄是否满十年，发放70％、80％的工资。省级以上劳动模范，病假期间工资还可适当提高。

（3）产假。女教师产前产后共给假98天，难产或双生假期延长到113天；流产假期一般为15天，根据医师意见，也可休到30天。产假期间，工资照发。

（4）探亲假。国家规定，工龄已满一年的正式教职工，如父母、配偶不在一起，可利用休假期间探亲。未婚教职工每年一次，每次20天。教职工探望配偶，每年一次，每次20天。休假期间工资照发。已婚教职工探望父母的，每四年给假一次，往返车船费超过本人工资30％部分可按规定予以报销。

（5）寒暑假。教师寒暑假度假期间，工资照发。

（6）抚恤金制度。国家规定，正式教职工因公牺牲、病故，其家属可领取一次抚恤金。因公牺牲的抚恤金标准高于病故的抚恤金标准，离退休教职工因公牺牲或病故的抚恤金，也按同样标准执行。

此外，在少数民族地区和边远地区从事教育、教学工作的，国家给予适当补贴。

地方政府对教师住房的建设、租赁、出售，实行优先、优惠的政策。

九、退休

关于教职工离休、退休时享有的待遇，我国现有的行政法规作出了具体的规定。

（1）离休。中华人民共和国成立以前参加工作并符合离休条件的，离休费为本人原工资的 100%；对 1945 年 9 月 3 日以前参加革命工作的，每年另增发本人原工资 1—2 个月的生活补贴。

（2）退休。一般教职工，男性年满 60 岁，女性年满 55 岁，或男性年满 50 岁，女性年满 45 岁，工作年限均满十年并经医院证明完全丧失工作能力的，均可退休。退休后的工资待遇根据参加工作的时间和工龄分别发给基本工资的 60%—95% 不等。因公致残并完全丧失工作能力者，按退休对待，发放基本工资的 80%—90%。

（3）延退。具有高级职称的专家，如身体能坚持正常工作的，离、退休年龄可适当延长，但须经有关部门批准。

（4）其他。中小学教师离、退休时享有教龄津贴的，可与本人的基础工资、职务工资及工龄津贴合并作为离、退休待遇的基数；中小学特级教师退休、病休时有补贴费的，其补贴费可作为计算退休费和病假待遇的基数，离休时有补贴费的，补贴费照发。

第四节　教师的培训

人员培训无疑属人事工作的范围，不过它与一般的人事行政业务至少有三点不同：第一，一般的人事行政业务，主要解决与从业人员密切相关的工作条件问题，如录用标准、待遇、就业权利义务等，而人员培训主要解决从业人员自身的专业素养问题。第二，一般的人事行政业务，直接隶属于组织的管辖、控制之下，而人员培训，无论是职前还是职后，主要依靠专门的教育机构进行，组织本身无法直接控制。第三，一般人事行政活动必须依法办事，政策性很强，而人员培训主要涉及的是训练内容、技巧及方法问题，政策性不很强。正因为有这三点不同，所以有必要把人员培训从一般人事行政中抽出来进行单独分析。

一、教师的职前训练

教师的职前训练过去往往称为师范教育，它的历史并不长。大约到了19世纪，随着公共教育体系的建立以及教学内容、手段的标准化、正规化，有计划地培养教师的制度才开始建立起来。最初的师范教育采用的是双轨制体系，即中等学校教师由高等师范院校培养，初等学校教师由师范学校培养。前者强调专业性和学术性，后者强调多面性和掌握教材、教法。20世纪40年代之后，为了纠正师范教育系统培养的教师知识面过于狭窄，适应能力较差的现象，同时也为了提高中小学教师的学术水平，欧美不少国家取消了独立的师范教育系统，改由综合大学培养教师。这样，本来是定向型的师范教育，被开放的和非定向型师范教育所取代。与此同时，在另一些国家，原来的双轨制模式依然存在（见表9-1）。

表 9-1　一些国家培养初等教员机构的演变①

	1800		1900		1945	
日本			1886《师范学校令》	→	1948 开放制和在大学中培养	
美国	讲习所	1839 普遍设置州立师范学校—学院（两年制）	→	文理学院（大学）四年制师范学院	→	
英国		1840 师范学校	→	教师训练学院	→	1947 地区师资培训组织→教育学院
联邦德国	教员培训所		→	1919 高等师范学校	→	大学化
法国		1833《基佐法》规定设立师范学校				1946 学分互换开始公立中学后两年 1979
苏联	教师训练所		师范学校	1918 师范大学 三年制师范学校	→	（四年制）

师范教育的内容，历来由几个部分所组成：普通教育课程、教育专业课程、学科教学法、教育实习、教师职业道德教育。这些课程相互之间的关系和比例，历来是师范教育讨论的问题，师范教育改革大都与此有关。目前师范教育领域的改革趋势表现为：普通教育的课程在加强，学校更重视通才教育，不主张过早进入教育专业课程的学习；教育专业和学科教学法方面的学习，更强调针对性和实用性；教育实习的时间在延长，很多学校用半年甚至一年的时间进行教育实习；大量开设选修课，特别重视跨学科课程的设置，以开拓未来教师的知识视野。

二、教师在职培训制度的兴起

教师在职培训的历史比职前培训更短，这一制度的普遍建立是

---

① 转引自［日］筑波大学教育学研究会编，钟启泉译：《现代教育学基础》，上海教育出版社 1986 年版，第 453 页。

在第二次世界大战之后。在此之前，各国政府关心的是师资不足的问题，故在职培训基本处于自发和零星进行的状态。教师在职培训制度的兴起，主要有三个原因：一是终身教育思潮的流行。20世纪60年代中期，法国著名学者保罗·朗格郎（Paul Lengand）首先提出终身教育思想，随后联合国教科文组织发表《终身教育宣言》《学会生存——教育世界的今天和明天》等报告，这些文献为教师在职培训提供了理论和思想的基础。二是教师专业化程度的提高。这表现在国际上对教师的学历要求普遍提高，并承认教师工作是一种专门职业等方面。三是教育改革的需要。战后各国的教育改革一个接一个从未停止，然而大多数的改革并未取得预期效果。对此，社会各界认真反思，认识到改革成功的最大障碍来自于教师的素质，如果教师素质不提高，任何教育改革都难以奏效，而提高教师素质最好的方式是加强教师的在职培训。总之，理论的背景和实际的需要，为教师在职培训制度的普遍建立奠定了基础。另外，随着教师在职培训的兴起，人们对师范教育的认识也发生了根本的改变，认为师范教育的概念不应仅限于职前培训，而应涵盖教师职业生涯的全部学习过程。

三、教师在职培训的一般模式及其局限性

教师在职培训的途径和方法是多种多样的。从培训机构看，多种教育机构参与了教师的在职培训，如教师进修学校、师范院校、师资培训中心、电视大学、教育专业团体等。从培训形式看，有脱产的、业余的和假期的，有长期的、短期的，有面授的、函授的，有白天的、晚间的等。培训的目标，一般分成两类：一类是以取得学历、学位或升等升级资格为主要目标；另一类是以提高教师的教学能力和素质，改进教育实践为主要目标。这样的一套培训制度，

好处自不待说，但确实也存在一定的局限性。有的学者列举了它的五点不足：（1）内容零散。各培训机构之间缺乏协调，提供的课程很容易出现重复或不足的现象。（2）供和求不配合。教师在职培训一般都由培训机构决定培训需要，其结果往往是一厢情愿，供求不合。（3）学校缺少参与。由于课程并非单纯为某校开设，故每校只能派出少数教师参加，对参加者固然会有所裨益，但真正能把所学的用到实践中去的不多。（4）学员来源范围狭窄。教师在职培训一般属自愿性质，参加者大都对教学怀有热诚，因此在培训课程中经常可见到许多熟面孔，但事实上，真正需要接受培训的，并不是这些有心人，而是那些没有报名参加培训的教师。（5）课程缺乏对个别学校的针对性。培训机构开设的课程大都属于理论层面的东西，触及不到个别学校的实际需求，故参加者有隔靴搔痒之感。①

四、教师在职培训的改进

针对上述教师在职培训之不足，一些师资培训专家设计了另一种培训方式——校本教师培训（School-based In-service Education for Teachers）②，其特征是：

——培训以校内的教师为教育对象；

——培训以校内的教师需要为主要考虑因素；

——教师参与培训活动计划的制订、推行和评估。

实施校本教师培训的好处在于：首先，它可以带来整体性的改变。要改变学校的整体面貌，必须依赖组织内大多数人对新观念、

---

① ② 参见程介明等著：《教育行政》，香港公开进修学院出版社1997年版，第195—197页。

新意识的了解和支持,所以培训的对象应是同一所学校的大多数教师。校本教师培训便提供了这一机会。其次,它可以有的放矢地去识别、选择教师的培训需要,尽量满足教师的学习意愿。最后,它可以改变教师在培训时的被动地位,使教师通过参与培训计划的制订等而获得一种主人翁的心态。然而,专家们也指出,校本教师培训也有一定难度。这表现在:这种培训方式需要较多课余时间,并非人人都乐意参与,培训的组织领导工作不易进行,资源和支持不足等。

五、提高教师在职培训的效果

如何提高教师在职培训的效果,这里综合有关的研究资料,提出一些具体的意见和建议。

(一)明确培训目的

一些培训之所以没有收到预期效果,是跟培训目的不明有关的。无论培训的组织者或是被培训人员,培训前都应该问问自己:"为什么要培训?""培训对本人、对学校有什么好处?""培训是为获得更高学历还是为提高教学能力?"弄清了这些问题,才可能有的放矢地制订下一步的培训计划。

(二)了解教师需要

为使培训有针对性,同时又能引起教师兴趣,组织者必须了解教师的需要。这可以通过设计一些问卷来达到目的,如提出一些项目,像课堂管理、学电脑、教拼音、激发学生的学习动机、帮助差生、和家长沟通等,然后让教师按兴趣程度高低来填表,从中了解教师对培训的期望和需要所在。

(三)设计适当的培训课程

所谓"适当"的培训课程,是指课程必须满足几个条件:课程能真实反映教师的需要，教师把课程看成是"自己"的而不是"校长"的，教师感到自己对课程设计有一定发言权，课程必须有弹性。

（四）多变的学习策略

在教师培训中，受培训人员往往是通过对自己实践经验的反思来认识新材料、新知识的，所以其角色不应该是被动或仅仅接受的，而且教师的自尊和自信也使他们难以接受单纯的来自培训组织者的训导。所以，培训人员应当营造良好的学习氛围，采用多变的学习策略，如讲授、运用视听器材、分组讨论、角色扮演、个案分析、示范和考察等，从而使教师真正融入培训过程之中。

（五）完善培训后的考核制度

教师参加培训后，要有必要的考核制度，以了解和检查培训的质量以及学习者的认真程度。

（六）评估培训方案

培训活动结束之后，要从教师那里得到一些反馈意见，以便对整个培训方案作出评估，为今后的培训提供改进依据。下页的一份由教师填写的评估表，可供参考。[①]

（七）把教师培训与提高学历、增加工资结合起来

很多国家的经验表明，这样做能激发教师培训的积极性。

（八）制定相应的教育法律条款

通过立法保证教师在职培训的合法化，从而使教师培训活动能长期坚持下去。

[①] 转引自程介明等著：《教育行政》，香港公开进修学院出版社1997年版，第206页。

请回答以下问题：

1. 你认为这课程能否达成目标？

　　　　　　　　　能　　　　　　　否
　　　　　　　　　1　2　3　4　5

2. 达到你的要求了吗？　　1. _____
3. 讲者的水平符合你的期望吗？　　2. _____
　　　　　　　　　　　　3. _____
4. 讲者的讲演能引起你的兴趣吗？　　4. _____
　　　　　　　　　　　　5. _____
5. 能够提供有用的资讯吗？
6. 这五次演讲中哪一次你认为不应在两年内重复？
7. 你认为最有用的是：_____
8. 有没有什么内容令人产生豁然开朗的感觉？
9. 你学习了什么新的技能？
10. 将来举办类似的活动时，有什么可以改善的地方？
11. 你最感兴趣的主题是：_____
12. 其他意见（请在背面书写）

　　　　　　　　—多谢—

　　姓名（可不填写）：_____

第十章
教学行政

一些教育行政学著作不提教学行政，或是把教学行政仅仅看作学校管理学研究的范围。实际上，教学行政是整个教育行政工作非常重要的一环，这项活动单靠学校是无法完成的，它的很多方面有赖于学校、教育行政机构的共同努力。本章将从教学内容行政、教学组织行政、教学质量的控制及管理这三方面入手，对教学行政作一系统论述。

第一节　教学内容行政

一、教学内容的含义

教学内容通常指："学校给学生传授的知识和技能，灌输的思想和观点，培养的习惯和行为等的总和，也叫课程。"① 显然，教学内容不是固定不变的，它是一个不断发展、改进和完善的过程。任何形式的学校教学内容，在其发展过程中，都要受到某些因素的制约，这些因素包括：社会政治经济及科学文化发展的水平，国家的教育目的和目标，学生的身心发展特点，人的一般认识规律，某些地区的特殊发展需要等。教学内容最一般的表现形式为三个方面，即教学计划、教学大纲和教科书。在国外，通常将这三方面总称为课程编制。

（一）教学计划

它是根据教育目的和不同类型学校的教育任务制定的有关教学工作的指导文件，是对学校教学工作作出的全面安排。它具体规定了学校应设置的学科、各门学科开设的先后顺序、课时的分配、学年的编制等。

（二）教学大纲

系根据教学计划，以纲要形式编定的有关学科教学内容的指导性文件，具体规定学科知识的范围、深度及结构，教学的进度、教学法的基本要求。教学大纲一般按学科分别编定。教学计划中的每门学科都应有相应的教学大纲。

---

①《中国大百科全书·教育卷》，中国大百科全书出版社1985年版，第155页。

(三) 教科书

系根据教学大纲或课程标准编写的系统表述学科内容的教学用书，通常称为课本。教科书是教学内容的核心部分，它是教学大纲的具体化，是师生教和学的主要材料，也是考核教学成绩的主要标准。

无论是称为教学内容也好，或称为课程也好，在教育科学领域要研究的，除了其编写的指导思想、编制技术等问题外——这些是教育哲学、教学论、认知心理学等研究的范围，还有一些问题则是教育行政学研究的范围。如对下列问题的回答：谁掌握课程的编制权？教学计划有没有法律的约束力？谁有权力审定教科书？国家行政对课程编制该不该干预？干预到什么程度？很明显，这些问题涉及的并非教学内容本身，而是对其如何管理的问题。不仅如此，这类问题的解决也绝非学校自身能够控制，它更多地与国家的教育行政体制有关。

二、教学内容的管理体制

教学内容的管理体制通常也称课程体制，即课程编制和课程实施的制度。一般情况下，参与教学内容管理的机构和人员有：中央教育行政机构、地方教育行政机构、学校校长、教师、某些公共团体等。从各国教学内容管理体制的实践来看，这一制度明显受国家教育行政体制的制约。目前国际上较流行的管理形式有以下几种。

(一) 集中管理的体制

在教育行政实行中央集中管理的国家，义务教育阶段的教学内容，包括教学计划、教学大纲、教科书等，主要由中央教育部统一编制或审定，地方和学校必须遵照执行。在这样的国家，国家行政对教学内容的决定权达到最大程度。处在这样的教育环境中，显然，无论置身于什么学校，其教学的标准、学科课时的分配、教科书的内容，都会表现出惊人的相似。在世界上，法国常常被视为这类体制的代表，不少发展中国家也属于这一类型。

（二）分散管理的体制

传统上属于地方分权制的国家，其课程体制也往往是分散和不统一的。也就是说，地方教育行政部门甚至学校就能决定自己的教学范围、内容和实施步骤。美国、加拿大、英国等属于这一类型。

（三）标准统一、管理分散的体制

这一体制实际上是分散管理体制的补充和延伸。很少有完全分散、独立、各自为政的课程制度。在很多国家，往往由某一层机构先确定课程的最低标准，然后由地方机构或学校根据标准决定本地、本校的课程设置。这里又分成两种情况：一种是中央机构确定最低标准，地方可根据具体情况在此范围内决定地方的课程设置及其实施。日本或许属于这类情况。① 另一种是某一地方管理层次，一般是省或州一级的教育行政机构制定最低标准，地方学区或学校再根据这一标准决定自己的课程。美国、德国、澳大利亚等即是这种情况。

我国的课程体制，从我国目前的教育法律来看，无疑属于上面的第一种形式。如《中华人民共和国义务教育法》规定："国务院教育行政部门……确定教学制度、教育教学内容和课程设置，改革考试制度……"另外在《中华人民共和国教育法》中，也有"执行国家教育教学标准"的提法。不过，在集中管理的同时，我国的课程政策也表现出一定弹性，允许少数地区有某些例外。如上海、浙江等地分别编制了面向较发达地区和农村的学校课程方案，由此形

---

① 参见［日］久下荣志郎著，李兆田等译：《现代教育行政学》，教育科学出版社1981年版，第109—115页；［日］筑波大学教育学研究会编，钟启泉译：《现代教育学基础》，上海教育出版社1986年版，第247—248页。

成中央课程方案和地方课程方案并行的局面。

三、课程体制的改革

如同教育行政体制要随社会的发展适当进行改革一样，课程体制也应随教育的发展进行必要的改革。一些国家的教育实践证明，高度集中管理的课程体制，对教育的发展并非十分有利。虽然它对统一全国的课程及其标准起到了一定作用，却不利于调动地方及学校参与课程开发、课程设计的积极性。尤其是学校，作为实施教学的最基层单位，应该在课程开发上有一定的自主权，这样才能确保各种创造性的学习过程得以实现。国外不少学者都充分意识到课程体制改革的必要性，他们指出："今日的官僚体制一直渗透到学校教育的基层组织，压抑了基层学校的教育的自主性，事实上强制实行了教育课程的中央集权的划一化。这样，不能不削弱了整个学校教育的职能——培育创造性的、具有个性的文化基础。为了打破这一局面，需要研究教学大纲和教科书审定制度的应有状态……保证学校成为创造性地发挥教育理智的场所，并且成为促进教育理智的力量。"①

如何改革课程体制，促进课程的开发？从国际经验来看，最根本的一条就是将发展课程的权力适当放开，吸引地方当局、学校以及广大教师积极参与课程设计，并且把课程开发看成是"一个动态的、循环的过程"，在这一过程中不断提高课程的效能。② 日本一学者就指出："所谓课程的开发，是指在动态中把握教育课程，使

---

① ［日］筑波大学教育学研究会编，钟启泉译：《现代教育学基础》，上海教育出版社1986年版，第247页。
② 参见郑燕祥著：《教育的功能与效能》，广角镜出版社有限公司1995年版，第435页。

其不断地向更优秀的教学内容方面变革，这可以说是最现代的教育课程管理论之一。"① 美国的尼格雷（R. L. Neagley）和埃文斯（N. D. Evans）则对促进课程发展提出十条建设性的意见，值得我们参考：

（1）学校行政者的动态领导非常重要；

（2）所有专业的教职员应在一定程度上参与课程发展；

（3）应通过一些外界的顾问委员会或类似的团体，了解社会的价值、态度及普遍的意见；

（4）所有有效能的课程工作将产生于实际的教学情景及问题，并将继续与课堂经验相关；

（5）课程发展必须是连续的，工作是永不停止的；

（6）新的方案须经教育研究和实证，并要符合社会的需要，方可考虑采用；

（7）一定要有足够的时间和金钱；

（8）一定要有详细计划、合理组织、肯定实行的课程发展方案；

（9）区域性的课程协调非常重要；

（10）评估一定要是连续及广泛的。②

从我国实际情况看，我国幅员辽阔，人口众多，各地经济文化发展很不平衡。在这样一种国情之下，单一的课程制度肯定难以适应各地教育发展的需要。

最适合我国国情的或许是集中管理与分散经营相结合的课程制度。这一制度的架构可以是这样：国家教育行政制定并颁布教学内

---

① ［日］久下荣志郎著，李兆田等译：《现代教育行政学》，教育科学出版社1981年版，第109页。

② 转引自郑燕祥著：《教育的功能与效能》，广角镜出版社有限公司1995年版，第435页。

容的最基本标准,提出带有指导性质的国家教学计划和教学大纲;与此同时,给各地必要的伸缩余地,允许各地在基本实行国家教学计划的同时,根据当地情况,进行课程编制和开发工作;学校也可根据自己的实际,在一定范围内对学科和学时进行调整。当然,在教育理念上和具体实践中,要坚决反对以升学率为核心来左右课程的编制,更不能为提高成绩名次而随意砍去音乐、美术、体育等课程。无论是教学计划、教学大纲和教科书,都不能全国一套。要开发地方的教科书,并尝试教科书审定制度,即在不违背国家的教育方针、政策的前提之下,允许各专业机构、团体甚至个人自由编写包括义务教育阶段在内的教科书,然后由教育行政部门组织专人审定,用竞争编制的方式,挑出最适合本地本学校的教科书。国家组织的统一考试,主要以国家基本教育标准为依据,而不是以某一本教科书、某一份教学大纲为依据。采用这样一种课程管理体制既能保证公共教育的质量和标准,又可极大激发地方尤其是学校对课程开发的积极性,促进课程的发展。从长远来看,这样做对教育的发展肯定也是有利的。总而言之,我们的课程开发政策应予以必要的调整,使其更灵活,更有弹性,更能符合我国的国情需要。

第二节　教学组织行政

教学组织行政是教学行政的核心环节之一,其基本工作有三个领域:建立合理的教学管理组织系统,设计有效的教学手段,提供适当的教务行政。教学组织行政的最终目标是通过这三个领域的工作,为实施有效的教学和高质量的学习创造条件。

一、教学管理组织系统的构建

一般把教学管理组织系统的构建视为学校行政的事情。目前国际上较通行的中小学教学管理组织系统有两类：一类是在校内设置若干层次的教学行政管理机构，依靠这些机构来行使教学管理的职能，保证教学工作的正常运行；另一类是主要依靠教师本人管理教学，同时学校设置某种咨询、审议和监督机构，广泛吸收校外人士参与教学管理，以改进学校的教学质量。

很多国家都在中小学设立了若干层次的垂直型的教学管理组织系统，如果把教师也算在内的话，最常见的是四级管理机构。如英国的学校是：副校长（分管教学）→学系主任/教研室主任→学科组长/专业教研组组长→学科专业教师。[①] 我国的学校是：副校长（分管教学）→教导处→教研组/年级组→教师。也有三级层次的，即校行政下不设教导处，直接设学科组，然后再到专业教师。在一所学校内设立若干层次的教学管理组织系统，其长处是职责分明，管理有序，理论上符合传统的职能化组织管理原理，有利于教学常规的落实。然而从另一角度来看，这种类型的教学管理系统也有可能带来某些不利。它常常导致以行政权力行为来控制教学行为，忽视了教学是一种富有艺术创造性的活动。教师只有在一种较为宽松和自由的教学环境中，才能勇于创新，并形成各种各样的教学风格。一个仰赖于过于严格的教学常规管理的学校，往往也是教育风格雷同化的学校，而风格的雷同化又会导致学生个性发展的单一性。

---

① 参见张斌贤主编：《现代国家教育管理体制》，上海教育出版社1996年版，第51页。

另一种教学管理组织系统采用的是一种咨询、监督型的管理方式，即不刻意追求严密的教学管理层次，把教学过程的权力交给教师，让教师自己对其教学负责。美、德、加等国不少州（省）的学校就属于这样的类型。采用这种管理方式的学校，一般都不设教导处或类似的机构，教学的常规要求也不太复杂，教师处在一个相当宽松的教学环境，教学方式也较为灵活。为了保证教学的质量，学校设有一定的教学咨询、审议和监控机构，家长、社区知名人士常常被聘请来参与学校的教学管理工作，包括教材的选择、教学方案的设计、教学方法的运用等。这样一种教学管理方式，其特点是管理灵活，利于教学创新。但不利的一面是教学的质量有时得不到保证，特别是对那些教学能力相对较弱的教师来说，常常感到缺少强有力的帮助；而对那些责任心不强的教师，则容易形成教学上的敷衍态度。

二、教学手段的设计

教学手段是一个非常含糊的概念，从广义上理解，它可以包括教学方法、教学环境、教学设施等内容。良好而有效的教学手段，必然有助于加强教学过程的效果。就教学行政而言，教学手段的组织、提供和创新，无疑也是其工作范围的一部分。

（一）教学方法的选择和运用

教学方法的选择和运用虽然在相当程度上取决于教师本人对教学的理解，但政府的政策、学校的制度、校长的态度以及教学目标的设置等教学管理方面的因素也有着强有力的导向作用。半个多世纪以来，教育领域的专家们已经总结出了众多的被誉为是"现代式"的教学方法，如掌握学习法、发现学习法、情景教学法、范例法、暗示法、诊断法等。尽管这些方法有着种种优点，但真正在中小学大面积推广，仍是非常困难的事。这之中除了教师本人的原因外，还有教师以外的一些原因。举例来说，学校行政对教学方法的控制或引导方式就会对后者的推广带来直接影响。很多国家的校长通过听课、评课或委派有经验的教师实施"传帮带"的方式，在相当程度上控制着教师的教学方法。当然也有相反的情形。在有些国家，行政对教学方法的选择影响甚微，课堂被视为是教师的领地，教师作为受过训练的专业人员，享有较多的教学自主权。除学校外，教育行政部门也可通过某些方式，如组织统一的成绩测试，限制教学方法的更新。由于害怕成绩下降，教师们不得不常常放弃尝试新方法的念头。所以，如何从管理角度有效地引导教学方法的选择，既非撒手不管，又不是过多限制，应该成为教学行政认真研究的一个课题。

（二）教学环境的设计

教学总是在一定的环境中进行的，不同的教学环境会对教学活动产生不同的影响。教学环境又有大、中、小之分。所谓大环境就是教学的社会环境；中环境就是教学的组织环境，即学校环境；小环境就是教学的课堂环境。

麦肯纳（B. H. Mckenna）曾以较开阔的视野研究了教学环境问题。他认为影响教学大环境的因素主要有 12 种：（1）社区特性（人口、经济、社会）；（2）学生特性；（3）经济资源；（4）教职员特性；（5）教职员数量（教学负担、专家支持、文书支持）；（6）教学时间；（7）教职员的发展；（8）教育条例、规则；（9）决策权力；（10）适合的课程；（11）充足的材料媒介；（12）适当设施。[①] 这些因素中，显然有些是教育行政无法控制的，但也有些是

---

① B. H. Mckenna, A Context for Teacher Evaluation, *National Elementary Principal*, 1973, 52 (5), p. 23.

教育行政能考虑和调节的，如教育条例、规则，教职员数量配备，教育决策权力等。

教学的组织环境亦即学校环境，根据史密斯（R. M. Smith）等人的分析，可从以下三点来考虑：（1）学校的下列条件是否适当：空气，噪声控制，交通安全，亲切感，户外游乐场，安全（犯罪防范），吸引力，各项安全标准。（2）学校各处有害于师生安全的设施是否已妥善控制或已将危险除去。（3）校园内的建筑物是否能切合有关活动的需要。一些相关的活动所使用的建筑物是否相近，无关联的活动场所是否分开。① 很显然，教学的组织环境有利与否，与学校行政的工作密切相关。

教学的课堂环境是教学的最直接环境。这方面包括的因素更多。以下是史密斯所列举的众多影响因素中的一部分：

（1）教室内的照明设备是否适当；

（2）光线是否柔和；

（3）空气是否流通和新鲜；

（4）温度和湿度是否适宜；

（5）外界噪声是否得到有效控制；

（6）色彩是否柔和且令人愉快；

（7）各种需用的设备和器材是否备齐；

（8）活动的空间和时间是否安排妥当；

（9）是否有适合不同大小的团体活动的地方；

（10）学生出入座位时是否干扰别人；

（11）教室环境是否清洁；

（12）桌椅是否能弹性组合；

---

① 转引自郑燕祥著：《教育的功能与效能》，广角镜出版社有限公司1995年版，第415—416页。

(13) 教师能否使各组学生的视线集中；

(14) 教师能否毫无障碍地看到教室的全景；

(15) 是否有足够的活动器材；

(16) 妨碍活动的设施是否已除去；

(17) 教师的单元计划里有没有考虑到环境及其使用情况；

(18) 为达成目标，单元计划里有无包含特殊环境的使用；

(19) 为改善环境，教师有无定期地改变环境；

(20) 教师有没有系统地观察和评估环境的效能，以及教室内的社会行为和学习。[①]

在上述因素中，有不少是与课堂教学有关的物理因素，还有一些则涉及课堂教学的生理和心理因素。教学行政的作用，就是要最大限度地为教学的成功提供有效的环境，而把那些不利于教学的因素降低到最低限度。

(三) 教学设施的提供

教学设施可以泛指一切直接或间接协助教学的工具、物料、媒介、器材、设备等东西。随着现代社会科学技术的飞速发展，教学设施也有了长足的进步。先进的、丰富多样的教学设施、器材和设备，为现代教学提供了强有力的技术基础（见图10-1），从而使今天的教学更为形象、生动，更便于自学和因材施教。各级教育行政部门和学校在其教学管理工作中，都应充分意识到现代教学设施对教学过程的巨大意义，舍得投资，为教学设施的进一步完善创造条件。

---

① 转引自郑燕祥著：《教育的功能与效能》，广角镜出版社有限公司1995年版，第415—416页。

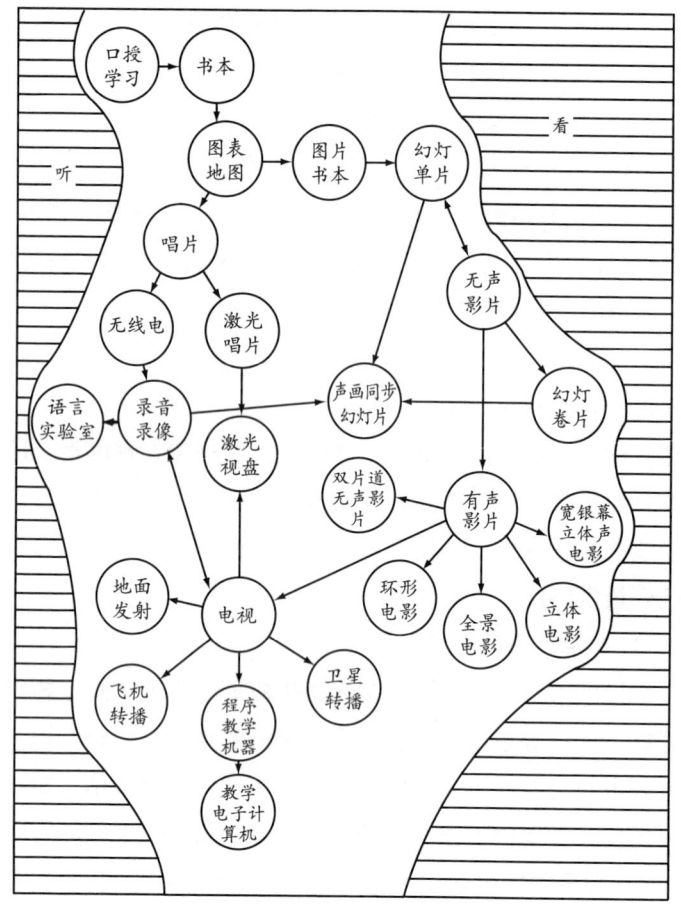

图 10-1　现代教学设施及器材的发展①

三、教务行政

人们常常把教务行政看作学校教务处的事情，其实不然。很多教务行政方面的工作，学校在做，教育行政机构也在做。如招生，

---

① 萧树滋著：《电化教育》，河北人民出版社 1983 年版，第 10 页。

首先有关部门要制定招生政策，然后才有学校的具体实施。而招生政策的确定，又与计划和统计部门等有关。所以，那种仅仅在学校范围内讨论教务行政的做法，实在是一种目光短浅的表现。

（一）招生

招生是教务行政最基本的工作之一。它的政策性强，影响面广，还常常容易成为大众媒介关注的焦点。在招生工作中，最重要的环节不是具体的招生事项，而是招生政策的制定，因为招生政策的制定受到多方利益的牵制和多种因素的制约，同时也受到有关教育法律或其他领域的政策的影响。在我国，小学招生的政策是与户籍制度密切联系在一起的，这使得流动人口子女入学就读的问题难以从根本上得到解决。初中入学政策又是与《中华人民共和国义务教育法》规定的"就近入学"原则密切相关的。高中及大学由于不属义务教育阶段，其招生所涉及的利益更为广泛和复杂。制定招生政策时，还往往涉及一个棘手的矛盾，即崇高教育理念与实际可能之间的距离。如小学升中学"就近入学"以体现教育机会均等，这是一个非常良好的愿望，但现实中我国中学与中学之间的条件差距太大，致使这一崇高的教育理念在实际操作中往往走了样，结果在实行这一制度时真正受惠的是蜂拥而起的民办学校。

一旦招生政策确定后，具体的招生工作自然要由学校教务部门承担。通常的招生程序包括以下几个阶段：（1）调查摸底，即对有关的毕业生人口和招生数进行调查了解，做到心中有数，早有准备；（2）组织考务，包括安排考场，组织评卷等；（3）录取新生；（4）组织入学，完成新生入学注册工作。

（二）班级编制

班级编制主要涉及两方面的问题：一是依什么标准和形式分班，二是班级规模的确定。分班可以依照不同的标准和形式，如依照年龄、学生居住区域、学生能力等。这方面争论最多的是按能力分班还是按常态分班的问题。能力分班和常态分班各有利弊。能力分班施教较为容易，管理也方便，对教材选择和教学进度的把握较有利，但对差生的信心打击较大，也不符合机会均等的教育理想；而常态分班教育机会和资源的分配较为公正、合理，但施教较困难，教学标准也会有所降低。因此，这一问题靠行政规定的方式解决是不妥当的。从现在的趋势看，各国中小学较多采用常态分班的形式。

班级规模的确定，是近年来研究较多的一个问题。有的国家统一规定了班级规模的标准，有的则不作规定，由学校校长自行决定。我国到现在为止，基本采用的是国家教委 20 世纪 80 年代中期规定的标准（见表 10-1）。

表 10-1 中等师范学校和全日制中小学教职工编制标准参考表①

（单位：人）

学校类别	城镇				农村			
	每班平均学生数	每班平均教职工数			每班平均学生数	每班平均教职工数		
		合计	教师	职工		合计	教师	职工
中等师范学校	40	6.0—6.5	3.5—4.0	2.5				
高中	45—50	4.0	2.8	1.2	45—50	4.0	2.8	1.2
初中	45—50	3.7	2.5	1.2	40—45	3.5	2.5	1.0
小学	40—45	2.2	1.7	0.5	30—35	1.4	1.3	0.1

班级的规模有大有小，有的国家 20—30 人，有的国家 40—50 人，甚至还有 60 人以上的。很多研究表明，班级规模对教学过程会产生直接的影响。沃尔伯格（H.J.Walberg）的一项研究表明，

---

① 国家教委办公厅编：《基础教育法规文件选编》，北京师范大学出版社 1988 年版，第 389 页。

班级规模越大，越会产生以下效应：(1) 秩序越难维持，教师倾向采用强制手段，缺乏亲切感；(2) 学生互相沟通机会越少，班内出现离散现象。① 我国港台地区也有学者认为，班级规模大时，对教学的影响是：(1) 偏向正规的授课活动，抑制学生的沟通和参与；(2) 学生较紧张不安；(3) 学生可能缺乏内部和谐；(4) 不能适应个别差异之需；(5) 学生缺乏归属感，态度消极。② 显然，要提高教学效果，培育有个性和有创造性的学生，最好缩小班级规模，以30人左右为宜。当然，班级也不是越小越好，规模太小，会导致教育成本增加，令教育资源本来就紧张的国家和地区难以承受。

（三）编排课表

编排课表总的要求是：第一，有利于提高学习效率，各门课程适当错开；第二，便于教师开展教研活动；第三，有利于教学设施、场地的充分利用；第四，便于学校其他活动的展开；第五，课表确定后应保持相对稳定。

（四）学籍管理、资料管理

这主要指学籍卡片、学生健康卡片、入学登记表、毕业登记表、教师教学档案、学校设备资料、各类文件和报表等的整理、统计、归档和存放等事项，学校和教育行政部门都参与了此项工作。

（五）图书资料及教学仪器管理

图书资料和教学仪器都属于教学设备，有关这方面的采购、保管、使用等事项，也应受到学校和教育行政部门的重视。

---

① H. J. Walberg, Class Size and the Social Environment of Leaning, *Human Relations*, Vol. 22, No. 5, Oct. 1969.

② 参见郑燕祥著：《教育的功能与效能》，广角镜出版社有限公司1995年版，第417—418页。

第三节 教学视导

提高学校教学的质量，是一切教育行政管理者梦寐以求的愿望，但使他们感到为难的是，毕竟他们不是课堂教学的第一线组织者，无法直接控制教学的过程。因此，他们不得不依靠某些特定的管理方式，例如教学视导和后面要讲的教学评价，来实现对教学过程的间接控制和管理。

一、教学视导的含义

国内的教育行政研究，大多谈及的是教育视导问题，而对教学视导议论不多。从概念上讲，教育视导和教学视导两者既有相同之处，又有区别。相同之处在于，无论教育视导还是教学视导，都是有关的视导机构或学校行政人员依据国家的教育方针、政策和法律法规，按照视导的原则和要求，对教育工作进行的视察、监督、辅导等活动。区别在于，教育视导的对象、范围要比教学视导大得多，它可以指对政府、教育行政部门和学校的教育工作进行的视察和辅导；而教学视导只是对与学校教学有关的事项进行视察和辅导。用通俗的话说，教育视导既要视"教和学"，也要视"政"，而教学视导只视"教和学"，不视"政"。可见，教学视导只是教育视导的一个部分，当然是非常重要的部分。

教学视导依其工作范围可分广义和狭义两种。广义的教学视导，是指一切与改进教学有关的视察、辅导工作，如指导课程编制、观察教学过程、安排业务进修、评价教学成效等。哈里斯（B. M. Harris）曾列举了广义的教学视导任务，共计十项：发展课程，安排教学，提供教职人员，提供设备，提供教材，安排在职教育，引进新教师，提供有关特殊学生之服务，发展公共关系以及评价教学。① 狭义的教学视导，主要是指对教师的课堂教学过程进行的观察和指导活动，其目的是为了提高教师的教学能力和技巧，改进教学的效果，促进教师的专业发展。以下关于教学视导模式的分析，主要是从狭义角度出发的，不过无论是广义还是狭义的教学视导，都是行政控制教学的重要手段，对提高教学质量都起着举足轻重的作用。

二、教学视导的模式

自 20 世纪 50 年代起，研究教学视导的专家们提出了各种教学视导模式，其中较有影响的模式有四种②：临床视导、合作性专业发展、个人化专业发展、非正式视导。下面简单加以叙述。

（一）临床视导

美国哈佛大学戈德哈默（R. Goldhammer）、科根（M. L. Cogan）等人于 20 世纪 60 年代末 70 年代初提出一种被称为"临床视导"（clinical supervision）的教学视导模式。他们提出这一概念，是为了有效视导哈佛大学教学硕士研究生班的教育实习工作。后来这一模式被推广开来，先是用于师资培训课程中，后又发展到全美中小学的教学视导和教学评价领域。

所谓临床视导，根据模式倡导者们的解释，是"一种通过对教师实际教学的直接观察来获取资料的过程"，或"一种设计来改进教师在教室中的表现的原理与实务"。③ 在临床视导过程中，视导

---

① 转引自张德锐著：《教育行政研究》，五南图书出版有限公司 1995 年版，第 353 页。
② 参见张德锐著：《教育行政研究》，第 354—366 页。
③ M. L. Cogan, *Clinical Supervision*, Boston: Houghton Mifflin, 1973, p. 54; R. Goldhammer, *Clinical Supervision*, New York: Holt, Rinehart and Winston, 1969, p. 19.

人员和教师建立面对面的联系，共同观察教学过程，分析教学行为，提出改进措施。整个临床视导过程可分为五个阶段：观察前会议、教学观察、分析和策略、视导会议和会议后的分析。

1. 观察前会议

在实施观察前，视导人员召集由教师共同参加的会议，目的是为了了解教师的教学方式、学生班级情况等，并培育与教师的良好人际关系。会议结束时，视导人员和教师双方要制定一份合约或达成默契，其内容主要是对下列事项作出规定：教室观察的理由、观察的时间安排、观察的重点行为和事件、除教室观察外视导人员可采用的其他搜集资料的方法等。

2. 教学观察

在这一阶段，视导人员将对教师的课堂教学作密集式观察，一边观察一边做好非常详细的记录，如有可能，利用录音机、摄像机等辅助工具，以力求观察资料的准确性和完整性。

3. 分析和策略

这是临床视导的中心环节，其任务主要是对所观察的资料进行全面分析、判断，在此基础上，针对教学中不足之处，提出完整的改进方案。在分析过程中，视导人员应充分利用统计方法对原始资料进行归纳整理，并用图表显示出相应的百分比、平均数、标准差等指标，以帮助教师正确理解问题所在。

4. 视导会议

在视导会议上，视导人员将分析结果全面呈现给教师，表扬其教学优点，指出其不足，然后鼓励教师自行提出改进策略。如果教师自己提出的改进策略与视导人员设想的相仿，则今后可按此策略操作；如果策略有所不同，那么在尊重教师意见的前提下，鼓励教师自行修正改进策略。在这一过程中，视导人员必须努力营造出和谐和支持的气氛，用民主和鼓励式的，而不是谴责或训诫式的态度对待教师。

5. 会议后的分析

视导会议之后，视导人员必须对自己的视导行为进行适当分析和评估。分析中所要考虑的问题有："到目前为止我的教学视导措施是否有效？""我的视导知识、目标有哪些需要修正？""对教师是否尊重？""教师是否共同参与了教学视导的有关决定？"等等。视导人员在思考了这些问题之后，应提出今后的改进计划，以便使下一步的临床视导取得更好效果。

显然，临床视导是一种不断循环的过程，从教学评价角度说，它属于一种形成性评价，目的是透过对课堂教学的直接观察来促进教学过程。20 世纪 70 年代的很多研究表明，运用临床视导模式，确实能使教师的教学行为朝着积极的方向转化。

（二）合作性专业发展

这一模式是美国教育学专家格拉特霍恩（A. Galtthorn）1984 年提出的，其主要含义是：两个或两个以上的教师为提高各自的教学能力，自愿组合，成立合作小组，然后通过相互课堂观察和意见反馈的方式，互为视导，最终达到专业成长的目的。采用这一视导模式，至少有三大好处：第一，可以减少督学、校长、教导主任等教育行政人员的工作量；第二，以教师同仁为合作对象来促进专业发展，较易被一般教师所接受；第三，可以促进教师间的沟通和合作，有助于形成学校的和谐气氛和教师士气的提高。

（三）个人化专业发展

在这一模式中，教师必须对自己的专业发展负主要责任。采用这一模式的教师可以采取独立自主的工作方式，实现自己设定的发展目标，不过在此过程中他必须接受视导人员必要的指导和帮助。这种由教师自行设定目标、执行目标，但由视导人员和教师共同管理和评价目标的视导方式，颇类似于在工商界盛行的"目标管理"

形式。个人化专业发展模式的内容，根据瑟吉万尼的解释，可分成五个执行步骤：(1) 教师结合自己情况，自行提出发展目标和计划；(2) 视导人员审核教师设定的目标及计划，并提供书面的反馈意见；(3) 召开由双方参加的目标设定会议，交换意见，达成共识；(4) 进行形成性评价；(5) 完成总结性评价。采用这一模式的优点是，较为省时、经济，较少依赖于视导人员的指导，给不愿和同仁合作的教师较多独立发挥的空间。①

(四) 非正式视导

这一模式指的是视导人员对教师实施非正式的、不定期的、短暂的教室观察和反馈，很有点类似于行政管理界流行的"走动管理"(management by wandering around) 形式。采用这一模式的教学视导人员在不事先通知教师的情况下，抽出空来在校园四处走动。他们通常站在大楼走廊上察看师生的上课情况，偶尔也会悄悄进入教室坐在教室后座，观察教师的教学活动。下课后，再给教师提供适当的观察反馈。也有学者提出，这种视导实际上就是"行政督导"，因为这一模式中的视导人员大都是校长或教育行政机关官员。通过这种视导方式，可以体现行政领导对教学工作的关心和重视，有利于激发教师的教学热情。②

以上各种教学视导模式各有千秋，究竟采用哪一种方式，要根据教师的教学经验、服务热忱、问题解决能力、专业发展水平、个人性格特征等来决定。一般说来，对于新教师或教学经验不足的教师，宜采用临床视导；对于有一定能力和经验的教师，宜采用合作性或个人化专业发展的方式。

---

① ② T. J. Sergiovanni, *The Principalship: A Reflective Practice Perspective*, Boston: Allyn and Bacon, 1987, pp. 199-200.

第四节　教学评价

教学评价是教学行政的另一项工作，它同样也是督学、校长等教育人员控制教学过程、提高教学质量的有效手段。教学评价与教学视导有着密切的联系，它往往是视导过程中的一个环节，离开了评价的教学视导是不可想象的。

一、教学评价的特性和意义

教育领域有各种各样的评价活动，有的称为教育评价，有的称为教学评价，也有的称为教师评价，它们所代表的内涵各有不同。从教学行政角度而言，关系最密切的是教学评价活动。

（一）什么是教学评价

对此可以下这样一个定义：按照一定的标准，运用可行的方法，系统地、有步骤地从数量上测量或从性质上描述教学的过程与结果，以判断是否达到预期的教学目标的一种手段。根据这一定义，我们又可引申出教学评价的几个特点以及与此有关的一些概念：

（1）教学评价不是随心所欲地进行评价。它须依据一定的标准和规则，这是教学评价取得成功的可靠保证。为此，需要建立合理的教学评价指标体系。

（2）教学评价的实施有一定的要求。这包括制订评价计划、确定评价人员、选择评价方法等。

（3）教学评价既可从量的方面着手分析，也可从质的方面着手分析。前者通常称为定量评价，后者称为定性评价，它们代表了两种根本不同的评价技术。

（4）教学评价既能评价教学过程，也能评价教学活动的结果。

前者往往称为形成性评价,后者则称为终结性评价,两种评价目的不同。

(二) 为什么要进行教学评价

根据国外一些专家的意见,教学评价的意义在于:(1) 帮助改进教学;(2) 将积极的学习经验提供给师生;(3) 鼓励教师在教学过程中创造与试验;(4) 给教师提供一种方法,使其能不断分析及评估自己的专业长处和短处,以促进专业的发展;(5) 提供一种方法,使评者和被评者能合作地分辨教师的长短处,同时找出强化长处及克服短处的途径;(6) 评价资料可作行政用途,即为教师的加薪、续聘、晋升等提供依据。① 这些意义中,最重要的是帮助改进教学和促进专业发展两条。

二、教学评价的指标体系

教学评价首先要有评价目标,这是评价的出发点。有了目标后,还必须将目标具体化,使其变为可测、可量、可比的标准和尺度,亦即通常所说的评价指标。任何一项评价都带有综合性,不可能只用一个指标,围绕目标的若干项指标即构成了一个指标体系。这样,编制指标体系就成为教学评价的基础,同时也构成教学评价活动成功与否的关键一步。

有关教学评价的指标体系,目前由教育行政部门和学者们提出的方案很多,这里着重介绍其中的两份。一份是某教育局制定的教学工作质量评价指标体系②(见表10-2),另一份是研究人员设计的学生对教师教学的评价意见表(见表10-3)。

---

① Enfield Connecticut Public Schools, *Evaluation Handbook for Professional Staff*, Enfield, CT, 1979.

② 参见《中小学管理》1993 年第 3 期。

表 10-2 教学工作质量评价指标体系

一级指标	二级指标	等级	评 价 标 准	自查互查办法	得分
A1 教学决策 (20)	B1 教学方向 (6)	优	(1) 教学指导思想端正，全面贯彻党的教育方针。 (2) 有体现正确教学方向的计划、总结。 (3) 严格按部颁教学计划要求开设课程。 (4) 面向全体，好、中、差生分类推进。	查阅资料 听取汇报 开座谈会	6
		良	做到三条		5
		中	做到两条		3
	B2 教学观念 (8)	优	(1) 学校注重教学观念的建设。 (2) 有计划地组织教师学习现代教学理论。 (3) 对应破应立的教学观念有明确主张。 (4) 在实际教学中，能较好地体现新的教学观念。	听取汇报 综合分析	8
		良	做到三条		6
		中	做到两条		4
	B3 教学为主 (6)	优	(1) 学校工作以教学为中心。 (2) 校长主抓教学工作，每学期做一次教学报告。 (3) 引导教师把主要精力用在教学改革上。 (4) 保证备课、授课、课外活动时间。 (5) 一年开展两次全校性教学交流活动。	了解分工 查阅记录	6
		良	做到三条		5
		中	做到两条		3

续表

一级指标	二级指标	等级	评 价 标 准	自查互查办法	得分
A2 教 学 管 理 (26)	B4 健全制度 (6)	优	(1) 有教学常规制度。 (2) 有校级教学会议制度。 (3) 有校历表、每周活动总表。 (4) 认真管理教学档案、教学资料。 (5) 严格执行有关学籍管理的规定。	查阅资料 实地考察	6
		良	做到其中四条		4
		中	做到其中三条		3
	B5 控制负担 (6)	优	(1) 严格执行上级有关减轻负担的规定。 (2) 有减轻过重负担的具体措施。 (3) 保证学生自习课和课外活动。 (4) 总结推广减轻过重负担提高教学质量的经验。	现场调查 开座谈会	6
		良	做到其中三条		4
		中	做到其中两条		3
	B6 督查质量 (6)	优	(1) 校长每学年听课40节,主任听80节,并有记录和评析。 (2) 领导每学期查教案两次,并有评议。 (3) 注重检查教学手段和方法是否正确。 (4) 学生考核,命题合理,考纪严肃。 (5) 每年两次教学质量分析,指导教学有效。	查阅笔记 试卷分析	6
		良	做到四条		4
		中	做到三条		3
	B7 师资培养 (8)	优	(1) 有领导分管或专人负责。 (2) 有近期计划和长期培养规划。 (3) 为刚工作的青年教师配备指导教师。 (4) 培养青年教师有成效(有中心级学科带头人)。 (5) 教研组、学校层层有学科带头人。	查阅资料 抽样听课	8
		良	做到四条		6
		中	做到三条		4

续表

一级指标	二级指标	等级	评价标准	自查互查办法	得分
A3 教学研究（34）	B8 钻研教材（6）	优	（1）有集体备课制度和学科进度表。 （2）组织学习教学大纲、教学责任制。 （3）集体备课有中心发言人分析教材。 （4）保证每节教案的质量。	查阅记录 查阅教案	6
		良	做到三条		4
		中	做到两条		3
	B9 教研活动（6）	优	（1）各年级学科组有活动计划、总结。 （2）互相听课。组长每学期听课不少于10节，教师不少于5节。 （3）每组每学期有两次研究课。 （4）积极引入现代化教学手段。	查阅笔记 抽样听课	6
		良	做到三条		4
		中	做到两条		3
	B10 坚持教改（6）	优	（1）学校教改有主攻方向。 （2）领导亲自抓一个试验班或一个专题。 （3）人人有教改专题，有书面报告。 （4）有向中心开放的教学活动。	书面报告 抽样听课	6
		良	做到三条		4
		中	做到两条		3
	B11 课堂教学（10）	优	依据《课堂教学评价方案》，各科教学都应达标，其中两科有优秀课。	抽样听课	10
		良	各科教学都达标，其中一科有优秀课。		4
		中	各科教学都达标。		3
	B12 兴趣活动（6）	优	（1）学科兴趣活动列入教研组计划。 （2）活动内容与教学内容密切配合。 （3）有辅导教师和活动计划与安排。 （4）学生兴趣高，参与率高于50%。	查阅资料 现场听课	6
		良	做到三条		4
		中	做到两条		3

续表

一级指标	二级指标	等级	评价标准	自查互查办法	得分
A4 教学效果 (20)	B13 学生质量 (20)	优	(1) 入学率达到 100%。 (2) 巩固率达到 100%。 (3) 及格率不低于 97%。 (4) 优秀率较高。 (5) 体育达标率不低于 98%。 (6) 社会反映、追踪显示好。	据原始数据统计	20
		良	做到五条		16
		中	做到四条		12
	B14 优胜奖励（加分）	优	(1) 学生在学科比赛中获奖。 (2) 教师在评优中获奖。 (3) 在区、市介绍经验（或上课）。 (4) 在刊物上发表总结或论文。 (5) 教改成果显著，对全区教改有推动作用。	出示证明	（加分）

表 10-3 学生对教师教学的评价意见表①

每题请选答案，以"√"显示	5 极为同意	4 同意	3 不肯定	2 不同意	1 极不同意
1. 充满教学热忱					
2. 情绪相当稳定					
3. 富有幽默感					

---

① 转引自程介明等著：《教育行政》，香港公开进修学院出版社 1997 年版，第 182—184 页。

续表

每题请选答案，以"√"显示	5 极为同意	4 同意	3 不肯定	2 不同意	1 极不同意
4. 经常准时入教室					
5. 态度认真					
6. 有信心					
7. 课堂时间只处理与教学有关的事情					
8. 授课的节奏适中					
9. 有技巧地运用视听教材辅助讲解					
10. 教材丰富，不会依书直说					
11. 我相当明白教师的讲解					
12. 备课充足					
13. 不会只向少数同学提问					
14. 批改作业十分详尽					
15. 能于每节课结束前完成预定的授课内容					
16. 教学过程中没有不必要的重复					
17. 经常利用提问使我们留心讲解					
18. 使用不同的教学方法，务求令我们明白					
19. 经常与我们讲解习作和讨论同学的表现					
20. 每节课都把教学重点总结出来					
21. 很关心同学的学习环境					
22. 很少责骂和惩罚同学					
23. 同学未能回答问题时，教师并不取笑					
24. 乐于帮助学习有困难的同学					
25. 十分信任和尊重我们					
26. 关心和理会我们是否明白所教的课文					
27. 对同学的态度是公正的					

续表

每题请选答案，以"√"显示	5 极为同意	4 同意	3 不肯定	2 不同意	1 极不同意
28. 鼓励同学表达不同的意见					
29. 同学答错问题时，教师会适当地提示					
30. 经常利用同学的意见，作为讨论的基础					
31. 鼓励我们发问					
32. 乐于帮助同学解决学习问题					
33. 个别同学犯错，老师不会惩罚全班					
34. 同学不守课堂规则，老师都能适当地制止					
35. 不容许同学在课堂上任意倾谈					
36. 不会以扣分作为惩罚					
37. 大致上是一位好教师					

三、评价计划的制订

为使教学评价活动顺利进行，必须制订较详细、合理并可行的评价计划。一些专家为此提出评价计划的内容和制订计划时所应遵循的步骤．

（1）提出评价方法所依据的理论即所针对的需要；

（2）组织筹划小组；

（3）建立咨询沟通的模式；

（4）分析教师的工作内容及工作分配情况；

（5）决定评价项目；

（6）决定评价对象并选择适当的评价时间；

（7）决定评价方法；

（8）决定评价步骤（如评价前的面谈、观察与量度、评价后的面谈等）；

（9）确立评价的记录方式；

（10）选定评价者（如教育部门人员、校长、主任、年级组长、教师同行、学生、自我评价等）；

（11）设计训练课的程序评价者及被评价者。①

在制订上述计划的过程中，必须特别留心两个事项：一是要选择适当的评价方法，二是要让被评价者参与制订评价计划。教学评价有各种方法，常见的如教学观摩、开座谈会、检查学生作业及试卷、编制问卷或量表、检查教师教学记录和教案、与外校横向比较、教师自我测评等。每一种方法都各有利弊。要根据评价的目的和学校实际情况，适当选择其中一种或多种方法。让评价者参与评价计划制订工作，则是为了借此了解教师的情况，取得教师的信任和合作，并使评价方案更有针对性和更切合实际。在整个制订计划的过程中，由评价者和被评价者双方共同商定评价程序、评价时间、评价方法、评价资料来源等事项，这样比由评价者一方决定好得多，它能为评价工作的顺利展开提供一个非常好的开端。

四、定量评价和定性评价

同其他评价活动一样，教学评价有两种最基本的技术形式：一种是定量评价，另一种是定性评价。两种评价技术各有特点。

（一）定量评价

依靠数字和量度对教学过程的效果及有关情况进行描述和估

---

① R. J. Krajewski et al.，*The Elementary School Principalship：Leadership for the 1980s*，CBS College Publishing，1983.

计，即构成教学定量评价。与下面所讲的定性评价相比，定量评价特别强调事实，强调预先设计，重视结果，注重分析特征之间的相互关系。在方法和手段上，定量评价常运用问卷、测试等形式，通过抽样调查获取有关信息，并在统计分析的基础上提出改进意见。就所评价的问题性质而言，教学定量评价主要回答两类问题。第一，总体特征问题。如：目前本地区中学主要开设哪些课程？本市或本学区教师平均每人教多少学生？每周上多少节课？本校多少教师课前备有详细教案？等等。第二，变量之间的关系问题。如：教师教龄的长短与教学效果之间有无必然联系？不同教学方法对学生学业提高帮助多大？语文阅读教学对数学题意的理解影响程度如何？等等。两类问题在教学评价中可能都会遇到，也可能只侧重于其中的一类。

（二）定性评价

主要依靠语言文字而不是数字对教学过程的效果及有关情况进行描述和估计，这构成教学的定性评价。定性评价并不过分看重预先设计，它强调的是自然情景和过程，重视价值判断和主观感受。在方法和手段上，定性评价比定量评价有更多的选择余地。观察法、访谈法、书面材料分析法等都是定性评价常用的方法。定性评价所提出的问题，通常没有固定的答案。如：教师如何看待学校教学的质量问题？怎样理解转变教学观念的问题？导致教学效果不佳的原因是什么？为什么有些学生不爱学习，是学校的问题还是家庭的问题？等等。对于这些问题，每个人都会有自己的想法。评价者的任务就是要听取这些想法，并对这些想法进行归类及因果关系分析，然后提出自己的主观感受和建议。

五、形成性评价和终结性评价

从评价的目的划分，教学评价又可分成形成性评价和终结性评价两种。① 如果教学评价的目的在于了解教师的教学过程，考察其教学策略运用是否得当，分析教学实践中的长处和短处，以帮助改进教学，促进教师专业发展，那么这种评价便属于形成性评价（formative evaluation），或称启蒙性评价、发展性评价。如果评价的目的在于考核教师的教学成效，决定是否续聘、提薪、晋升或处分教师，则这种评价属于终结性评价（summative evaluation），或称总结性评价、累积性评价。简言之，形成性评价主要为改进学校教学服务，终结性评价主要为决定教师人事安排服务。当然，这种区分也不是绝对的，形成性评价也可以考察教师，终结性评价也能用来改进教学，这里只不过是说两者的侧重点有所不同罢了。

在很长一段时间内，教学评价的重点都是放在终结性评价方面，教育行政人员将其作为人事管理的一种手段。例如，每年组织一次教师考核，将考核的结果分出不同等第，再按照这些等第决定奖励程度，对不称职的教师则提出批评、处罚或调动其工作。然而，现在越来越多的研究发现，过于看重终结性评价，会使教师感到恐惧、厌恶和反感，教师会从内心抵制评价活动，把它看作上级对下级的一种不信任，一种管束教师的手段。教师一旦形成这种想法，教学评价就很难开展下去。为改变这一情形，应该对教学评价的目的予以重新认识，即要认识到教学评价的目的首先应是改进教

---

① 除这两种评价外，还有学者提出一种诊断性评价（diagnostic evaluation）概念，这类评价目的是找出导致教学偏差的原因，并提出解决的方案。参见 T. J. Sergiovanni, *The Principalship: A Reflective Practice Perspective*, Allyn and Bacon, 1987。

学，鼓励教师专业发展，其次才是鉴别教师和安排教学人事。① 基于这一认识，近些年来，在不少教学评价活动开展得较为活跃的国家，教学评价已由终结性评价逐渐转为形成性评价。这表现在：评价的次数增加了；评价的时间不是放在学期末，而是放在学期中；评价人员的主要精力不是放在检查教学的结果或学生的成绩方面，而是放在考察教师的教学过程，帮助教师分析教学难点，提出改进意见，安排必要的进修活动，让教师体会教学工作是一个需要不断自我发展、自我完善的行业。实践证明，将教学评价的重点由终结性评价转移到形成性评价，能较大幅度地提高教师的教学能力，改进教学质量，同时也容易得到教师的好感和配合。

六、提高教学评价的质量

从理论上讲，毫无疑问，教学评价是教育行政人员控制教学质量、实施教学行政的手段之一，但这一手段能不能达到预期效果，还取决于其他一些与教学行政有关的条件。研究人员发现，有些教学评价之所以不能收到较好效果，常常是下列因素造成的：

(1) 评价的基础建立在主观的判断之上，而不是一种客观的过程；

(2) 评价与对处分和解聘的恐惧联系在一起，而不是同发展和改进联系在一起；

(3) 评价成为每年固定月份必然要办的单独事项，而不是一种继续的过程；

(4) 评价是校长对教师有所动作，而不是校长和教师共同

---

① J. E. Greene, *School Personnel Administration*, Chilton Book Company, 1971, pp. 368-369.

努力；

(5) 把评价当作一种"游戏"，而不是严肃的、专业的计划。①

为使教学评价真正收到良好效果，这里提出一些建议作为参考。

首先，端正评价人员对评价的认识。有些校长或教育行政官员以一种居高临下的态度看待评价工作，认为评价就是上级对下属的考察、鉴定。这种高人一等的心态是评价最忌讳的事，它导致被评价者的恐惧、反感和不合作，甚至可能使得整个评价活动受阻。为避免这种情况，评价者应该做到五点：(1) 平等而不是高高在上；(2) 评价过程中重诊断而不是重批判；(3) 对教师要表示支持而不是表现权威；(4) 判断要依据事实而不是教条、武断；(5) 谈话是双向的而不是单纯上对下。

其次，要提倡教师进行自我评价。教师自评是一种非常有效的评价方式，因为教师本人对自己的教学最熟悉、体会最深。评价人员启发教师对教学进行自我反省和思索，体会这中间的成功与不足，往往能比前者直接向后者提出意见收到更好效果。

再次，适当看待学生对教学的反馈意见。让学生对教学过程和结果提意见，是教学评价中常用的手段，借此可以了解教师的教学能否为学生所吸收，从而为改进教学提供帮助。不过，学生的意见只能作参考，不能作评价的唯一依据，更不能作终结性评价的唯一依据。否则的话，会给教学带来副作用，如教师有意放低教学要求，对学生有害于教学的行为也不去制止以换得学生的好感等。

最后，重视提高行政人员的评价素养。我国中小学校长、教导

---

① B. M. Harris & J. Hill, *The De TEK Handbook*, National Educational Laboratory Publishers Inc., 1982, p. 4.

主任以及教育行政部门人员，大多不是忙于行政工作，就是教学视导、教学评价的专业知识和能力不足。他们进行终结性评价或许有一定办法，但让他们从事形成性评价，则难以胜任。因此，要加强对评价人员的培训，让他们了解应该教学评价的知识，提高他们实施教学评价的能力。

第十一章
教育财务行政

要完成教育行政管理任务,除了必须有教育组织机构和教育人员外,还必须有必要的经费。行政管理无财不立,教育行政也不例外。教育财政是教育财务行政的简称。什么是教育财政?有的说,它是"国家与地方公共团体取得、管理和支出教育所必需的经济手段的经济行为"①;有的说,它是指"国家各级政府为发展本国本地区教育事业而对用于教育的财力资源进行的一系列专门性的管理活动"②;还有的说,它是由两个基本要素所组成的活动,一个是计划筹措教育所需的充分的资金,另一个是明智地管理和使用这些资金。③ 从这些解释可以看出,实际上人们对教育财政的理解并无多大分歧,无非是指政府对教育经费的筹措、管理和使用,因此,这里我们把教育财政定义为"中央及地方政府关于筹措、分配和使用教育经费的行政活动"。根据这一定义,本章将从教育经费筹措、分配和使用三方面来论述教育财务行政活动。

---

① [日]筑波大学教育学研究会编,钟启泉译:《现代教育学基础》,上海教育出版社 1986 年版,第 208 页。

② 萧宗六、贺乐凡主编:《中国教育行政学》,人民教育出版社 1996 年版,第 200 页。

③ Robert E. Wilson, *Educational Administration*, Charles E. Merrill Books Inc., 1966, p. 615.

第一节 教育经费的筹措

一、现代教育财政的起源

很难说教育从一开始就要通过政府筹措经费来维持其运转,在很长的历史时间内,教育所需的费用都是由个人、宗教团体或慈善机构承担的。例如在美国,直到 19 世纪前,学校教育还被看作家庭和教会的事情,政府不承担教育的费用,自然也无所谓教育财政,有的只是学校财务管理。直到 19 世纪后半叶,美国的部分州才开始逐步实行通过税收维持公立学校的制度,于是才有了教育财政活动。美国真正全部实行通过税收维持教育的制度,是第一次世界大战以后的事情。[①] 可见教育财政在美国的历史十分短暂。

由学校财务管理发展到现代意义上的教育财政,是近代公立学校制度广泛建立的结果。进入近代资本主义工业社会以来,随着生产力水平的提高,对工人和管理人员的技术要求也在提高。在这一背景下,教育的普及成为一股不可阻挡的社会潮流,并由此带来了公立学校制度的广泛建立。所谓公立学校,就是"由政府提供而非私人提供的资源开办的学校"[②]。虽然世界上公立学校制度形式不一,但都有一个共同特征,即主要依靠政府预算和税收来维持学校的主要开支。因此,公立学校的建立意义非同寻常。它表明教育事业已成为公共事业的一部分,标志政府已直接介入教育事业,意味着现代教育财政制度的形成。可以这么说,没有公立学校制度,就

[①] Edgar L. Morphet, Roc L. Johns & Theodore L. Reller, *Educational Organization and Administration*, Prentice Hall, 1982, p. 397.

[②] G. Terry Page & J. B. Thomas, *International Dictionary of Education*, Kogan Page, 1979, p. 278.

没有现代意义上的教育财政。更确切地讲，现代教育财政起源于政府依靠财政收入或直接课税来为教育提供资源。当然，从另一方面，现代教育财政又有力地支持了公立学校事业，为现代教育的发展提供了物质保证。

二、政府为什么要为教育筹措经费

办教育很花钱，有些国家每年花在教育上的钱甚至超过了国防开支，教育经费成为第一大行政开支。对此，人们不禁要问，政府花这么多的钱来办教育，究竟合算不合算？为什么以前政府可以不为教育操心，而现在却要为教育筹措经费和资源？如果教育的钱完全由个人或民间出，而国家只享受由教育带来的好处，岂非更好？关于这些问题，答案有两个：一是教育投入对国家、对社会以及对个人都有好处；二是在现代社会中，如果不是政府出面为教育筹措经费，谁也无力维持一个如此庞大而复杂的学校系统。我们可以来看看经济学家、社会学家以及管理学家对于教育投入的看法。

最早发现教育投入价值的是英国古典经济学家亚当·斯密。他的一段话曾被人们广为引用。他说："学习的时候，固然要花一笔费用，但这种费用可以得到偿还，同时也可以取得利润。"[①] 另一位经济学家冯·屠能也提出，在同样物质条件下，受过较高教育的人能比未受过教育的人创造更多的收入。19世纪末英国经济学家马歇尔有一段话，更是被人看作至理名言。他说："一个伟大的天才人物的经济价值，足以弥补整个城市的教育费用。……公众为获得较高的教育从而获得较高收入的所有花费，假如再唤出一个牛顿

[①]［英］亚当·斯密著，郭大力、王亚南译：《国民财富的性质和原因的研究》上卷，商务印书馆1972年版，第258页。

或达尔文,莎士比亚或贝多芬,就能得到很好的补偿。"① 对教育的经济价值认识更深的是人力资本理论,这是当代美国经济学家舒尔茨提出来的。这一理论认为,资本有两种形式,即物质资本和人力资本。体现在物质方面的资本为物质资本,体现在劳动者身上的资本为人力资本。一般来说,劳动者的知识、技能、身体状况等构成了人力资本。人力资本对经济增长起着十分重要的作用,它能促进生产,提高国家和个人的经济收入。人力资本是由人力投资构成的,而人力投资中最主要的就是教育投资。所以,教育不单纯是一种消费,也是一种投资,具有提高劳动生产率、促进国民经济增长的经济价值。总之,经济学家倾向于把教育投入看作一种资本投入,并认为这种投入能产生比原来投入部分更多的价值。他们由此得出结论,花在教育上的钱对人对社会都是合算的。

与经济学家关注教育的经济价值有所不同,社会学家关心的是教育投入的社会效益。他们认为:教育能提高人的文化水平,这对社会的发展进步是有益的;教育可以给人们提供更多的就业机会,越是受教育程度高的人失业率越低;教育还可以减少犯罪,促进社会的稳定和团结;对于人口的增长,教育也能起到很好的限制作用,因为教育水准较高的人往往出生率也较低;等等。

管理学家也从提高管理效率的角度,探讨了教育投入的收益问题,得出了几个结论:第一,教育能提高劳动力的平均熟练程度。劳动力的平均熟练程度是两方面因素决定的,教育程度和实际经验程度。由于在现代生产条件下,直接生产的比重在下降,科学生产的比重在上升,因而决定劳动力平均熟练程度的主要因素是教育程度,而不是经验程度。第二,教育可以改变人的劳动能力的形态。

---

① 转引自游正伦编:《教育经济学》,陕西师范大学出版社1989年版,第16页。

所谓劳动能力的形态，是指劳动者以体力为主从事生产劳动，还是以脑力为主从事生产劳动。在现代生产过程中，人的体力劳动的成分在下降，脑力劳动的成分在增加。现在的"知识经济"的兴起，就是一个最有说服力的例证。要实现这样一种劳动能力的转变，只有通过教育。第三，教育能提高人的职业道德和工作责任心。第四，教育能提高管理人员的素质，从而能明显改善企业管理的水平，最终达到提高劳动生产率的目的。

显然，以上分析都充分证明了教育投入的价值。那么，为什么要由政府出面来为教育筹措资金，并负责和协调教育投入工作？换句话说，为什么要有教育财政？首先，任何社会总存在着一定的贫富差别，如果政府不管教育费用，谁有钱谁上学，那么国家的有用之才就只能从富裕家庭子女中挑选，大批来自贫困家庭背景的儿童的才华就会被埋没，这对国家来说是一个损失，也与现代社会民主平等的主流意识不相符。一方面经济和社会发展需要所有儿童受教育，另一方面贫困家庭子弟交不起学费而损失教育机会，面对这种状况，只得由政府出面，通过国家财政收入或直接通过课税的办法，解决寒门子弟受教育的问题。其次，近代教育发展使得学校系统层次越来越多，规模越来越庞大，与此相伴随的就是教育成本的急剧增加，学校单靠学生学费已经远远不能维持所需开支。在这种情况下，客观上也需要政府提供强有力的财政支持，以维持教育的发展。政府是社会最有权威、最有力量的部门，它可以凭借手中掌握的各种政府机构，通过各种行政手段来筹集各方财力满足教育的需要。所以，开展教育财政活动，实际上是现代社会赋予政府的主要功能之一。最后，在竞争日益激烈的现代社会中，国家为了自身的生存和发展，也愿意出面干预或控制教育，而干预或控制教育最有效的途径就是掌握教育财政。这样就能增强国家在教育领域的影响力，这也是国家所乐意看到的。

总而言之，作为一种政府行为的教育财政的兴起，有其深刻的社会政治和经济背景，它既是学校发展到一定阶段的产物，也是人们对教育功能的认识不断加深的结果，同时也是政府视扶持教育为己任，并试图通过掌握教育的经济命脉来扩大其对教育的影响力的表现。由此我们可以说，教育财政的兴起，是现代历史发展的一种必然结果。

三、教育经费筹措的来源

任何国家，哪怕是最有经济实力的国家，筹措教育经费的渠道也不是单一的。一般来说，较普遍的筹措渠道包括财政拨款、税收、学费收入、学校经营收入、捐赠款项、建立教育基金等。以我国为例，目前教育经费的来源渠道主要包括以下几个：

（1）国家财政拨款。指国家财政预算总支出中用于教育的费用，包括中央财政拨款和地方财政拨款。它是我国教育经费来源的主渠道，一般由政府财政部门将教育投资拨付给教育部门，再由教育部门拨付给学校，也可直接拨付给学校。

（2）地方机动财力拨款。主要来自地方政府税收中上缴国家财政税收后的剩余部分，常常以专项拨款形式支出。《中共中央关于教育体制改革的决定》也对此作了明确规定："为了保证地方发展教育事业，除了国家拨款以外，地方机动财力中应有适当比例用于教育，乡财政收入应主要用于教育。"当然，这一部分经费来源要取决于地方的经济条件和财政收入状况。

（3）教育费附加。这是专门用于教育的税费，目前由税务部门征收后拨给教育部门再拨给学校。我国开征的用于基础教育的城乡教育费附加始于1986年。城市凡缴纳产品税、营业税、增值税的企业和个人，按三税的2%征收，农村按农民纯收入的1%—2%征收,全部用于基础教育。1994年税制改革后,城市按三税的3%征收,农村按农民纯收入的1.5%征收。①

(4)厂矿企业支出的教育费用。主要来自企业的产品成本、利润留成中的营业外开支,用于举办本企业的子弟学校、中专技校、职工大学等。这一部分经费在我国教育总经费中占有一定比例。

(5)受教育者个人或家庭的教育投入。主要指学生家庭缴纳的学杂费,其中义务教育阶段学生要缴纳杂费,非义务教育阶段学生要缴纳学杂费。

(6)学校经营收入。包括学校土地、建筑物和其他固定资产用于非教育产业的租金,学校持有的股票、债券而获得的股息和债息收入,学校投资的各种非教育产业获得的利润收入,学校向社会提供的教育、科学技术等有偿服务的收入,等等。当前,这部分经费已在整个教育经费中占有相当比例。

(7)社会力量捐资助学。这是指在自愿的基础上,社会团体、民主党派和私人资助的办学经费,也包括海外华侨、华人的捐赠经费。我国目前日益增多的民办学校中,很多得益于社会力量的捐资助学。

(8)各种教育基金。指利用金融、信贷手段,融通教育基金,通过开办教育储蓄或贷学金等所筹措的教育经费。目前在我国最有影响的就是"希望工程",此外还有各种类型的奖(贷)学金项目。前些年曾有人建议在国内设立教育银行,但似乎对此还缺少严密论证。另外,对此类银行的性质属政策性银行还是商业性银行也有不同的看法,致使这一建议难以进入实际操作阶段。②

---

① 参见王善迈著:《教育投入与产出研究》,河北教育出版社1996年版,第83页。
② 参见《市场经济与教育改革国际研讨会综述》,载《教育研究》1995年第3期。

以下是 1992—1994 年我国各渠道教育经费的支出构成情况（表 11-1），从中可以看到各种来源在整个教育经费中所占的大致比例。

总的来看，我国教育经费的筹措渠道是"以国家财政拨款为主，辅之以征收用于教育的税费、收取非义务教育阶段学生学杂费、校办产业收入、社会捐资集资和设立教育基金等多种渠道"。应该说，这种趋势是符合我国国情的，它对于解决经费短缺、确保教育资源的稳定来源和增长起到了积极的作用。可以预见，在今后相当长时间内，这种多样化筹措渠道的格局不会改变。

表 11-1　全国各渠道教育经费的支出构成①

	1992 年	1993 年	1994 年	比上年增长百分点
合　　计	100	100	100	
1. 财政预算内教育经费拨款	62.13	60.79	59.38	－1.41
2. 各级政府征收用于教育的税费	10.17	9.49	8.92	－0.57
3. 企业办学校教育经费	5.59	6.14	5.99	－0.15
4. 校办产业、勤工俭学和社会服务收入用于教育的经费	4.98	4.88	4.08	－0.80
5. 社会团体和公民个人办学经费		0.31	0.72	＋0.41
6. 社会捐、集资办学经费	8.03	6.62	6.55	－0.07
7. 学费、杂费	5.48	8.22	9.87	＋1.65
8. 其他	3.66	3.55	4.49	＋0.94

---

① 参见《中国教育经费统计资料》，中国统计出版社 1993 年、1994 年、1995 年版。

四、教育经费筹措的方式

教育经费筹措的方式，大体而言，可以分为两种：统一征收，独立征收。统一征收系将教育及其他行政收入，合并由征税机关征收或交由国家金融机关统一收取，然后从一般财政中分配一部分作为教育经费，教育行政机关只是对一般财政所分配的教育经费进行管理和支出，这亦即所谓的统筹统支方式。这种方法能增加整个的税入，且统筹的结果会使教育经费的分配效果较佳，但容易使教育经费与其他行政经费收入泾渭不明，使教育财源失去保障。独立征收系将教育财政与一般财政分开，其收入项目由教育机关独立征收，如美国的法律规定所有学区都有独立的征税权。教育经费独立征收，虽可保障教育的既得财源，有助于教育事业的发展，但征收程序烦琐，对于不谙税务的教育人员来说，可能会影响到征收的效果。

五、教育经费筹措中的负担结构

在教育经费筹措过程中常常要遇到一个问题，即中央和地方在教育经费上的负担结构如何处理。对此，不同的国家依其历史、政体即财政制度的不同，有着不同的处理方式。

美国是联邦制国家，在教育行政上为三级机构，即联邦、州和地方学区。在税赋方面，联邦政府以所得税为主要税源，州政府以销售税为主要税源，地方政府的税源则多来自财产税。由于美国的教育经费大都来自地方的财产税和州的其他一些税源，因此，地方和州基本掌握了教育的事权，特别是中小学教育的事权。当然，中小学教育的主要受益者也是地方，这里也和其他领域的财政事权分配一样，体现了"谁得益，谁出钱，谁掌事权"的原则。平均来看，美国的教育经费负担结构为,地方大约负担全部经费的 45%,州负担 49%,剩下的由联邦政府负担。不过,由于是分权体制,各地情况会出现很大差异。如:在夏威夷州,90%的教育费用是由州政府提供的,剩下的来自联邦基金;而在新罕布什尔州,地方几乎承担了 90%的教育经费,州承担 2%,其余由联邦政府提供。①

英国是君主立宪制国家,在教育经费筹措方面不同于美国,这主要表现为英国的教育行政是中央和地方两级体制,教育尤其是中小学教育属地方事权,因此其经费来源基本来自地方税,并由地方郡议会或都市议会确定征收标准。当然,地方税不仅用于教育,还用于住宅、警察、消防、公路、卫生福利等其他公共事业,但教育无疑是其中最大支出。除地方税外,中央政府也在自己的预算收入中划拨相当部分给地方,以支持地方教育事业。

法国是中央集权国家,教育被看作国家的事业,所以,其教育经费主要来自国家的财政预算。法国的财政收入主要来自各种税收,如所得税、销售税、公司税、学徒税等。在整个教育经费中,中央要承担 70%以上,地方只负担 15%左右,其余来自为发展职业教育而开征的学徒税或私人捐赠。由于大部分经费由中央提供,法国中央政府公共教育经费支出占去其财政收入相当大的百分比。

我国的教育经费负担构成情况是,20 世纪 80 年代改革前,普通教育投资几乎全部来自于政府的财政拨款,80 年代中期以后,如前所述,教育经费来源呈多元化格局。之所以出现这样的变化,一方面是因为教育规模迅速扩大,教育成本急剧上升,国家财政不堪负担,教育经费严重短缺;另一方面是随着市场经济的引入,收取学费和学校经营活动也有了可能。进入 90 年代以后,国家财政

---

① James W. Guthrie, *School Finance and Education Policy*, Prentice Hall Inc., 1988, p. 21.

拨款虽然还是处于主导地位,但其所占整个教育经费的比例已呈逐年下降趋势。目前,在全部国家教育财政拨款中,中央所占份额较小,地方所占份额较大,而且中央所占份额也略呈下降趋势,如表11-2所示。这是因为1985年教育体制改革后,中、初等教育全部由地方政府管理,经费也由地方财政负担,中央财政只负担其所管高校的经费。同时,也因为中央财政收入占全部财政收入比重较低,中央财政无力在更大程度上对贫困地区教育进行转移支付。①

表11-2 1990—1993年教育财政拨款中的中央与地方的负担②

	拨款数额(亿元)				拨款构成(%)			
	1990	1991	1992	1993	1990	1991	1992	1993
财政拨款	426.14	479.93	538.74	644.39	100	100	100	100
其中:中央财政	58.67	62.26	71.27	82.53	13.77	12.97	13.23	12.80
地方财政	367.47	417.67	467.47	561.86	86.23	87.03	86.77	87.20

总结各国教育经费筹措及负担构成情况,我们可以看到这么几个特征:第一,教育经费的筹措渠道不是一成不变的,而是呈现依历史条件变化而变化的动态过程,如美国在1930年教育经费的83%来自地方税收,到了1980年,只有43%来自地方税收,有学者说这种转变证明教育的事权在向州一级集中。③我国自20世纪80年代以来则以一种相反的趋势在发生变化,即地方的筹措比重

---

① 参见王善迈著:《教育投入与产出研究》,河北教育出版社1996年版,第99页。

② 转引自王善迈著:《教育投入与产出研究》,河北教育出版社1996年版,第98页。

③ Michael W. Kirst, *Who Controls Our Schools*, W. H. Freeman & Company, 1984, pp. 97-99.

越来越大。第二，教育经费的负担与国家的教育行政体制密切关联。一般来说，中央集权制的国家，其教育经费主要由中央财政预算拨出，通常这部分的比例要占全部教育经费的 60％ 以上；地方分权制的国家则主要由地方筹集费用。第三，基础教育经费在大部分国家由地方政府负责筹措，以地方税收为主要来源；高等教育则呈多元化的投资负担格局，中央政府、地方政府、学生以及学校本身都可能成为学校财政的来源渠道。认识这些特征，对于我们进一步思考和完善我国的教育经费筹措工作有着一定的意义。

六、提高教育经费的筹措能力

教育财政的基本职能就是筹措、分配和使用教育经费，其中筹措又是最主要的。只有筹措充分，才能为分配和使用创造有利条件。难怪有学者把资源筹措充分视为良好的教育财政计划的首要标志。[1] 我国教育经费的紧张程度是众所周知的，因此，有必要进一步提高我国教育经费的筹措能力。

第一，需要在领导层中进一步提高对教育战略地位的认识，坚决克服"先经济，后教育"，"经济上去了，教育才能发展"等思想。虽说这些思想很难讲有原则错误，却会对教育投入带来一定负面影响，使教育经费增长幅度难以有实质性提高。

第二，设法在教育税收方面做点文章。要使教育经费有稳定的来源，归根结底还得依靠税收。这是国际的惯例。除目前征收的城乡教育费附加外，是否可以考虑开征一些基数较大的其他税制用于教育。如，对于一部分高收入高资产者另征财产税，或者从现有所

---

[1] Robert E. Wilson, *Educational Administration*, Charles E. Merrill Books Inc., 1966, p. 615.

得税中抽去一定比例投入教育。此外，根据《中华人民共和国教育法》的精神，各地近年来陆续开征了一些用于教育的税和费，可以考虑在此基础上建立统一的教育税制，使得教育税收成为除国家预算拨款以外的第二大经费来源渠道。

第三，在办学模式多元化方面进一步解放思想，提倡多种形式办学，大力鼓励企业集团和民间力量办学，并允许一些收费较高的民办或私立学校存在，只要其能依法办学。因为这样的学校多了，政府的办学压力相应地就减小了。

第四，坚持非义务教育阶段的收费制度，逐年缓慢地提高现行的学费标准，并加强对学费政策的研究，建立符合我国国情的科学合理的学费制度。

第五，在农村继续推行集资办学的路子，坚决把乱收费、乱摊派同集资办学区分开来。为了规范集资行为，政府行政部门和教育部门要共同组织集资工作，增加透明度，确保集资经费真正用于当地的教育事业。

第六，继续进行教育基金方面的可行性研究，如考虑发行教育债券，建立教育银行，对学生实行优惠的借贷制度等，借助信用方式支持教育事业。

第二节　教育经费的分配

一、为什么要研究教育经费分配问题

为什么要研究教育经费分配问题，基于两个理由：因为资源短

缺，所以不得不特别重视分配的合理性问题；鉴于教育经费分配本身的复杂性，所以也有必要对此进行一番研究。

无论从哪个国际通用的衡量指标来看，我国的教育经费指数都是偏低的。以教育经费占国民生产总值的比例为例，远的不说，20世纪80年代以来，这一比例始终在百分之二点几左右徘徊，难得有一年（1986年）超过3%。① 进入90年代，这一比例甚至有下降趋势。1995年，这一比例只达到2.46%，与我国70年代末的比例差不多。与世界其他国家相比，我们的同期比例不仅大大低于发达国家5%—6%的平均水平，也大大低于发展中国家4%的平均水平。一直到2012年，全国财政性教育经费支出2.2万亿元，首次实现国家财政性教育经费支出占国内生产总值4%的目标。再如，我国教育经费（预算内）占国家财政支出的比例，1995年这一比例只占到16.05%,② 而像泰国、马来西亚、墨西哥、印度等发展中国家早在20世纪70年代末就已经超过这一指数。其他如教育经费占国民收入的比例、生均教育经费的比例等，我们也都大大低于国际平均水平。然而，我们却要用这十分有限的教育资源去养活世界上最庞大的教育队伍。处在如此窘困的境地，除了继续开拓经费筹措渠道外，剩下的就是合理分配和有效利用问题了。只有将经费分配得尽可能合理，才能使有限的资源发挥最大的作用。由此，我们就不得不研究教育经费的分配问题。

真正做到合理分配教育资源，并不是一件容易的事，需要考虑很多因素，如谁最需要，如何衡量需要的程序。由于教育经费主要来自公共税收，那么在分配上就该做到公平公正、一视同仁。集中公众的钱为少数人的教育服务，显然就不符合公正原则。这样又要

---

① 参见闵维方、魏新：《中国教育的资源配置问题探讨》，载《高等教育论坛》1993年第1期。

② 参见《中国教育报》1996年10月7日。

确定公正的标准是什么。另一方面，教育又不可避免地要考虑国家的需要以及个人的智力条件，完全做到公正事实上不可能，这样，问题就变成如何在分配中协调公正与优先的关系。再有，地区的差别、人口的因素、教育层次的高低、决策者的个人倾向等，所有这些，都会对经费分配工作带来影响，迫使人们不得不认真对待分配问题。鉴于教育经费分配的复杂性，有的学者提出，教育资源的分配绝不单纯是一个技术问题，而是一个政治问题。像公平、公正、效益、家长对学校的期望、教师对自己工作报酬的向往等，这些问题的背后实际上都蕴含了政治及价值观的色彩。[①] 所以，教育经费分配本身的复杂性也需要我们对其进行认真科学的研究。

二、教育经费的分配原则

分配教育经费，应该遵循如下一些原则。

（一）均等原则

如前所述，教育经费源自民众纳税，因此，在分配时首先要考虑使国民有均等的教育机会。为此，要特别注意偏远及贫困地区的教育发展，同时也要给残疾儿童或其他特殊儿童提供发展潜力的机会。

（二）效益原则

教育经费的分配，归根结底是为了实现教育的目标。所以，要通过是否达到教育的目标来检验分配的效果，这就是效益原则的含义。正如教育财政专家本森（C. S. Benson）所指出的，教育经费的分配，既不能过于节约，也不能徒事浪费，而应以获得最大利益

---

① James W. Guthrie, *School Finance and Education Policy*, Prentice Hall, 1988, p. 223.

为原则。①

（三）优先原则

由于资源有限，教育经费的分配应对所需完成的目的及任务，分别轻重缓急作一全面而周详的分析，以确定优先顺序。确定优先顺序有三种情况：一是时间优先，即时间上考虑先分给谁，后分给谁；二是经费优先，即什么项目多分，什么项目少分；三是逻辑优先，即按照教育本身的逻辑，优先考虑发展基础教育，然后发展基础后教育，同时在经费分配中做出适当的考虑。②

（四）弹性原则

教育经费分配应富有弹性，留有余地，根据实际需要做相应的调整和改变，以达到有效利用的目的。对此，国外有的学者如布劳格（M. Blaug）等提出了教育财政的适应要求，即任何管理教育财政的制度，应该适应于：改变中的经济情况，修正社会的要求以待教育的发展，教育过程中有意义的改变。动态社会中生活形式经常在改变，教育财政制度也应适应这些改变。③

（五）协调发展原则

指分配教育经费要考虑各级各类教育的协调发展，避免教育的某个局部膨胀扩充，导致不同教育之间比例失调、无法衔接。

三、教育经费的分配方式

教育经费的分配，如按例行性分配来区分，可分为统一分配和独立分配两种形式。统一分配系将教育经费与一般行政经费合并通

---

① C. S. Benson, *Education Finance in Coming Decade*, PDK Foundation, 1975, pp. 75-78.
②③ 参见盖浙生著：《教育经济学》，三民书局1985年版，第322、323页。

盘考虑之后，再根据教育需要，而决定分配给教育的比例或数量。此方式能兼顾社会多方面的需要，但可能影响到教育财源的稳定性，使得教育决策者不能掌握固定的经费，由此影响到教育的发展。独立分配则指把教育应分配的款项确定一定数量或比例，不受其他行政经费分配的影响。一般来说，教育界人士较欢迎这一种分配方式，因为这种分配较能保持教育经费的稳定性，有助于教育决策者根据固定的财源拟定整体性教育发展计划，并使教育计划与预算相配合，对教育发展较有利。

除了以上例行性分配外，还有非例行性分配，也就是对某个专门的教育项目分配经费，以弥补例行性分配的不足。各个国家几乎每年都要拨出一定专门资金，分配给那些急需的教育项目。如，在美国曾专门分配经费用于补偿教育、阅读教育、残疾儿童教育等，在我国则有专项基金用于贫困地区教育、师范教育等。

教育经费经由例行性及非例行性分配过程之后，如何分配给受教育者，又有两种方式：直接分配与间接分配。直接分配就是将教育经费直接分配给受教育者。如，国外有的学者建议，最好将经费收入直接分配给家庭中的受教育者，由其根据自己的能力和意愿，用所分得的经费选择上什么类型的学校，如上公立学校或是私立学校。这样一是可以打破公立学校的垄断地位，给家长选择学校的机会；二是可以根据学生的家庭背景情况作出调节，对贫困家庭儿童适当多分教育费用，富有家庭则减少分配量，无形中起到转移社会财富的目的，有助于减少社会的贫富差别。此外，奖学金和贷学金也是一种直接分配。但奖学金限于名额，且多发给优良学生，故并非最佳分配办法；而贷款利率不高，又大都在学生毕业后偿还，所以较受学生欢迎，有利于贫困家庭儿童就学。间接分配是将教育经费分到各类学校，通过学校提供教育而使受教育者受到益处。目前世界上绝大多数国家都采用这样一种分配方式。它的特点是便于操作，有利于政府的宏观调控，也有利于学校自身的发展。但由于这种分配大都入于公立学校，如学生选择进私立学校，就享受不到其中的益处。此外，由于公立学校不愁"官饷"，容易导致其产生惰性，不思进取。针对两种方式的各自特点，有的学者提出，对于全民都能享受的教育，如义务教育，可采用间接分配的方式；而对于非人人能获得的带有较多选择性的教育，如义务教育阶段后的教育，可采用直接分配的方式。①

四、教育经费合理分配的研究

合理分配教育经费，实际上就是教育资源的优化配置问题，即将有限的教育资源，按照一定的原则和程序科学合理地分配到各个教育部门。为了达到合理分配的目的，通常必须考虑以下一些因素，并根据这些因素来确定适当的分配比例。

（一）地区间的差别与分配比例

在推进市场经济的过程中，不可避免地要碰到地区间差别拉大的问题。在经济条件较好的地区，教育资源也较为充裕，而经济贫困地区教育资源会明显贫瘠。以生均教育经费为例，1995年上海小学生、初中生、高中生及大学生的预算内生均教育经费分别为251元、402元、794元和4 147元，而同期安徽只达到8.07元、23.23元、67.99元、1 214.96元，与安徽处于差不多水准的还有河北、江西、宁夏、河南、湖北、陕西等省份。② 这之间的差别是显而易见的。显然，在分配教育经费的时候，特别是中央调拨一些教育专项基金的时候，应对资源相对贫瘠的地区适当照顾，增加比

---

① 参见盖浙生著：《教育经济学》，三民书局1985年版，第324—325页。
②《1995年全国教育经费执行情况统计公告》，载《中国教育报》1996年10月7日。

例,这样既能缩小差异,又可显示公正原则。

（二）地区人口多少与分配比例

人口多少与教育经费分配也有着密切联系。同样的教育投入成本,人口稠密的地区因学校和班级规模大而能显示效益,人口稀少的地区,因学校和班级规模小而必然生均成本高。如果完全按学生人头分配教育经费,人口少的地区就难以维持较高的教育水准,这对人口少的地区的教育发展是不利的。故在分配教育经费的时候,应对人口少的地区予以适当倾斜和照顾。

（三）事业费中的公用费与人员费的比例

我国的教育经费总的分为教育事业费和教育基本建设费两种,由于后者所占比例极少（只占10％左右）,通常所讲的教育经费,实际上就是教育事业费。而教育事业费中又可分成公用费和人员费两大部分,前者用于维持学校的日常开支,后者主要用于教职员工的工资福利等。在一般情况下,无论国内国外,中小学的人员经费都要占学校预算的85％—90％。[1] 但在我国目前情况下,拨给学校的教育事业费除发工资外所剩无几,个别的甚至连人员费也不够。这就形成一种极为不合理的经费分配现象。当公用费差不多都给人员费挤占了的时候,必然造成学校开支入不敷出。所以,经费再怎么紧张,也必须有一个固定比例,专门用于公用开支,否则就谈不上改善学校的办学条件。

（四）大、中、小学的分配比例

常用的教育开支有十多项,包括大学经费、中小学经费、幼儿教育经费、职业教育经费、特殊教育经费、高校科研经费、留学生经费等等。其中,又以大、中、小学的办学经费最多。如何在大学、中学和小学之间确定一个恰当的分配比例,是值得探讨的。与

---

[1] James W. Guthrie et al., *School Finance and Education Policy*, p. 65.

国际水平比较，我们的大、中、小学之间的生均教育经费差距太大。表 11-3 反映了 1993—1995 年我国三级教育生均预算内事业费支出情况及其相互比例。

表 11-3　1993—1995 年三级教育生均预算内事业费①

年度	小学	中学	大学	小、中、大学生生均经费之比（以小学为 1）
1993	162.80	364.24	4 102.30	1∶2.24∶25.20
1994	236.06	450.37	5 047.61	1∶1.91∶21.38
1995	265.78	492.04	5 442.09	1∶1.85∶20.48

其他一些国家 20 世纪 80 年代初小、中、大学生的经费比例为：日本（1982），1∶1.1∶1.38；法国（1980），1∶1.78∶2.67；巴西（1983），1∶1.14∶7.62；英国（1982）1∶1.94∶6.25；泰国（1983）1∶1.16∶1.11。② 比较起来，我国一个大学生的一年经费相当于二十多个小学生的一年经费。这一比例大大超过其他国家。显然，这其中有一些不尽合理的因素。有人说，教育越不发达的国家，高等教育与初等教育的人年均经费相差越大。③ 这一说法是否有科学根据还有待论证，但至少说明我国教育经费的分配还应进一步向基础教育倾斜，尤其是向初等教育倾斜。

（五）重点学校和一般学校的分配比例

把以实施基础教育为目标的学校分为重点学校和一般学校，这

---

① 参见王善迈著：《教育投入与产出研究》，河北教育出版社 1996 年版，第 163 页；《1995 年全国教育经费执行情况统计公告》，载《中国教育报》1996 年 10 月 7 日。
② 参见萧宗六、贺乐凡主编：《中国教育行政学》，人民教育出版社 1996 年版，第 238 页。
③ 参见刘问岫主编：《普通教育行政学》，中国和平出版社 1987 年版，第 253 页。

在我国已有较长历史。有些重点学校是自然形成的，因其教学有方而获社会承认。但不可否认，也有些重点学校是政府行为所致，是有意识地在经费、师资、生源等各方面重点照顾。重点学校本质上是一种英才教育制度，而我们的九年义务教育却是大众教育。将一部分基础教育演化为英才教育，这与我们的义务教育目标是不相符的。我们不是不要英才，但我们的基础教育不能演化为英才教育，道理很简单，我们的教育投入是有限的。当我们把教育投入向少数学校少数人倾斜的时候，就意味着另外大部分学校大部分人本应享有的教育投入在减少。所以，在分配义务教育经费的时候，应提倡淡化重点学校。所有学校尽可能一视同仁，甚至优先扶持和照顾薄弱学校。至于英才教育，可以留给少数民办或私立学校去进行，因为那种教育主要不是花费大众纳税人的钱。

除了以上一些比例因素需要考虑外，还有些因素在分配教育经费时也须注意，如普通教育与职业教育的分配比例，学校中教师与学生的分配比例，学校教育与社会教育的分配比例，等等。根据这些因素科学地确定其间的比例关系，就能将有限的教育资源尽可能地分配合理。

第三节 教育经费的使用和管理

一、教育经费使用和管理的基本原则

教育财务行政以教育经费为研究对象，最主要的是研究怎样把教育经费收好、分配好和用好。教育经费收好，就是要做到经费筹

措充分；教育经费分配好，就是要做到经费分配公正合理；而教育经费用好，就是要做到经费使用产生最大效率。所以，效率原则应是教育经费使用和管理的最基本原则。

什么是经费使用的效率原则？根据美国教育财政学家格思里（J. W. Guthrie）等人的观点，即是每个投入单位所能获得的产出单位，也即产出与投入之比。通常有两种方式可以体现效率：一种是产出总量不变，但减少投入；另一种是投入总量不变，但要求达到更多的产出。尽管两种途径形式上略有不同，但从经济分析的角度来看，两者是一致的。①

追求教育经费的使用效率，并不是现在才有的事，历史上也曾经有过尝试。早在19世纪初，英国很多学校就实行过兰卡斯特制（Lancaster System），即导生制。这种制度花费少，招生多，解决了缺乏教师和教育经费的困难，很快在英国各地推广开来，被人们誉为"廉价的教育制度"。20世纪最初二十多年，美国的学校在泰罗科学管理思想的影响下，也曾在管理和教学方面动了很多脑筋，试图减少学校的成本支出，以达到提高学校办学效率的目的。在我国，新中国建立后，为了弥补国家教育经费之不足，同时又为了适应教育大发展的要求，我们也曾经一度大力提倡教育的双轨制，创办民办学校，并在城市学校推行上、下午两部制教学。这些措施在一定程度上提高了当时的办学效率。当然，时代不同了，现在所追求的经费使用效率与20世纪五六十年代内容上已有所不同。然而，就追求的目标实质来说，现在和历史却是完全一致的，即为了最大限度地发挥有限的教育资源。

---

① James W. Guthrie, *School Finance and Education Policy*, p. 28.

二、教育经费管理体制及其演变

教育经费管理体制即是管理教育经费的形式和制度。不同的国家因政治、经济、教育、财政等条件不同,教育经费管理体制也不同。在分权型国家,如加拿大、美国、印度等,经费的管理大都采用自行负责式,即由州、省或地方学区自行负责和管理经费,包括编制预算、调节和拨付资金、监督经费使用情况等。在集权型国家,如法国等,经费的管理一般采用统一调配式,由中央教育行政部门根据国家的预算,统一分配和调节教育经费,并由中央对教育经费的使用情况进行监督。在另一些国家,也即所谓中间型的国家,如日本、英国等,经费的管理权由中央和地方共同掌握。中央负责管理一部分教育经费,主要用于隶属中央的学校系统;地方负责另一部分经费,用于地方学校的日常开支。类似这些管理体制,一般来说是较为稳定的,但有的时候,由于受种种因素的影响,在一些国家也会发生形态上的变化。例如,我国的教育经费管理体制自新中国成立至今就呈现出一种动态的演变过程。这一过程大致可分为以下四个阶段:

(1)"中央统一财政、三级管理"的体制(1950—1953)。新中国成立初期,财政不统一,收支机关之间脱节,为此,中央下文规定,统一国家财政收支,实行三级管理体制。具体做法是,列入中央预算的教育费由中央管理,负责中央管辖的各级各类学校的开支;列入各大行政区以及省(市)预算的教育费,由各大行政区以及省(市)管理,用于行政区及省(市)所属的院校和中小学;其他一般小学则由地方附加开支。三级支出预算一经确定,不得互相留用。

(2)"条块结合、块块为主"的体制(1954—1979)。这里所谓的

"条",是指自上而下的行政系统;所谓"块",是指各级地方政府。按照要求,这一时期主要贯彻的是"统一领导、分级管理"的财政体制,即将国家预算分为中央预算和地方预算两部分,实行分级管理。各业务部门既不准条条下达,也不准条条上送。各级预算的编制和执行,由各级人民政府负责;财政部门和教育部门则根据条块结合、块块为主的精神,密切联系,加强协作,共同管好教育经费。

(3)"划分收支、分级包干"的体制(1980—1993)。自20世纪80年代起,我国的财政管理政策进行了较大调整,由原来的统收统支改为财政包干。受这一政策的影响,教育财政管理权也开始下放,不再由财政部门和教育部门联合下达经费支出指标,而改为由省(直辖市、自治区)政府自行安排当地的教育经费。这一体制的实施,意味着地方已对教育尤其是基础教育担负起更多的责任。到1985年,这一新的体制又进一步明确为"划分税种、核定收支、分级包干",使得中央和地方各自在财政方面,包括教育财政方面的权利和义务得到进一步认定,在一定程度上调动了中央和地方办教育的积极性。

(4)"分税制"的管理体制(1994—)。1994年起,我国的财政开始实行以"分税制"为基础的体制,摒弃了"财政包干"的做法。[①] 所谓分税制,就是把全部财政税收分为中央固定收入、地方固定收入以及中央地方共享收入三大类。按照分税制的规定,在教育财政方面,中央本级财政负担中央各部门所属教育机构的预算内教育费拨款,地方本级财政负担地方各级政府所属教育机构的预算内拨款,中央财政还划拨教育专款用于支援不发达地区,主要是九

---

① 参见蒋鸣和:《市场经济与教育财政改革》,载《教育研究》1995年第2期。

年义务教育。①

综上所述,教育经费管理体制的演变,归根结底要受国家财政体制改革的制约。不过,任何一种经费管理体制都不会是十全十美的,必然带有其自身的局限性。如过去的统收统支制度是计划经济的产物,不利于多元化筹措教育资金,地方办教育的积极性不高;而现在的财政分权制度,虽有利于资源筹措的多元化,能显著增加各方对教育的投入,迎合了市场经济条件下教育发展的需要,但同时也带来一个问题,即造成各地区财政对教育投入的差距拉大,一定程度上导致两极分化。目前,沿海一些省份的生均公用教育费支出已是内地贫困地区的 10—20 倍。鉴于这种差距拉大的情况,一些学者建议,实行分税制以后,中央财权重新相对集中,中央财政收入占国家财政收入的比重有了一定提高,因此应尽快建立教育专项基金的转移支付制度,通过政府对教育财政的宏观调控,缩小地区间教育发展水平的差距。②

三、教育财务管理的过程

有了经费以后怎样使用?这是教育财务管理要研究的主要内容。不管是教育行政机关或是各级各类学校,都必须规范教育财务管理的过程,健全教育财务管理制度,以达到有效利用教育经费的目的。

针对教育财务管理的性质和特点,国外一些学者在有关的教育行政学著作中提出了教育财务管理的 ERMS(Educational Resources

---

① 参见王善迈著:《教育投入与产出研究》,河北教育出版社 1996 年版,第 294—295 页。

② 参见蒋鸣和:《市场经济与教育财政改革》,载《教育研究》1995 年第 2 期。

Management System）模式。① 这一模式的基本含义是：将教育财务管理看作一种由设计目标（planning）、拟定计划（programming）、编制预算（budgeting）、评估结果（evaluating）四个要素所组成的一个过程，旨在提高教育部门和学校财务管理的能力。在这四个要素中，设计目标指的是考虑学校的变革以适应动态社会的需要；拟定计划指的是依据需要拟定财务计划；编制预算指的是根据轻重缓急和有关预算资料，使拟定的计划和可使用的资源一致起来，并经上级教育部门批准，作为正式的财务预算加以实行；评估结果指的是对原来的目标是否达到以及原先的财务计划价值如何作出评价。对于这一模式，有些研究教育经济的学者把它概括为"设计计划预算制度"，并认为这种制度比传统的预算制度更为合理，因为传统的预算制度以控制为中心，重点考虑的是如何增加经费，而设计计划预算制度则以目标为中心，通过重新设计一套财务管理制度，将投入与产出的过程予以适当组合，并把设计、决策和执行密切联系起来，这样就能较好地体现政府财政决策的性质和重点。②

我国关于教育财务管理过程的研究，通常集中在建立和健全财务管理制度方面，即把教育财务管理过程看成是一系列制度的组合，包括预算制度、会计制度、决算制度及审计制度，并强调通过严格执行这些制度来达到合理使用经费的目的。③

教育预算制度指的是国家各级政府和各级各类教育机构的年度教育财政收支计划。它是国家预算的重要组成部分。教育预算资金

---

① Edgar L. Morphet et al.，*Educational Organization and Administration*，pp. 406-408.

② 参见盖浙生著：《教育经济学》，三民书局1985年版，第326页。

③ 参见张济正等主编：《教育行政学通论》，华东师范大学出版社1992年，第237—241页；沈培新等编著：《普通教育行政学》，安徽教育出版社1989年版，第224—235页。

的来源、分配、使用、收支规模等,都通过编制教育财政预算来实现。教育经费预算通常按年度编制,从 1 月 1 日起至 12 月 31 日止。编制时,首先要分析上一年度预算的执行情况,并核算单位的定员、定额、收支情况以及其他有关数据。然后编制出预算草案,上报上级主管部门,再由主管部门汇总报财政机关。这样经过层层上报、汇总,最终形成国家或地区的教育总预算。教育总预算经批准后再逐级下达。在整个预算编制过程中,要注意遵循几条原则:收支平衡,留有余地,不作赤字预算;量入为出,有多少钱办多少事;统筹兼顾,全面考虑;开源节流。制作预算表时则要做到定额清楚,基本数字真实、准确无误。

会计制度是指以教育经费预算为基础,通过记账、算账、报账、检查分析等活动,对教育经费收支情况作出客观准确的记录,以反映并监督教育系统经济活动状况的一种制度。会计由会计核算、会计分析和会计检查三部分组成。这其中,会计核算主要通过设置会计账目、设置账户、确定记账方法、填制和审核会计凭证、登记账簿、编制会计表等活动来实现;会计分析则着重分析预算及计划的执行情况、定员定额情况、收支平衡情况等;会计检查则属于一种事后监督,通过对会计凭证、会计账簿和报表的查看和核对,检查教育经费收支业务是否合理、合法,会计核算资料是否真实,财经纪律是否得到遵守等内容。

决算制度系指年度会计报告,它以预算为参照,会计为根据,来反映年度预算收支的最终结果。教育决算的意义在于,它可以全面检查一年来的经费收支情况,评价经费使用的效果,总结财务管理的经验和教训,为编制下一年的经费预算提供参考。编制决算一般在每年第四季度进行,程序是先由上级下达具体规定,制发表格,再进行年终清理,结算账目,然后编制决算,上级审批。

审计制度系指专门的审计机关和人员运用专门方法,对被审单位的会计活动进行审查，并将审查结果报告主管单位和被检查者的一种制度。在教育财务行政活动中，审计活动既可以对教育部门和学校的财务工作进行监督，也可以对这些部门的主管人员财务方面的行为进行监督。通过开展教育审计活动，还可以进一步改善教育财务管理工作，保证教育资金的合理使用。

随着学校经济活动的展开，预算外资金对于弥补教育经费不足的重要性越来越明显。预算外资金虽不纳入国家预算，基层教育单位有一定的自收自支权，但在使用时也应该遵循一定的财务管理原则，做到"先收后支、以收定支、自求平衡、略有节余"，同时在使用时做到预算内与预算外资金明确划分，按一定的财务手续支付使用。

四、教育经费预算单列

《中华人民共和国教育法》第五十六条规定："各级人民政府的教育经费支出，按照事权和财权相统一的原则，在财政预算中单独列项。"教育经费预算单列引起人们广泛的注意，有人把这一做法称为教育财政拨款体制改革的新思路。[1]

什么是教育经费预算单列？教育财政专家对此的解释是，我国现行国家预算科目按预算等级划分，依次分为类、款、项、目四级，而教育事业费属于文教科学卫生事业费类中的款级，教育基本建设投资属于基本建设费类中的社会文教费款级。从财力分配来说，国家预算首先在类级支出中分配，然后依次在款、项、目级中进行再分配，教育经费为国家预算的第二次分配。从财权来说，包括预算的编制、经费的分配权和管理权，教育事业费属于财政部

---

[1] 参见陈首锋：《教育财政拨款体制改革的新思路》，载《中小学管理》1995年第1期。

门,教育基建投资属于计划部门。从拨款程序来说,教育部门举办和管理的各类教育,其经费由财政部门拨付给教育部门,再由教育部门拨付给学校。政府其他部门管辖的各类教育,其经费由财政部门拨付给其他部门的职能机构,再拨付给学校。针对这样一种教育财政拨付制度,实行教育经费预算单列:第一,要使教育经费预算的等级提高,由原来的款级提高到类级,使其在国家预算支出中由第二次分配升格为第一次分配;第二,赋予教育部门对教育经费预算的编制权;第三,教育经费的分配权和管理权划归教育部门,教育经费在各级各类教育和学校之间的分配、管理、监控,由教育部门行使。

教育经费预算单列的意义何在?最根本的意义在于,通过提高教育经费预算的级次,实现教育事权与财权的统一,确保政府对教育的投入,提高教育资源的使用效率。而在现行的体制下,教育经费预算等级较低,教育的事权属教育部门,教育的财权属财政与计划部门,教育的事权与财权相分离,由此引发一系列的问题,如经费预算数量弹性大,缺乏透明度。政府和人代会在审议国家预算和决算时,一般只审议到预算的类级,而教育经费属于预算的款级。这样,政府、各级人民代表大会和社会公众不能充分了解教育经费预决算数量,教育部门对经费状况的了解也只能靠财政部门反馈。再有是教育的发展与政府对教育的拨款脱节,因为教育发展计划由教育部门编制,其经费预算却由财政和计划部门编制,二者根据不同的信息,按照不同的原则进行编制,必然会导致供需上的不平衡,造成教育发展对教育经费的需求超过教育经费的供给。还有教育部门无法有效行使教育的宏观管理权与调控权,造成教育资源的浪费。因为财力与财权是事权的物质基础,教育部门无财权或财权范围较小,也就难以有效行使事权。

究竟如何实施教育经费预算单列,专家们建议采取渐进而不是突进的改革方式。第一步，在目前体制暂不变的情况下，先将国家预算支出科目中的"教育事业费款"和"教育基本建设费款"合并并升格为"教育经费类"，其预算编制仍由财政和计划部门进行。第二步，教育经费预算的编制由教育与财政、计划部门会同进行，由教育部门提出预算建议，经同级政府和人代会批准后，由财政部门拨给教育部门，并由教育部门统一行使经费的分配权、管理权、监控权，做到事权与财权的统一。①

五、重视对教育成本的分析和研究

传统的观念视教育的支出为消费和福利，把学校看成是以教书育人为目的的非营利机构，故不认为教育中存在成本范畴，也不认为有必要进行教育成本核算。随着对教育与经济关系认识的加深，人们逐渐地把教育支出视为一种投资，并相信这种投资可以给个人和社会带来经济效益。在这种情况下，教育成本的分析和研究开始受到重视。有的专家甚至预言，随着时间的推移和学校财务与会计制度的改革，教育成本核算必将形成一种制度。

为什么要计算教育成本？原因之一是教育资源的缺乏。对教育的需求与实际可提供的资源之间总是存在矛盾。要解决这一矛盾，除了增加投入外，还必须尽可能地降低教育资源消耗，这就需要进行成本分析。原因之二是通过研究和核算教育成本，可以检验教育的效率以及经济效益。原因之三是分析研究教育成本，可以为制定教育发展规划、实施有效教育管理提供依据。

教育成本核算，可依据不同的标准进行分类，如按成本负担主

---

① 参见王善迈著：《教育投入与产出研究》，河北教育出版社1996年版，第296—299页。

体可分为社会成本和个人成本,按成本发生可分为直接成本和间接成本,按成本表现形态可分为货币成本和非货币成本,按成本内涵可分为综合成本和单项成本,按成本发生时间可分为学年成本和学制期成本,等等。因为教育成本通常总处于变动状态之中,所以,要对导致成本上升或下降的因素进行分析,如物价因素、人员成本因素、机构规模因素、管理手段因素等。

教育成本核算程序一般为：首先要确定成本核算对象。教育的最终产品是学生,所以学生的培养应是最基本的核算对象。其次是确定成本核算期,一般分为学年期和学制期（如小学学制、中学学制等）两种。再次要确定成本项目,如人员成本、公用成本、固定资产成本等,并将有些费用支出与成本区分开来。又次是正确归集和分配各种费用,即将属于成本的各项费用归集和分配为不同的成本项目。最后,通过教育费用的归集和分配,记入会计账户,采用一定的计算方法编制出教育成本。

主要参考文献

1. 程介明等著:《教育行政》,香港公开进修学院出版社 1997 版。
2. 李进才主编:《中国当代教育行政管理》,湖北教育出版社 1992 年版。
3. 罗豪才主编:《行政法学》,中国政法大学出版社 1996 年版。
4. 瞿立鹤著:《教育行政》,茂昌图书有限公司 1992 年版。
5. 沈培新、孙成城编著:《普通教育行政学》,安徽教育出版社 1989 版。
6. 王健刚著:《行政领导学》,山东人民出版社 1985 年版。
7. 王如哲著:《教育行政学》,五南图书出版公司 1998 年版。
8. 萧宗六著:《学校管理学》,人民教育出版社 1994 年版。
9. 萧宗六、贺乐凡主编:《中国教育行政学》,人民教育出版社 1996 年版。
10. 徐联仓、凌文辁主编:《组织管理心理学》,科学出版社 1988 年版。
11. 游忠永编著:《教育行政学》,成都电讯工程学院出版社 1988 年版。
12. 张济正等主编:《教育行政学通论》,华东师范大学出版社 1992 年版。
13. [加] 克里斯托弗·霍奇金森著,刘林平等译:《领导哲学》,云南人民出版社 1987 年版。
14. [美] D. A. 雷恩著,孙耀君等译:《管理思想的演变》,中国社会科学出版社 1986 年版。
15. [美] F. J. 古德诺著,王元译:《政治与行政》,华夏出版社 1987 年版。
16. [美] 哈罗德·孔茨等著,黄砥石等译:《管理学》,中国社会科学出版社 1987 年版。
17. [美] 罗伯特·欧文斯著,孙绵涛等译:《教育组织行为学》,华中师范大学出版社 1987 年版。
18. [美] 马克·汉森著,冯大鸣等译:《教育管理与组织行为》,上海教育出版社 1991 年版。

19. ［日］久下荣志郎著，李兆田等译：《现代教育行政学》，教育科学出版社 1981 年版。
20. ［日］占部都美著，蒋道鼎译：《现代管理论》，新华出版社 1984 年版。
21. ［瑞典］胡森等主编，中央教育科学研究所比较教育研究室编译：《简明国际教育百科全书·教育管理卷》，教育科学出版社 1992 年版。
22. C. Hodgkinson, *The Philosophy of Leadership*, New York: St. Martin's Press, 1983.
23. D. S. Pugh, *Organization Theory*, Penguin Books, 1987.
24. F. Griffith, *Administrative Theory in Education: Text and Readings*, Pendell Publishing Company, 1979.
25. R. B. Kimbrough et al., *Educational Administration*, Macmillan Publishing Co. Inc., 1983.
26. R. E. Callahan, *Education and the Cult of Efficiency*, The University of Chicago Press, 1962.
27. R. F. Campbell et al., *Introduction to Educational Administration*, Allyn and Bacon, 1971.
28. R. F. Campbell & R. T. Gregg (eds.), *Administrative Behavior in Education*, Harper & Brothers, 1957.
29. R. F. Campbell, T. Fleming, L. J. Newell & J. W. Bennion, *A History of Thought and Practice in Educational Administration*, New York: Teachers College, Columbia University, 1987.
30. R. G. Owens, *Organizational Behavior in Education*, New Jersey: Prentice Hall, 1991.
31. T. J. Sergiovanni et al., *Educational Governance and Administration*, London: Longman, 1992.
32. W. K. Hoy & C. G. Miskel, *Educational Administration: Theory, Research and Practice*, Random House, 1991.